JN300474

小笠原流礼法入門

見てまなぶ日本人のふるまい

小笠原敬承斎

淡交社

はじめに
礼法のこころとかたち

小笠原流礼法宗家
小笠原敬承斎

礼儀作法と聞くと、決まった手順に則してふるまわなければならない、などといった堅苦しいイメージを持つ方が少なくないのではないでしょうか。

また、礼儀作法は、知らないと恥をかく、あるいは知っていると得をするというような、上辺《うわべ》のみに限ったことではありません。

ところが、すでに江戸時代頃から、かたちばかりを求めたり、こころがともなわない礼儀作法が教授される傾向がありました。こうした傾向がのちに、礼儀作法は堅苦しいと思われる要因をつくったとも考えられています。

そこで、まずはじめに礼法の沿革をさかのぼり、さらには礼法の真髄にふれてまいりたいと思います。

それにより、それぞれの教えには、いつの時代においても変わることのないコミュニケーションの基となる普遍的なものが存在していることを理解していただければ幸いです。

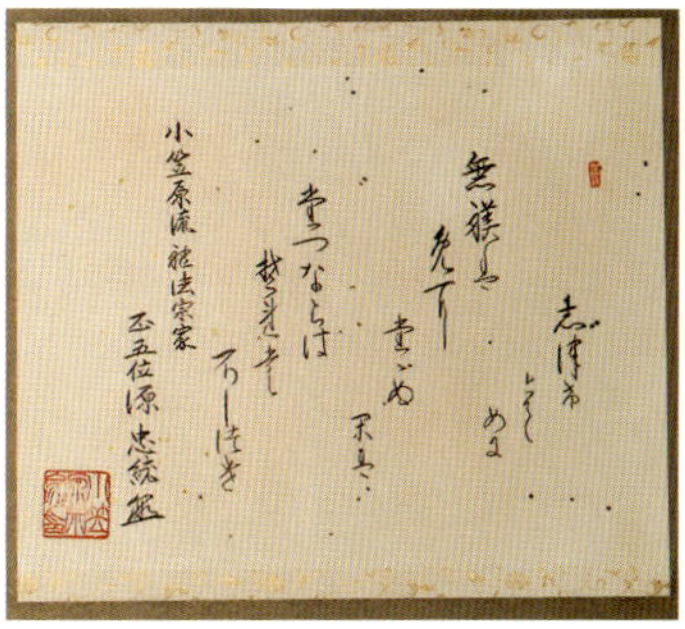

前宗家小笠原忠統書

小笠原流礼法の沿革

小笠原流は、清和《せいわ》源氏の流れを汲む八幡太郎義家の弟、新羅《しんら》三郎義光《よしみつ》を祖とする甲斐《かい》信濃源氏の嫡流《ちゃくりゅう》で、甲斐国巨摩《こま》郡小笠原荘（現在の南アルプス市）に住んだ長清《ながきよ》（一一六二～一二四二）が源頼朝に仕えたことに端を発します。この長清は弓馬にすぐれ、また高倉天皇より小笠原姓を賜ったと伝えられています。

室町時代には、小笠原流中興の祖といわれる貞宗《さだむね》（一二九四～一三四七）が、弓馬の二法の上に、さらに礼法を加え、弓馬礼の三法を糾法《きゅうほう》とよんで小笠原流の伝統の基盤を築きました。その後、貞宗は足利尊氏《あしかがたかうじ》に仕え、後醍醐《ごだいご》天皇より「小笠原は日本武士の定式《じょうしき》たるべし」との御手判と、「王」の字を家紋に賜りました。しかし、王の字をそのまま使用することを遠慮し、それを象徴化した三階菱を家紋としました。

小笠原流礼法の基礎がほぼ完成したのは、足利義満の命を受けた長秀が、今川氏頼《うじより》、伊勢寛忠《ひろただ》とともに公の礼法書である「三議一統」を編纂した頃といわれています。

さらに長時（一五一四～八三）と貞慶《さだよし》（一五四六～九五）親子によって、戦乱の中において研究されたことが貞慶の子、秀政（一五六九～一六一五）に伝えられた「小笠原礼書七冊」の教えは、現代においても活用するところが多くあります。

このように鎌倉、室町幕府の公式礼法の礎《いしずえ》となった小笠原流の教えは、江戸時代においても変わらず重用されました。また小笠原流礼法は、幕府の公式の礼法であったために、いわゆる「お止め流」とよばれ、将軍家以外にその真髄を明かすことが禁じられるとともに、「一子相伝《いっしそうでん》」として奥義《おうぎ》を継嗣《けいし》以外に伝えることがなく、一般に教授するなどということはあり得ませんでした。

しかし、町人の実力がつくにしたがって、格式のある礼法を学びたいという要求が高まったのです。そこで「小笠原流」と称して町方に礼法を教授する人びとが現れました。

彼らは、本来の質実剛健で合理的な礼法の真髄を理解する手だてを持たなかったために、難しく堅苦しい「お作法」を「礼法」として、つくり出してしまったのです。その流れは明治時代にも続き、義務教育の修身にそれらの小笠原流礼法が採用され、とくに女学校の作法教育に浸透していきました。

こうして、本来はもっとも大切な要素であるところの「内面」がかえりみられないという状況が長く続き、礼法は「堅苦しいもの」「作法ばかりを重視するもの」との誤解が、長きにわたってなされてきました。

さらに第二次世界大戦後、礼法教育は封建的な道徳を助長するとして批判が高まり、日本人の「相手を大切に思うこころ」は、しだいに薄らいでいきます。

このような状況を憂い、前宗家小笠原忠統《ただむね》（一九一九～九六）は、「こころ」にその重点を置くという本来の小笠原流礼法を一人でも多くの人に理解してほしいという思いから、礼法の普及活動につとめました。

時宜《じぎ》によるべし

小笠原流礼法は、人と人との関わりあいにおいて、他者を大切に思うこころを基底に、美しさと合理性を重んじたものです。また、長い年月のなかで人間関係を円滑にする判断基準の一つとして、相手への配慮をいかにしてかたちに表すかということを練り上げ、伝えられてきたものともいえます。

他者に対するこころ遣いが希薄になったといわれる現代においても、さまざまな場面で礼儀作法が求められています。しかし、その要求に的確に応じられる体系立ったものはどれだけ存在しているでしょう。

正しい姿勢の大切さ、食事に関する心得の必要性、あるいは名刺の受け渡しにいたるまで、すべての作法には理由があります。したがって、小笠原流礼法においては、「……するべからず」とかたちにのみ拘泥《こうでい》するのではなく、「なぜそのようにするのか」という疑問に対して、体系的に答えることができるのです。

さらに、それぞれのふるまいには「美しさ」が重要な要素として求められます。この場合の美しさとは、見せるための美しさではありません。人間の自然な動きに基づいた、流れる水のごとくなめらかで無駄のない立ち居ふるまいが大切だということです。なぜ美しいふるまいが大切なのか。それは周囲に不快感を与えないためでもあります。したがって、礼法を身につけるということは、美しい身のこなしにつながるのです。

このように、小笠原流礼法には、「必ずこうしなければならない」という教えはありません。時・場・状況に応じた的確な判断からなる自然なふるまいが目標とするところなのです。この考え方は、小笠原流の伝書の多くの箇所に、「時宜《じぎ》によるべし」と記されています。

長い歴史の中で育まれてきた教えは、現代においても十分に活用することができます。「こころ」はいつの時代も普遍的なものですが、「かたち」は時代によって、さまざまに変化します。時々刻々変わりつつある社会や価値基準のなかにおいて、現代に即した小笠原流礼法がさまざまな場面で活用されることによって、実りある人間関係の手がかりをつかんでいただけるのではないかと存じます。

目次

姿勢と基本動作

訪問ともてなし

ビジネス

和食の作法 洋食の作法

冠婚葬祭

贈答の包みと結び

浴衣の着つけ

撮影
世良武史
渡邉茂樹
鈴木直人

イラストレーション
徳永智美

ブックデザイン
谷口マサオ

姿勢と基本動作

姿勢
礼
動作
和服の動作

姿勢

【立っているとき】

小笠原流礼法には、次のような教え歌が伝わっています。

「胴はただ常に立ちたる姿にて退《の》かず掛《かか》らず反《そ》らず屈《かが》まず」

前後左右に傾くことなく、自然にまっすぐ立つように、ということです。人はそれぞれ癖を持っていますので、自分の癖を知り、修正するようにいたしましょう。

また、あらゆる動作の基本が「正しい姿勢」です。無駄のない美しい動きを行うためには、正しい姿勢をこころがけることが大切なのです。それを小笠原流では「胴づくり」と呼んでいます。

両手は身体の横に自然におろします。両手の指は、親指と小指で他の指をやや締めつけるようにして少々丸みを持たせ、美しい手元をこころがけましょう。

背筋を伸ばして、あごを引き、頭の重さが土踏まずに落ちるようなイメージで立ちます。

〔洋服の女性の場合〕

- 両足を平行にそろえ、つま先もそろえます。ヒールの高い靴をはいている場合は、つま先を少々開いたほうが安定します。
- 背筋は、背骨が腰につき刺さるようなイメージで、上体を上に伸ばします。
- 意識して、あごを引くようにしましょう。
- 重心は、頭の重さが土踏まずに落ちるようなイメージです。
- 下腹をつき出さないようにし、へその下あたりを意識しながら呼吸を整えます。
- 両手は指をそろえ、身体の横に自然におろします。指は、親指と小指で他の指をやや締めつけるようにして少々丸みを持たせ、美しい手元をこころがけましょう。

※和服の女性の場合は34ページ

両足を平行にそろえ、かかとはつけたまま、つま先だけを少し開きます。腕は、身体の横にそわせるようにおろし、指先をそろえます。

背筋を伸ばして、あごを引き、頭の重さが土踏まずに落ちるようなイメージで立ちます。

［洋服の男性の場合］

- 両足を平行にそろえ、男性は左右のかかとをつけて、つま先だけ少し開きます。
- 背筋は、背骨が腰につき刺さるようなイメージで、上体を上に伸ばします。
- 意識して、あごを引くようにしましょう。
- 重心は、頭の重さが土踏まずに落ちるようなイメージです。
- 下腹をつき出さないようにし、へその下あたりを意識しながら呼吸を整えます。
- 両手はふくらみを持たせて指をそろえ、身体の横に自然におろします。

【正座のとき】

住居や服装などの変化にともない、あぐらや立膝《たてひざ》といったさまざまな座り方が用いられてきました。

日本文化になじみの深い正座は、江戸時代、畳の普及などによって定着したといわれています。

洋室の普及にともない、正座をする機会は減少していると思いますが、だからこそしびれにくく、かつ美しい座り方を身につけておきたいものです。

両膝をあわせ、両手の指先をそろえて、腿《もも》の上に「八」の字に置きます。

上体が前方に傾かないように腰をしずめ、足の親指は3、4センチ程度、重ねあわせます。

- 「胴づくり」をします。立った姿勢と同じように、腰から上をまっすぐに伸ばします。
- かかとに全体重がのらないようにします。
- 上体が前方に傾かないように腰をしずめます。無駄な動きをできるだけ抑えることが大切です。
- 女性は両膝をあわせますが、男性はこぶし一つ分ほど開けます。
- 足の親指は、3、4センチ程度、重ねあわせます。左右どちらの親指が上でもかまいません。
- 下腹でゆっくり呼吸します。
- 舌を口蓋《こうがい》につけると口元が締まり、自然にあごを引くことができます。
- 両手はふくらみを持たせて指をそろえ、腿《もも》の上に「八」の字に置きます。

【跪座《きざ》のとき】

跪座《きざ》とは、文字通り「跪（ひざまず）いて座る」ことを指します。

正座と直立の間をつないでいるかたちで、足のつま先を折り立てて座った状態をいいます。立つ、座るといった動作をする場合には、必ず跪座の姿勢を経由します。また、床に置かれたものをとる場合など、低い位置で動作をするときの基本姿勢でもあります。

正座から跪座になるときや、跪座から正座になるときには注意が必要です。姿勢を変えるときに、上体を前後に大きくゆらす場合がよく見られるからです。これは筋肉を使わないで、楽をして重心を移動させているためです。

また、正座になるときも、跪座になるときも、片足ずつ動かし、両足を同時に動作させないようにしましょう。

跪座は、足のつま先を折り立てて座った状態をいいます。上体が前後に傾かないように注意します。

つま先とかかとをぴったりとあわせた真上に、腰を落ち着かせるようにします。

- 跪座になるときは、まず、少し腰を浮かせて、つま先を立てますが、このときに、片足ずつ立てるよう気をつけましょう。
- 左右のかかととつま先の間を離さないようにすると、美しい後ろ姿となります。
- 上体を安定させ、左右のかかとをあわせた真上に腰を落ち着け、後ろにそり返らないように、上体を上方に伸ばすような気持ちで座ります。
- 正座で指がしびれてしまった場合は、いったん跪座になり、しびれがおさまるまで待つとよいでしょう。これは、けっして礼を欠くことにはなりません。しびれたからといって、両足を横にしてしまうと、かえって腰をいためる原因にもなるので注意しましょう。

礼

【立礼《りつれい》】

お辞儀《じぎ》には、立って行う「立礼《りつれい》」と、座って行う「座礼《ざれい》」とがあります。

こうした動作は、ことばを用いなくても他者の存在を認め、大切に思う気持ちを相手に伝えることができます。

会釈《えしゃく》

日常生活でよく使う礼です。約15度程度に前傾します。浅いお辞儀ですが、軽々しくならないよう、ていねいに行います。

浅めの敬礼

両手の指先が腿のつけ根と膝頭の中間にくるくらいまで、前傾します。角度にすると、30度程度です。

［**会釈《えしゃく》**］両脇にある手が腿《もも》の前にくる程度に、前傾させます。角度にすると15度前後です。また、会釈は慎みの姿勢としても用いられます。

［**浅めの敬礼**］両手の指先が腿のつけ根と膝頭の中間にくるくらいまで前傾します。角度にすると30度程度です。

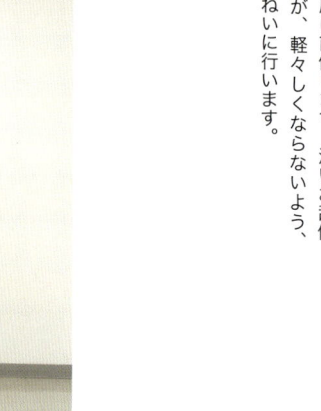

時・場所・状況などによって、さまざまなお辞儀があります。

立礼には、会釈《えしゃく》、浅めの敬《けい》礼《れい》、深めの敬礼、最敬礼《さいけいれい》がありますが、なかでも日常に使用するのは会釈と二つの敬礼でしょう。

お辞儀の基本は正しい姿勢です。いずれも腰をすえて行いましょう。

息を吸いながら上体を傾け、動きが止まったところで息を吐き、再び息を吸いながら上体を起こします。これを「礼三息《さんそく》」と呼びます。また、角度の深浅にかかわらず、頭・背筋・腰は一直線になるようこころがけましょう。

上体を起こして即座に、髪の毛に手を持っていくなど、すぐに次の動作に移るのではなく、ゆとりを持って相手に対するこころを最後まで残します。これを「残心《ざんしん》」といいます。

深めの敬礼

両手の指先が膝頭につくくらいまで前傾します。角度にすると、45度程度です。

最敬礼

儀式に用いる礼で、直角に近く身体を傾けます。最初は自分ができる範囲の最高の深さで行いましょう。

［深めの敬礼］ 両手の指先が膝頭につくくらいまで前傾します。角度にすると45度程度です。

［最敬礼］ 角度にして約90度、両手が膝頭をおおう程度に前傾するお辞儀が最敬礼です。これは、仏前や神前、そのほか儀式的な場合に用いられるため、日常的なお辞儀ではありません。

正しい姿勢のまま、この深さまで前傾するためには、習練を要します。したがって、角度を深くしようと無理な姿勢をとるのではなく、自分のできる範囲の最高の深さを、こころを込めて行うことが大切です。

【立礼《りつれい》／男性の場合】

現代においては、男性も女性も、立礼に大きなちがいはありません。

お辞儀の基本は正しい姿勢です。まずは姿勢を正して行いましょう。

会釈

浅めの敬礼

深めの敬礼

最敬礼

【行き会いの礼】

　路上などで知り合いの方にお目にかかるさい、相手の方に対するこころ遣いを、ふるまいからも示したいものです。

　友人・同僚などと行き会う場合は、略式では双方ともに歩きながら会釈《えしゃく》をします。立ち止まってあいさつをする場合は、他の方の迷惑とならないように、通路を開けるなどの配慮が必要です。

　上位の方（目上の方、上司など）に対しては、次の通りです。

　まず、相手の数歩手前で立ち止まり、会釈をして、脇に控えます。相手が前までいらしたら、敬礼をします。さらに、相手が通り過ぎるまで会釈をします。そのあと上体をもどして歩き出します。

　このように、ていねいにふるまうことをこころに止めておくことによって、その省略形として何通りものパターンが考えられます。

　しぐさをていねいにしようとする場合、自分が現在行っている動作をいったん止め、相手が自由にあつかえる空間や時間を最大限に確保するようにつとめます。行き会いの礼は、それが如実にあらわれたふるまいといえましょう。

友人や同僚との行き会いの礼

歩きながら、あるいは立ち止まって、会釈をかわします。

目上の方との行き会いの礼

目上の方が向こうからいらっしゃるのが見えたら、立ち止まって控え、互いが近づいたら、目下の者は敬礼、目上は会釈程度の浅い礼をします。目下の者は相手が通り過ぎるまでしばらく控え、それから歩き出します。

【座礼】

座って行うお辞儀が「座礼」です。立礼《りつれい》にくらべると座礼には種類が多くあります。目礼《もくれい》、首礼《しゅれい》、指建礼《しけんれい》、爪甲礼《そうこうれい》、折手礼《せっしゅれい》、拓手礼《たくしゅれい》、双手礼《そうしゅれい》、合手礼《がっしゅれい》、合掌礼《がっしょうれい》の九種類を「九品礼《くひんれい》」といいます。

このうち日常的に使うのは指建礼、折手礼、拓手礼、双手礼です。

指建礼《しけんれい》

指をかるく伸ばして自然に膝脇におろします。指先は少し畳につくほどです。このとき、指と指が離れたり、そったりしないよう気をつけます。

折手礼《せっしゅれい》

手は両膝の脇におろし、手のひらが畳につく状態です。指先は、膝頭と一直線に並びます。あいさつの口上を述べるさい、あるいは床の間の掛け軸や花を拝見するさいにも用いられます。

【指建礼《しけんれい》】正しく座った姿勢から、腿《もも》の上にある手の指先が畳につくまで前傾させます。会釈程度のお辞儀です。

【折手礼《せっしゅれい》】指建礼よりさらに深く上体を傾けます。指先は膝頭《ひざがしら》と一直線になります。あいさつの口上《こうじょう》を述べるさいなどに用います。

【拓手礼《たくしゅれい》】膝横の手がさらに進んで、手首と膝頭が並び、自然に「八」の字を描きます。折手礼と同じように、口上を述べるさいにも用いられますが、これは相手が高位の場合を対象とします。

【双手礼《そうしゅれい》】双手礼は、拓手礼を起点として、さらに深く前傾することで、よりいっそうの敬意や感謝を表します。礼の深さと手を置く位置に幅があり、TPOによって使いわけます。

拓手礼《たくしゅれい》

折手礼よりも両手が前に進み、手首と膝頭が並びます。相手が高位のときには、折手礼と同様、あいさつの口上を述べるさいにも用いられます。

双手礼《そうしゅれい》

拓手礼よりもさらに前傾することによって敬意や感謝を表す深いお辞儀です。時と場合により、深さが異なります。

合手礼《がっしゅれい》

胸が腿に、両ひじが畳につく状態です。両手の人さし指があわさり、「八」の字を描いた両手の間の上部に鼻がくる程度まで上体を傾けます。

［合手礼《がっしゅれい》］両手の指先がついた状態です。ひじも畳についています。神前、仏前の儀式で用いるお辞儀なので、日常的ではありません。

座礼をするときは、まず重心を中心にすえて、左右へ偏《かたよ》ることがないよう、正しい正座の姿勢をとります。

またすべての座礼に共通することですが、上半身を前方に傾けるとき、腿の上の手がそのままの位置にあると窮屈です。そこで腕の力を抜き、手は腿の横脇へとすべりおりるように移動させる、と心得ましょう。つまり、腕と手は動線を描きながら、上半身を深く傾けるにつれて頭の位置は深くなり、手の位置も前進するということです。

座礼は、上半身と腕の動きを連動させることが大切です。

【座礼／男性の場合】

現代においては、男性も女性も、座礼に大きなちがいはありません。

昔から「男性は直線の美」といわれます。女性とくらべて直線の美しさをこころがけましょう。

畳の上に立つときは、靴をはいているときより、手を少々前に置きます。足元は、かかとをつけ、つま先をこぶし一つ程度開きます。

指建礼《しけんれい》

指をかるく伸ばして自然に膝脇におろします。指先は少し畳につくほどです。このとき、指と指が離れたり、そったりしないよう気をつけます。

折手礼《せっしゅれい》

手は両膝の脇におろし、手のひらが畳につく状態です。指先は、膝頭と一直線に並びます。あいさつの口上を述べるさい、あるいは床の間の掛け軸や花を拝見するさいにも用いられます。

［**指建礼**《しけんれい》］正しく座った姿勢から、腿の上にある手の指先が畳につくまで前傾させます。会釈程度のお辞儀です。

［**折手礼**《せっしゅれい》］指建礼よりさらに深く上体を傾けます。指先は膝頭《ひざがしら》と一直線になります。あいさつの口上《こうじょう》を述べるさいなどに用います。

［**拓手礼**《たくしゅれい》］膝横の手がさらに進んで、手首と膝頭が並び、自然に「八」の字を描きます。折手礼と同じように、口上を述べるさいにも用いられますが、これは相手が高位の場合を対象とします。

［**双手礼**《そうしゅれい》］双手礼は、拓手礼を起点として、さらに深く前傾することで、よりいっそうの敬意や感謝を表します。礼の深さと手を置く位置に幅があり、TPOによって使いわけます。

拓手礼《たくしゅれい》

折手礼よりも両手が前に進み、手首と膝頭が並びます。相手が高位のときには、折手礼と同様、あいさつの口上を述べるさいにも用いられます。

双手礼《そうしゅれい》

拓手礼よりもさらに前傾することによって敬意や感謝を表す深いお辞儀です。時と場合により、深さが異なります。

合手礼《がっしゅれい》

胸が腿に、両ひじが畳につく状態です。両手の人さし指があわさり、「八」の字を描いた両手の間の上部に鼻がくる程度まで上体を傾けます。

［**合手礼**《がっしゅれい》］両手の指先がついた状態です。ひじも畳についています。神前、仏前の儀式で用いるお辞儀なので、日常的ではありません。

座礼をするときは、まず重心を中心にすえて、左右へ偏《かたよ》ることがないよう、正しい正座の姿勢をとります。

またすべての座礼に共通することですが、上半身を前方に傾けるとき、腿の上の手がそのままの位置にあると窮屈です。そこで腕の力を抜き、手は腿の横脇へとすべりおりるように移動させる、と心得ましょう。つまり、腕と手は動線を描きながら、上半身を深く傾けるにつれて頭の位置は深くなり、手の位置も前進するということです。

座礼は、上半身と腕の動きを連動させることが大切です。

動作

【立つ、座る】

正座から立ち上がる、または立った姿勢から正座になる、ただそれだけの動作と思われがちですが、習練を積んだかそうでないかがはっきりとわかります。何気ないしぐさのなかにこそ、日ごろのこころがけがあらわれるものです。

日常の生活において、意識して美しい動作をすることを習慣づけると、しだいに自然

立つ

①跪座になります。

②下座側の足(ここでは右足)を徐々に前に踏み出します。

座る

❶下座側の足（ここでは右足）を半歩ほど後ろに引き、同時に両膝を折り曲げていきます。

❷足先と腿《もも》に力を入れ、同じ速度で垂直に体を落としていきます。

［座位から立つ］

立ち上がるときには、まず正座から跪座《きざ》の姿勢を正しくとることが基本です。跪座になる分だけ上体を浮かせて、片足ずつつま先を立てます。このときの跪座がしっかりしていないと、立つときに、上体に大きなゆれが生じます。

次に、下座足を半歩ほど踏み出すと、下座側の膝は、畳から少し上がります。踏み出した足のつま先に力を入れ、上体の姿勢をくずさないように立ち上がります。最後に、踏み出した足が伸びきる前に反対の足を前に運び、両足をそろえます。

立つときは反動をつけないように注意します。反動をつけると、動きがなめらかでないばかりか、上体が前方に傾いて、立ったときに胸がそり返ります。また腰を曲げないようにして、深く息を整えながら静かに上体を伸ばします。

なふるまいが行えるようになります。

小笠原流礼法では、両足をそろえたまま立ち上がる、座る、といった動作を「即立ち」「即座り」といいます。これは、相当な習練を積んで筋肉を鍛えなければ、身体が前後左右にゆれるなどして、美しいふるまいにはなりません。また、粗相をする可能性もあります。

一般的には、無理な立ち方、座り方をするよりは、むしろ下座《げざ》足を出したり、引いたりする立ち方、座り方を身につけていればよいでしょう。

下座足というのは、下座側の足という意味です。下座については42ページにくわしく説明していますが、上座《じょうざ》下座はつねに意識していなくてはなりません。下座とは、床の間から遠い側、同席者から遠い側、部屋の出入口に近い側で、そちら側にある足が下座足です。

③上体をゆらさず、腰を曲げないようにして、立ち始めます。

④下座足が伸びきるまでに、後ろ足を静かに前に運びます。

⑤立ち上がると同時に両足をそろえます。

❸下座足の膝を畳につけ、次に反対側の膝をつけます。

❹跪座の姿勢になります。

❺足を片方ずつ寝かせるようにして腰を落とし、親指を重ねます。

［立位から座る］

正しく立った姿勢から、下座足を半歩ほど引き、両膝を同時に折り曲げるようにして、腰を落としていきます。このとき、下腹に力を入れるようにします。

下座側の膝を畳につけ、反対側の膝を、膝頭をそろえてつけます。一度に体重をおろしてはいけません。膝頭が畳にふれてから、身体の重心全体をおろすようにするのがポイントです。

次につま先を立てて跪座の姿勢をとり、片足ずつ足を寝かせ、正座になります。

腰を落としていくときに、上体を前後に傾けないことが重要です。跪座から正座になる場合も同様です。立つときと同様に、ゆっくりと動作をするようこころがけましょう。

【膝行《しっこう》、膝退《しったい》】

畳の上では、座ったままで移動する方法があり、前進を膝行《しっこう》、後退を膝退《しったい》といいます。

畳半畳ほどの距離であれば、膝行・膝退で移動ができます。

膝行するときは、両手をにぎり、親指は爪立《つまだ》てるようにして両膝の脇へ置きます。このとき、左右の手を膝頭より前に置かないよう注意します。両手に力を入れて、膝先をわずかに上げ、身体を浮かせるようにしながら前進します。一度にたくさん進もうとせず、何度かくりかえして、少しずつ進むようにしましょう。

膝退は、この逆の動作で下がります。

いずれの場合も、上体を上下させたり、身体を前後左右にゆらさないことが大切です。

膝行《しっこう》

①両手を下の写真ⓐのようににぎり、膝頭の前へ出ない位置につきます。

②膝先をわずかに浮かしながら前進します。

膝退《しったい》

❶両手を下の写真ⓐのようににぎって身体の脇につき、膝先をわずかに浮かしながら下がります。

❷下がったとき、両手の位置が、膝頭より前へ出ないところで止めます。

ⓐ

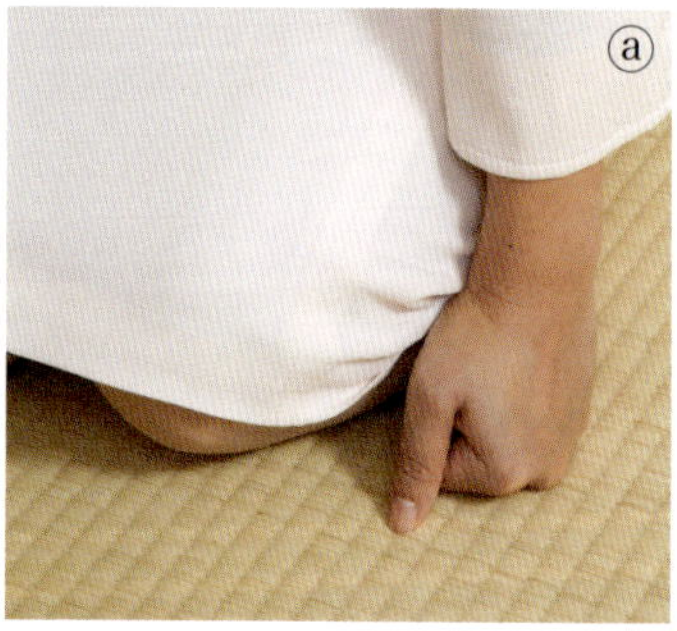

両手をにぎるときは、親指を立て、残り4本の指をにぎりこみます。

【腰かける】

椅子《いす》に座るとき、または立つときは、下座《げざ》方向から行うのが基本です。したがって、同席者がいる場合は、相手から遠い側から立つ、あるいは座ります。座るときは、椅子の横から正面へと身体を移動させてから腰をおろします。椅子から立つ場合は、真上に伸び上がるようにゆっくりと行い、下座側（相手から遠い側）に出ます。

また、椅子には背もたれにもたれかかることなく浅めに腰かけることが基本です。両手は、正座のときと同様に、指をそろえてふくらみを持たせ、腿《もも》の上へ「八」の字に置きます。

立つ、座るの動作は、「1、2、3のリズム」で行います。一つ一つの動作を孤立させることなく、自然な流れをこころがけて、無駄な動きをしないよう日ごろから意識するとよいでしょう。パーティなどでは、主賓が腰かけてから、また目上の方と同席をする場合には、その方が腰かけてから座ります。他家や他社を訪問するさいは、先方のすすめがあってから座りましょう。

①椅子の横（下座側）に立ちます。

②外側の足を一歩、前に踏み出します。

③反対側の足を椅子の正面に出すと同時に、重心を移動させます。

④椅子の正面で両足をそろえます。

⑤背筋を伸ばしたまま、静かに腰をおろします。

［椅子に腰かける］

まず、椅子の横（下座側）に立ち、外側の足を一歩前に出します。椅子の幅がある場合は、斜め前に踏み出すとよいでしょう。このように移動すると、着物を着ているときには、すそが乱れにくくなります。

次に内側の足を椅子の正面に移動させます。このとき移動する足幅が大きいと、椅子の正面からはずれてしまうため、足幅を加減します。最後に、両足をそろえて椅子の正面に立ちます。

腰かけるときは、なるべく上体が前傾しないように静かに腰をおろします。

［椅子から立ち上がる］

腰かけるときと逆の動きをします。まっすぐ立ち上がり、肩幅と同じ程度の幅で下座足を真横に踏み出し、残った足を椅子の脇まで引き、最後にそろえます。

【立って方向転換】

美しくふるまうポイントの一つは、自分の身体が使用する空間を最小限に抑えるようにこころがけることです。

そのこころがけは方向転換のさいにも共通することです。

立って方向転換するには、「引く」と「かける」、二つのまわり方があります。どちらも動作の途中の足のかたちが、アルファベットのTの字を表すようにします。慣れないうちは、70度ほどで止まってしまうためにイの字、あるいはLの字になりやすいので、Tの字を意識しましょう。

いずれの動作も、左右の足を離さないことにより、美しい印象をつくります。

また、180度の回転を行うときは、相手や周囲の方との関係や部屋のつくりなど、状況に応じて、回転する方向を考えます。

引いて90度まわる

右へ方向転換するとき

①右足を引いて、方向転換する方へつま先を向けます。

②右足に左足をそろえます。

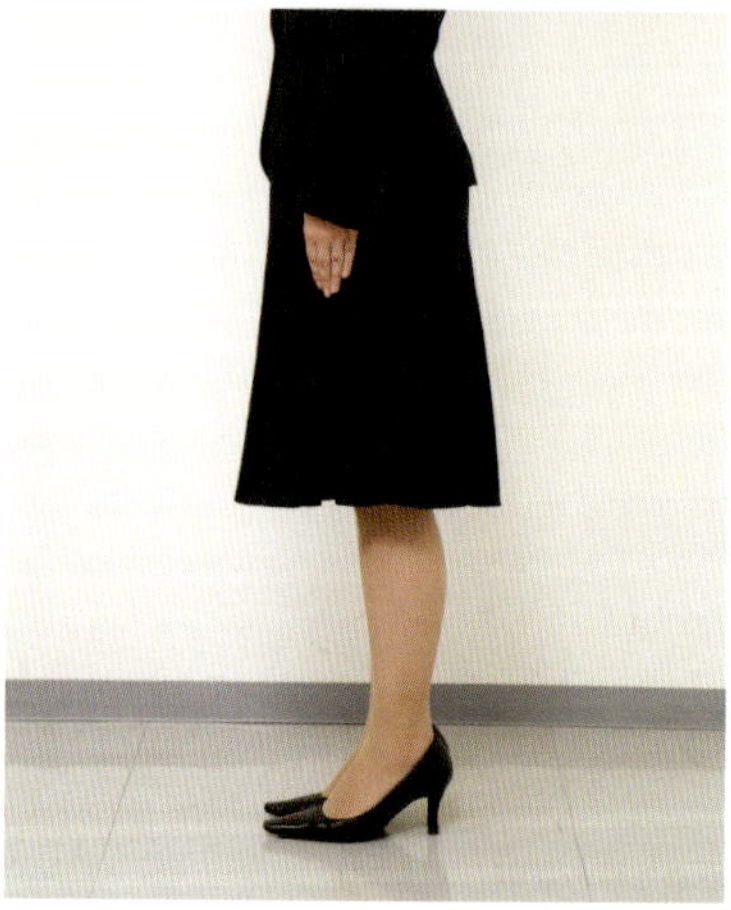

引いて180度まわる

右からまわるとき

❶右足を90度の角度で後ろに引きます。

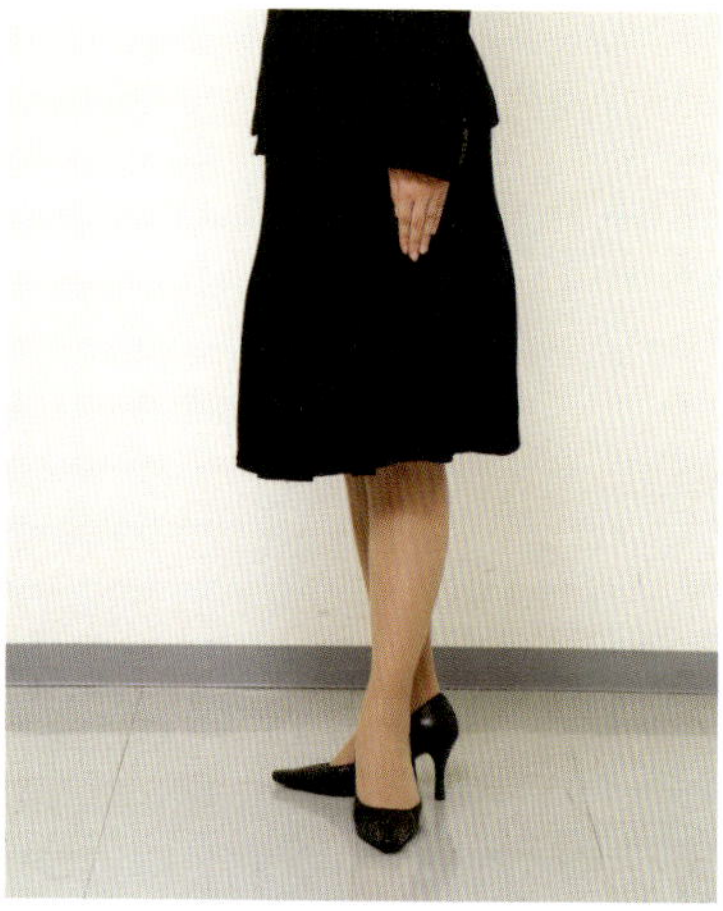

❷左足を180度回転させて、つま先を逆に向けます。

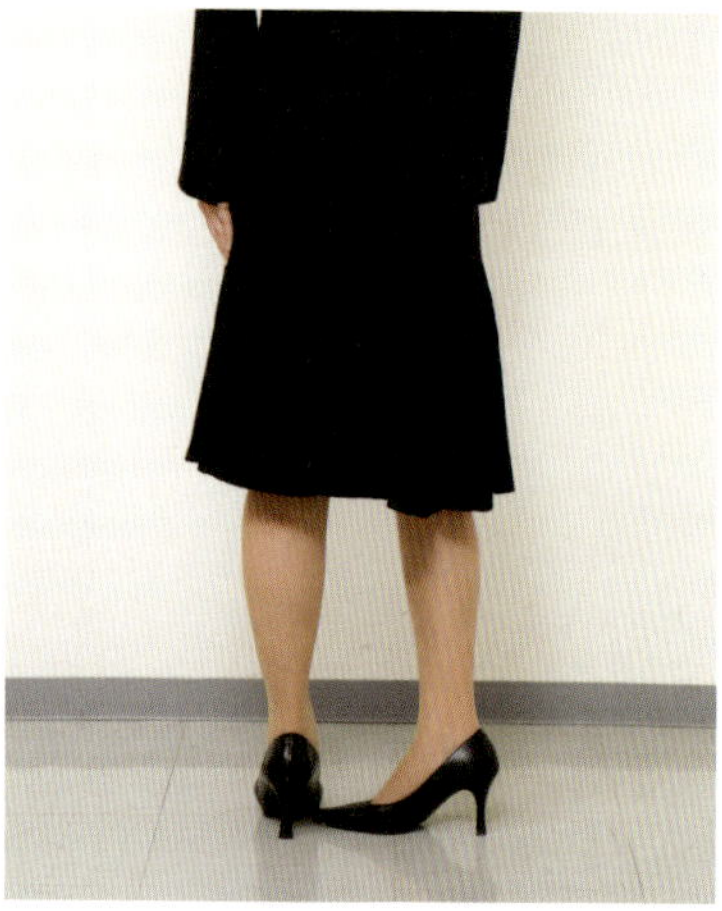

❸左足に右足をそろえます。

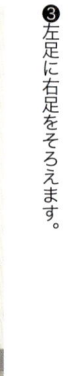

かけて90度まわる

右へ方向転換するとき

①左足を右のつま先にかけるようにして、転換する方へ向けます。

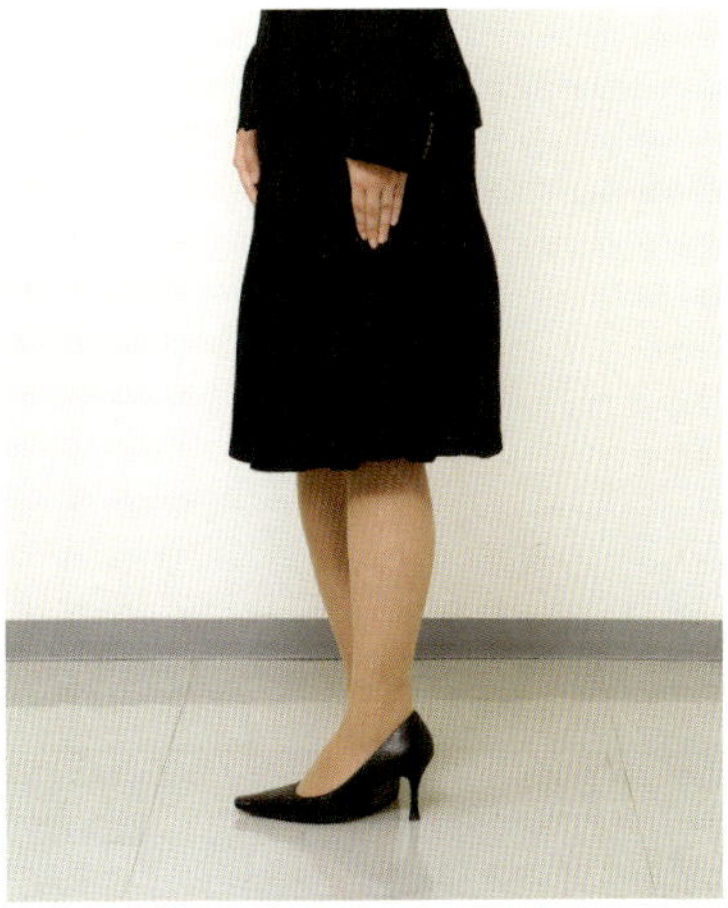

②左足に右足をそろえます。

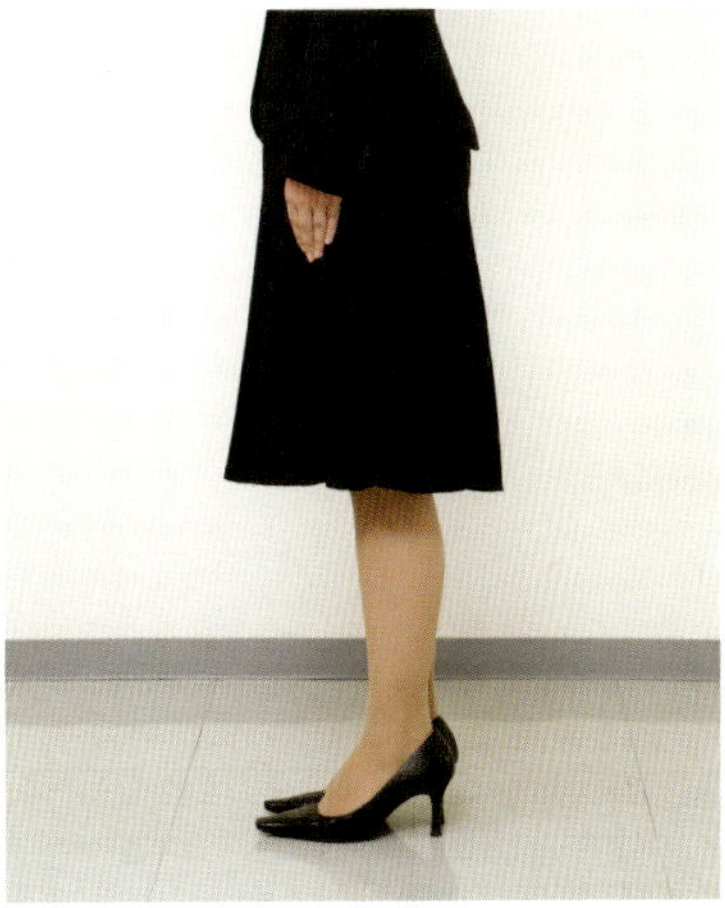

かけて180度まわる

右からまわるとき

❶左足を右のつま先にかけるようにして、右に90度向けます。

❷右足を180度回転させて、つま先を逆に向けます。

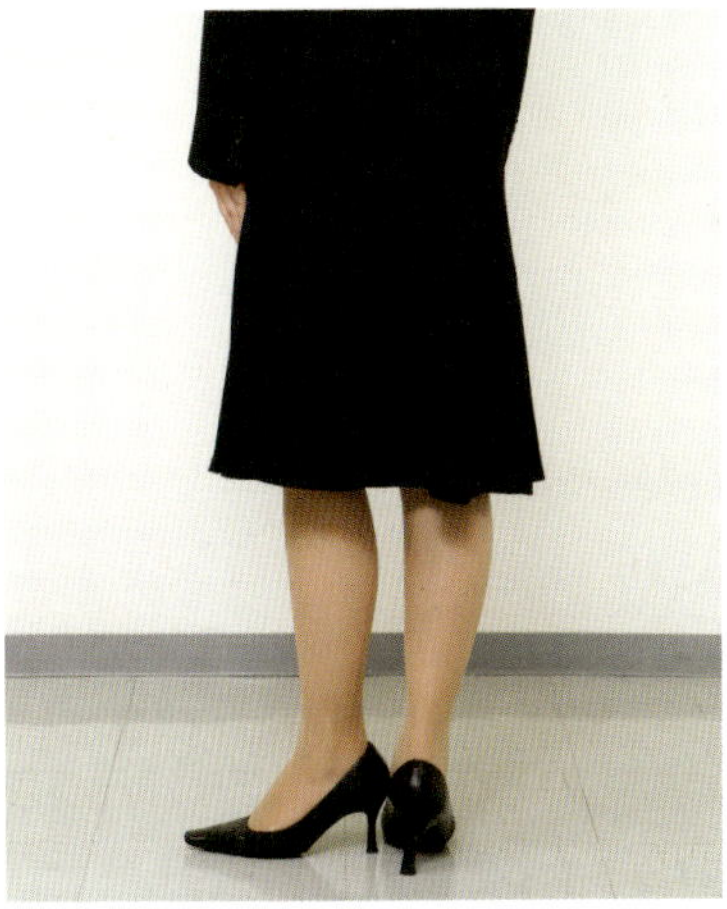

❸右足に左足をそろえます。

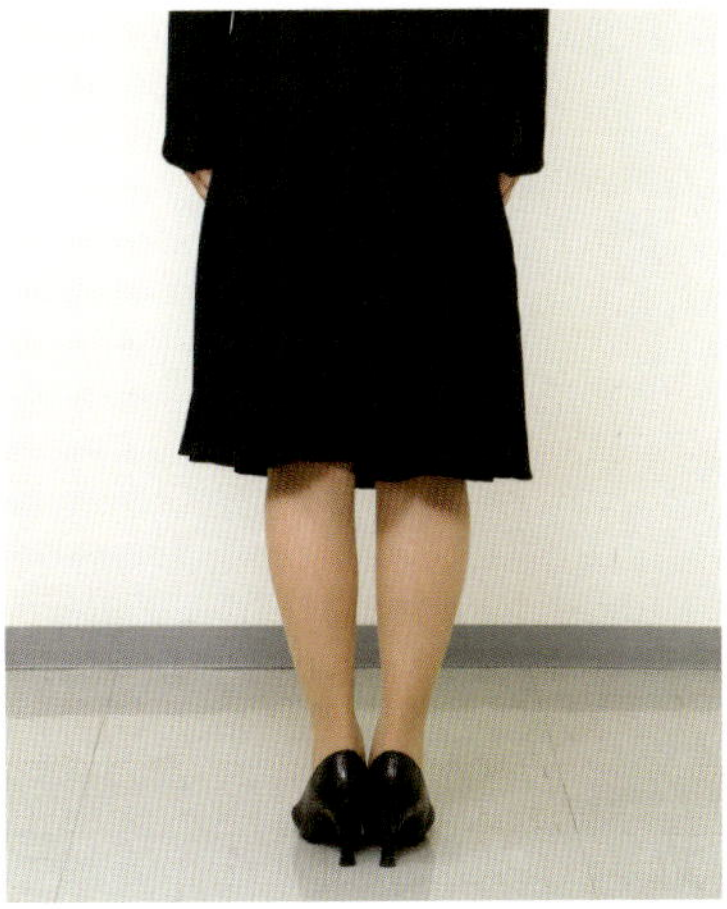

【座って方向転換】

座った姿勢で向きを変える方法について、女性と男性の二通りを紹介いたします。ただし、必ずしも性別によってまわり方が限定されるわけではありません。

基本の応用によって180度以上の方向転換が可能ですが、現代の生活においては用いられることが少ないため、90度程度まで、スムーズに向きを変えることができればよいでしょう。

［女性の場合］

女性の場合は、日常、一度に90度身体をまわすことは少ないでしょう。この方法は、つま先が開く分だけまわる方向転換です。このまわり方は、着物のすそ前をそれほど乱すことなく方向転換を行うことができます。

まず、正座から跪座《きざ》になり

女性のまわり方

足の動きがわかるように、後ろ向きの写真で説明します。

①正しい姿勢で座ります。

②跪座の姿勢になります。

左に方向転換するとき

③かかとをつけたまま、左足のつま先を左に開きます。

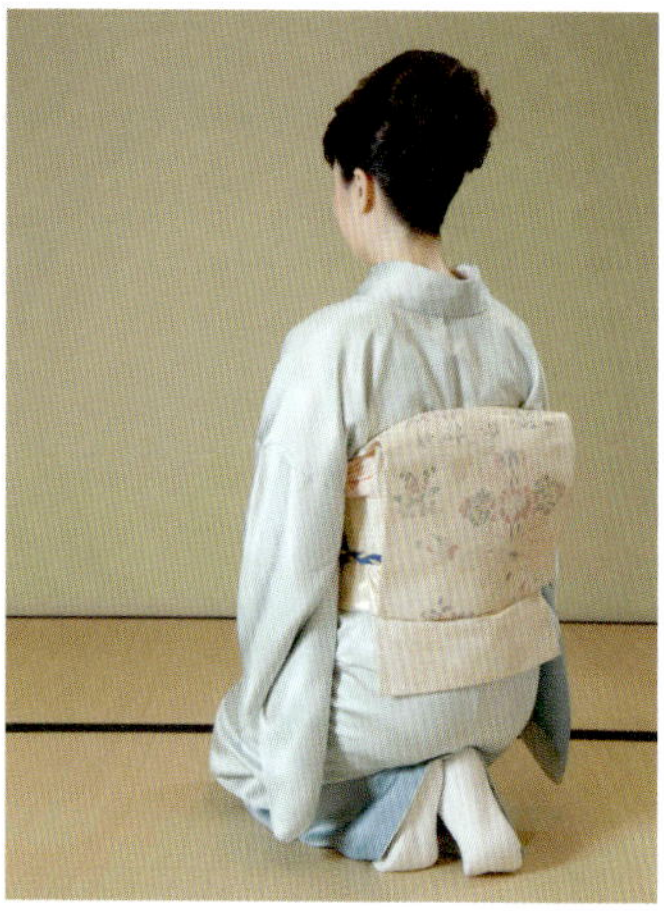

④左足の膝を少し浮かせ、その膝を右膝で押すようにして、ゆっくり向きを変えます。

⑤前に出した足のつま先に力を入れ、立ち上がると同時に足をそろえます。

ます。次にまわりたい方向につま先を開きます。たとえば、左にまわりたい場合は、かかとをつけたまま左足のつま先を開きます。さらに左の膝を少々浮かせ、その膝を右膝で押すようにしながら向きを変えます。

このほかに畳の上で身体の横に両手をつき、左右の膝をつけたまま2、3回にわけて方向転換する方法もあります。

男性のまわり方

①正しい姿勢で座ります。

②跪座の姿勢になります。

左に方向転換するとき

③右足を少し踏み出し、その膝で左の腿を押すようにして身体を回転させます。

④まわっている途中から左膝が上がり、右膝は下がり始め、まわり終えると、最初とは反対に左膝が浮き、右膝は下がった状態になります。

【男性の場合】

男性は、女性にくらべて、すその乱れを気にすることがないため、大きな角度でまわりやすく、この方法は時により女性が用いることもあります。重心の軸線を動かさずに、身体の安定を保ちながら、一定の速度でまわるようにこころがけましょう。

まず、正しく座った姿勢から跪座《きざ》になり、まわりたい方向とは逆の足を少し踏み出します。たとえば、左にまわりたい場合は、左膝を畳につけたまま右足を少し踏み出します。

次に、右の膝で左の腿《もも》を押すようにして、身体を回転させると、途中から左膝が浮き始め、右膝は下がってきます。

さらにまわり終えると、右膝が床につき、左膝が浮いている状態になります。つまり、最初と最後で畳につく膝が入れ替わります。

【持ち方の基本】

物を持つ姿は、その高さ（物の位置）によってそれぞれ、目通り、肩通り、乳《ち》通り、帯通りとよばれています。

一般的に、ていねいに持つ場合は肩通りで、親しい間柄なら乳通りであつかうのが適当でしょう。

［目通り］ 目の高さにかかげて、息がかからないように気遣う、最高の敬意を表す持ち方です。

［肩通り］ 肩の高さに上げて持ちます。とくに大切な物をあつかうときの高さです。

［乳通り］ 胸の高さに持ちます。料理や茶菓などを運ぶさいは、通常はこの位置で盆や膳をあつかうとよいでしょう。

［帯通り］ 着物の帯の位置、すなわち腰の高さに持ちます。出した料理や茶菓を下げるさいなど、一般的な物をあつかうときの高さです。

乳《ち》通り
胸の高さに持ちます。料理や茶菓などを運ぶさいは、通常はこの位置で盆や膳をあつかうとよいでしょう。

帯通り
着物の帯の位置、すなわち腰の高さに持ちます。出した料理や茶菓を下げるさいの盆、あるいは座布団などをあつかうときの高さです。

肩通り
肩の高さに上げて持ちます。儀式、あるいはとくに大切な物をあつかうときの高さです。

目通り
目の高さにかかげて、息がかからないように気遣う、最高の敬意を表す持ち方です。神仏への捧げ物や、古くは、貴人への饗応において用いられた高さです。

【物のあつかい】

物をあつかうときは、「重い物は軽く、軽い物は重く」見えるような配慮が大切です。

大きな花瓶や事典のような書籍などを持つとき、いかにも重そうに持ったのでは、礼法でいうところの「慎みのこころ」が失せてしまいます。

また、軽い物、小さな物は、香炉や宝石など貴重品の場合もあります。そのようなさいに軽々しく持ったのでは、その物自体を軽視しているようにうつります。軽い物は中身にかかわらず、見た目以上に重々しくあつかいましょう。

重い物、軽い物

軽い物は見た目よりも重々しくあつかいます。

重い物はしっかりと支えながらも、気持ちとしては軽やかに持ちます。

盆のあつかい

盆をテーブルなどに置くときは、
①まず左向こう側の片角をつけ、
②次にその反対側（右）の角をつけ、
③手前の辺を静かに置きます。

［盆のあつかい］

物を運ぶのに盆を使う場合は、どのようなときでも片手ではなく、両手であつかいましょう。

持つときは、親指をお盆の縁にかけ、残りの指はそろえて、盆を下から支えます。

盆を置く場合にも、静かにていねいにあつかうことが大切です。

盆には角盆と丸盆がありますが、角盆は、まず左向こう側の角一か所を静かにテーブルにつけ、次に右向こう側の角をつけ、最後に手前をおろして置きます。

丸い盆は、向こう側一点をつけてから、円を描くように静かに置きます。

【物の受け渡し】

品物を大切にあつかい、その品物の授受を通して他者を大切にする気持ちを表現するふるまいがあります。

ペンやナイフ、はさみなどを渡すときは、つねに相手がとりやすく、すぐに使用できる状態にしておくことが大切であると同時に、品物そのものにも配慮が必要です。たとえば、ナイフの刃先を手で持ってしまうと、手の汚れなどで品物を傷める可能性があるからです。

また渡したあとは、両手を同時に離すのではなく、片手ずつ引くようにすると、安全かつ美しいしぐさとなります。

グラスのように傷つきやすい物は、直接テーブルに置くのではなく、持っている指先がテーブルについてから置くと安全ですし、大きな物音をたてることもありません。

筆記具

万年筆、ボールペンなどは、キャップをはずし、インクが出るかをメモ用紙で試し、相手がすぐに使える状態で手渡します。

はさみ

刃先を自分のほうに向けて、中心部のあたりを右手で持ち、左手をそえて確実に渡します。

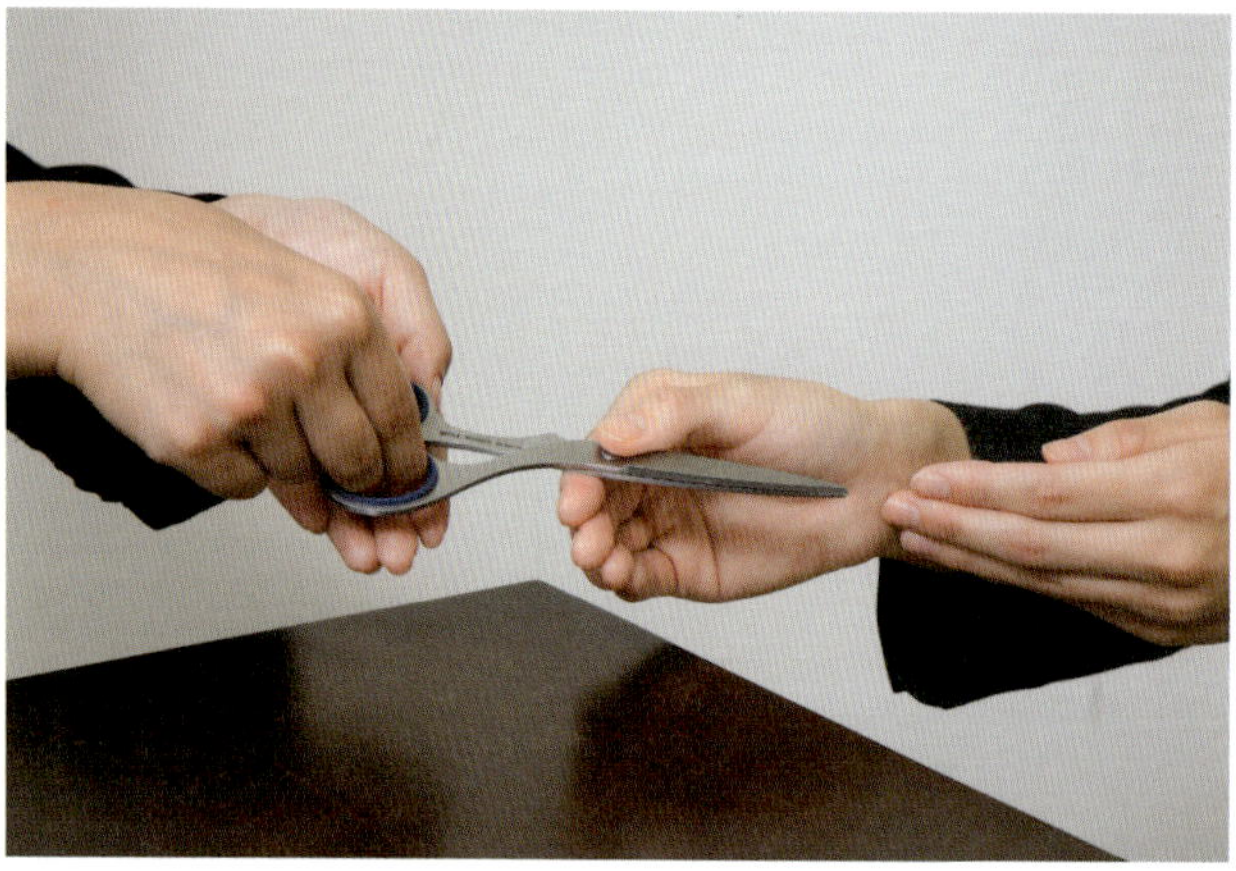

傷つきやすいもの

ガラスのコップなど傷ついたり割れたりしやすいものは、持つ手の指先を伸ばして先につけてから、音をたてずに静かに置きます。

【車の乗降】

車に乗るさいは、まず持ち物を車内に置き、座席に浅く腰をおろしてから、両足を中に入れます。降りるときは、この逆です。

車の座席にも上座《じょうざ》・下座《げざ》があります。運転する人がオーナードライバーの場合は、助手席が最上席です。タクシーなど運転を職業とする人がドライバーの場合は、ハンドルの左右に関係なく、後部右座席が最上席です(下の図参照)。

ただし、着物姿や年配の方などの場合、左側のドアから右奥の座席まで移動しにくいこともあるでしょう。したがって、状況を見きわめながら臨機応変に行動することが大切です。

ドアを開けて、座席の端に浅く腰かけます。

両足をそろえて浮かし、身体を半回転させて、中へ入ります。

タクシーの場合

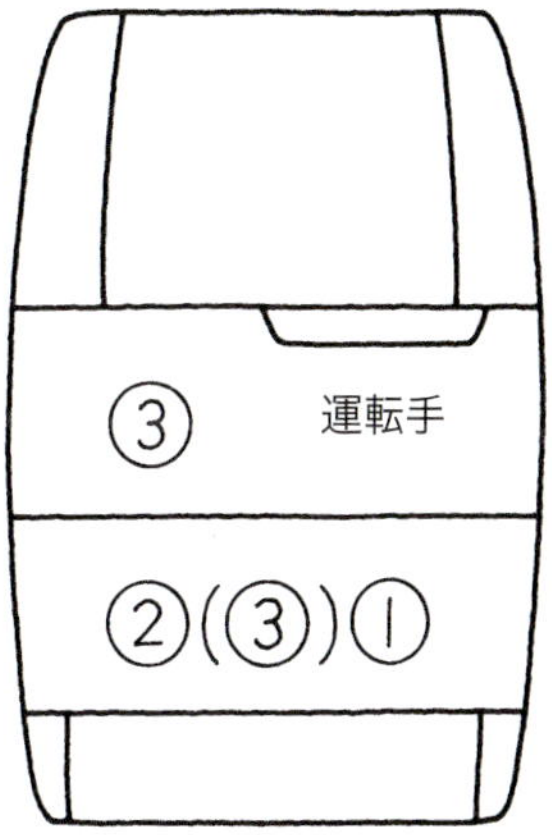

自家用車の場合

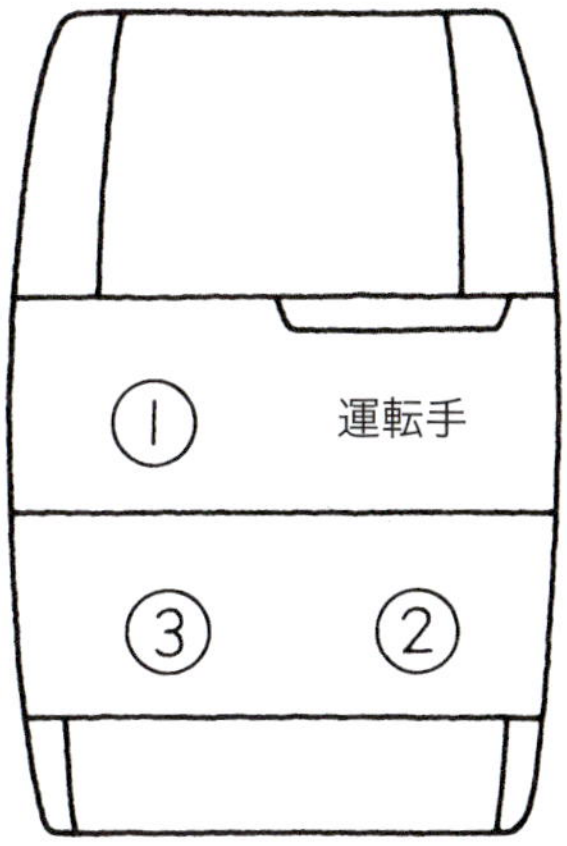

和服の動作

現代では、和服は気軽に着用できない印象があり、とくに紋付《もんつき》の着物や羽織《はおり》袴《はかま》などは堅苦しいイメージを持たれることが少なくありません。

温暖湿潤気候の日本は、四季がはっきりしており、湿気が多くて蒸し暑い夏と、乾燥して寒さが厳しい冬がくりかえされます。そのなかで、いかに快適に暮らせるかを考え、改善を重ねてきた衣服が「着物」なのです。

たとえば、着物によく使われる平織りは、通気性が良いのが特徴ですが、そのぶん保温性が低いため、重ね着をすることで弱点を克服しています。この平織りは、直線的な裁断および縫製に適している生地といわれます。直線裁《だ》ちの和服は、この平織りの特性に由来するものでしょう。

さて、日本語には「折り目正しい」ということばがあります。人に対してこのことばを用いるとき、「この人は礼儀正しい人である」と評価していることになります。

折り目とは、着物を折りたたんだ筋目のことです。すっきりと美しく折りたたむことは、単にたたみ方だけの問題ではなく、そこにその人自身のこころのゆとりや誠実さなど、人間性をも感じとることから「折り目正しい」ということばが生まれたのでしょう。

私たちは、人間性や社会行動をふくめた教育とその成果を「しつけ」とよびます。しつけは、まさしく着物のしつけ糸のことで、縫い目を保ち、仕立てがくるわないようにする重要な糸です。

日本の人びとは、望ましいかたちを保つことを人格と作法になぞらえて「躾」という字をあてました。読んで字のごとく、身体が美しくあるということですが、これはしつけがしっかりと身についている人は美しいということにほかなりません。

民族衣装である着物をきちんと着用し、美しくふるまい、さらには折り目正しくたたむことができるということは、礼法を学ぶ上で欠かすことができない要素です。自国の文化を尊重し、伝統を大切にしてこそ、他国の文化に対しても、より深い理解を示すことができるでしょう。着物をはじめとする日本文化を学ぶことは、国際的な教養を身につける第一歩なのです。

和服姿の正しい姿勢。手は、ふくらみを持たせて指をそろえ、腿の前に、自分から見て「八」の字になるように置きます。

背筋を伸ばして、あごを引き、頭の重さが土踏まずに落ちるようなイメージで立ちます。

【立ち居ふるまい】

姿勢、お辞儀《じぎ》、その他の基本動作は、洋服でも和服でも変わりません。ただし着物の場合は、動作を行うさい、長いたもとや、乱れやすいすそまわりに注意が必要です。

階段の昇り降りでは、すそが乱れないように、またふくらはぎが露出しないよう、留意しなければなりません。右手で着物の上前《うわまえ》を押さえて昇るのが、すそを乱れさせないポイントです。

膝から身体を持ち上げるのではなく、腿《もも》の力で身体を押し上げます。膝で昇ると、腰が落ちた状態になって、すそが引かれてふくらはぎが見えるからです。また段のへりに深く足をかけると、ふくらはぎが見えてしまいますので注意します。さらには、身体を少し斜めにして昇ってもよいでしょう。

降りる場合にも、昇るときと同様に、腿をふくめた脚全体を降ろすようにすると見苦しくありません。

階段の昇降において、着物の足袋はたいへん目につきますので、こはぜのかけ忘れや足袋の汚れがないよう、つねに気を配りたいものです。

物をとるときには、袖口が開いて長襦袢《ながじゅばん》や下着が見えないように注意します。左手で袖口を持つようにすると、美しく優雅に見えます。

階段の昇降では、着物の上前を右手で押さえ、すそが乱れないようにします。また、ふくらはぎが見えないように注意します。身体を少し斜めにして昇るのもよいでしょう。

物をとるときは、袖口に左手をそえて、袖の中が見えないようにします。

【立つ、座る】

着物姿で立ったり座ったりするときは、すそまわりに注意が必要です。

たとえば座る動作では、正座になるときに、すそ前のもたつきを直しながら座るようにします。

立ち上がるときは、着物のすそを踏まないように気をつけます。

立つ

①跪座になります。このとき、着物のすそを踏まないように注意します。

②下座側の足(ここでは右足)を徐々に前に踏み出します。

座る

❶下座側の足(ここでは右足)を半歩ほど後ろに引き、同時に両膝を折り曲げていきます。

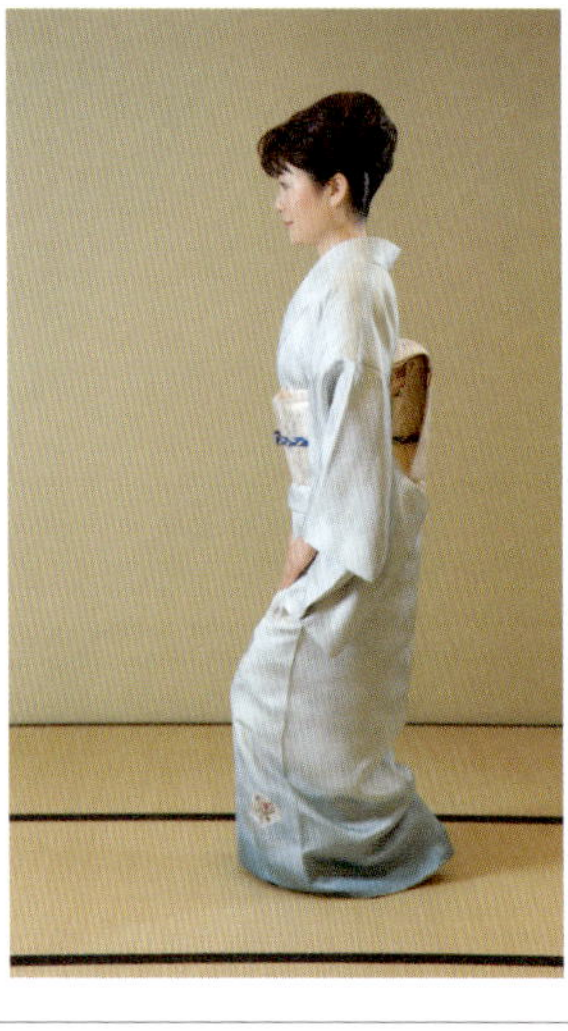

❷足先と腿に力を入れ、同じ速度で垂直に体を落としていきます。

③上体をゆらさず、腰を曲げないようにして、立ち始めます。

④下座足が伸びきるまでに、後ろ足を静かに前に運びます。

⑤立ち上がると同時に両足をそろえます。

❸下座足の膝を床につけ、次に反対側の膝をおろし、すその乱れを直してから両膝をつきます。

❹着物の上前を正して、跪座の姿勢になります。

❺足を片方ずつ寝かせるようにして腰を落とし、親指を重ねます。

【浴衣《ゆかた》】

浴衣《ゆかた》はもともと「湯に入るときに着用した帷子《かたびら》（麻の単《ひと》衣《え》）」を指しました。これが浴衣の語源といわれています。浴衣はしだいに湯上がりや寝間着という役目から、夏の普段着として変化し、現在にいたっています。

したがって、長襦袢《ながじゅばん》や足袋《たび》は着用せず、帯には帯締めも帯揚げも必要ありません。こうした経緯があるために、公の場において浴衣の着用はふさわしくありません。洋服にたとえるならば、Tシャツにジーンズ、素足にスニーカーといったカジュアルな服装であることを理解しておく必要があります。素足に下駄ばきの浴衣姿で、あらたまったレストランやパーティなどには出かけないように注意しましょう。

とはいうものの、着物の着こなしの基本という点では、浴衣も訪問着と同様です。着物より気軽な浴衣で正しい着こなしを身につけ、日本の衣裳文化の基礎と、和服のふるまいを学ぶきっかけをつくってみてはいかがでしょうか。

※浴衣の着つけは134〜140ページに紹介しています。

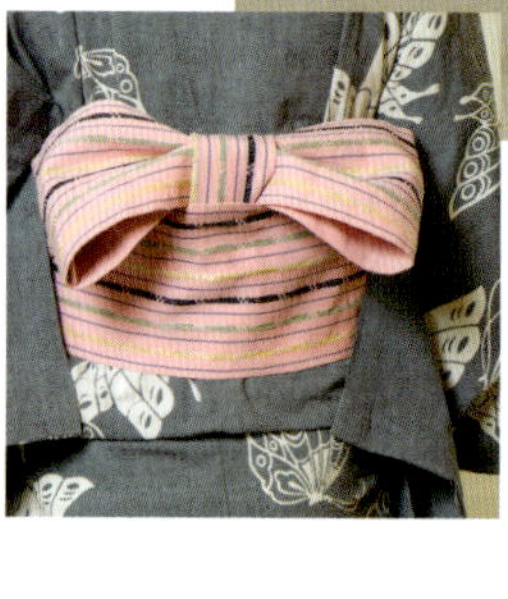

女性の浴衣は、おはしょりがあります。帯は半幅帯を使います。素足に下駄をはきます。

男性の浴衣は、身長にあわせた対丈《ついたけ》です。ここでは角帯を「貝の口」に結んでいますが、兵児《へこ》帯を結ぶこともあります。

訪問ともてなし

訪問

【訪問にさいして】

他家を訪問するさい、最も大切なことは、相手のこころ遣いを受け止め、互いのこころを通わせることです。

まず、突然の訪問は避け、事前にアポイントメントをとります。また定刻から4、5分遅れて着くようにします。なぜなら、客を迎える側は掃除など、もてなす準備をなさっている可能性があるからです。したがって、定刻よりも少々遅れることにより、先方もゆとりを持って準備を整えられます。ただし、それ以上遅れることがないようにしましょう。

訪問者は、呼び鈴を押す前にコートなどを脱ぎ、はきものの汚れ、髪の乱れを確認し、身だしなみ全般を整えます。

迎える側は玄関の下座で控え、お互いに会釈をかわす程度に簡単にあいさつをします。玄関先で深々と礼をすることは避けます。

[家に入る前に]

訪問先に着いたらまず、屋外でコートやマフラーなどの防寒具類を外します。これは、チリやほこりを室内に持ち込まないこころ遣いからです。西洋のマナーでは、コート類はつけたまま入り、すすめられてから外すようにいわれることがありますが、これは長居をすると誤解されないように、という配慮からです。

さらに、身だしなみを整えてから、呼び鈴を鳴らします。

また、迎える側は、客人の来訪を確認したら、お待たせしないように素早く玄関に出て、扉を開けるようにこころがけましょう。

【はきものを脱ぐ】

玄関で靴を脱いで上がるさい、入り口側に向き直って、迎えてくださった方に背を向けながら靴を脱ぐケースを多く見かけます。

しかし相手に背を向けることは失礼ですので、入ってきた方向のまま靴を脱ぐようにしましょう。その後、跪座《きざ》になって脱いだ靴の向きを変え、下座《げざ》（相手から遠い側）にそろえて置きます。

数人で訪問した場合は、最後の人が、全員の靴をそろえる気遣いが大切でしょう。

客人が玄関框《がまち》を上がったら、迎える側は、背を向けないように注意しながら、部屋へと案内します。

①下座側の足から靴を脱いで、框に上がります。

②両足をそろえます。

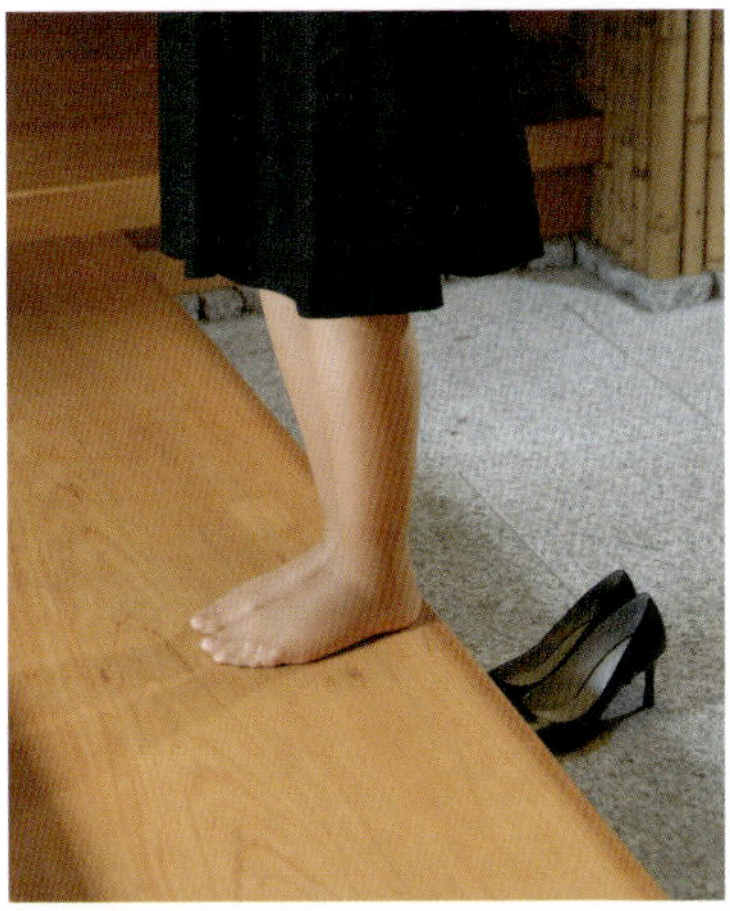

③下座側の足（ここでは右足）を、左足にかけます。

④左足を少し引き、身体の向きを下座寄りに変えます。

⑤引いた左足に右足をそろえ、相手に背を向けないように、框に対してやや斜めに向きます。

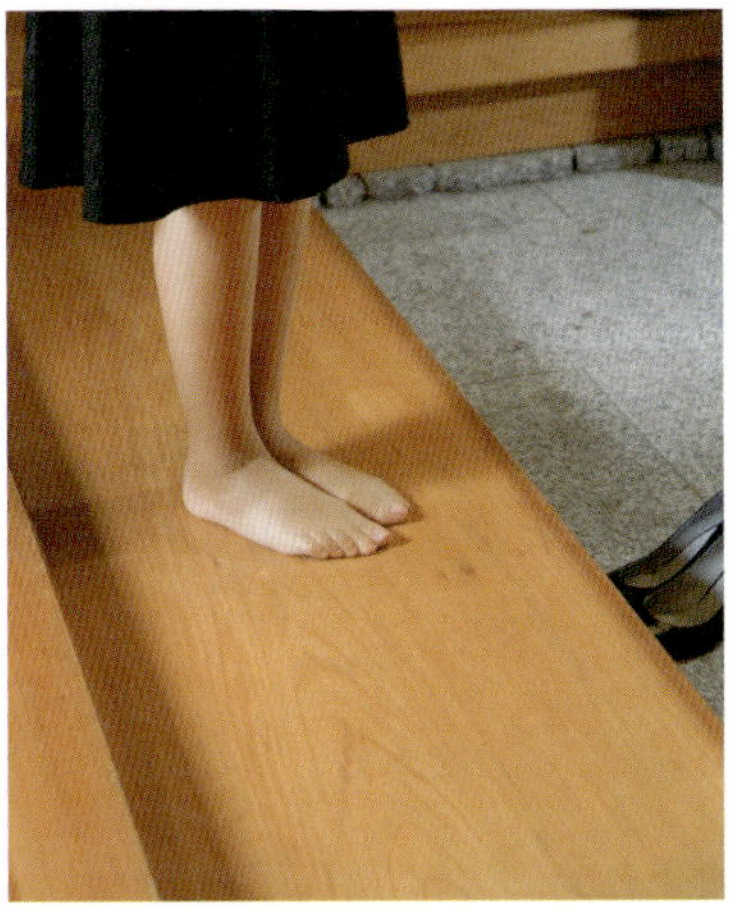

⑥跪座の姿勢になってから、はきものの向きを変えます。

【部屋の上座《じょうざ》・下座《げざ》】

宴会や会食、または会議の席で、その部屋のどこにお客様をお通しするべきか、自分はどこに座るべきかと悩むことがあります。

礼法では、その場で上位の方にお座りいただく場所を「上座《じょうざ》」、下の者が座る場所を「下座《げざ》」と呼びます。和室の場合であれば、床の間と床脇棚の位置を基本として、上座・下座の判断をします。

床の間のはじまりについては、「上段の間《じょうだんのま》」を起源とした説や、渡来品を鑑賞する場所であったなど諸説ありますが、そのなかの一つが「押板《おしいた》」を起源とする考え方です。

押板が現在のような幅一間《いっけん》、奥行き三尺ほどになったのは、桃山時代あるいは江戸時代初期頃といわれています。

その押板には僧家の影響によって、仏画像とともに三具《みつぐ》足《そく》（花瓶・燭台《しょくだい》・香炉《こうろ》）を飾り、礼拝していました。その後、仏画像に代わり、高僧《こうそう》の墨蹟《ぼくせき》などが掛けられるようになります。

こうして神聖な空間としてあつかわれてきた床の間に近い場所が、上座として認知されるようになったのでしょう。

［和室の場合］

和室における最も上座は、床の間を背にした席です。次に高い席は、床の間を脇にするところで、これを「客位《きゃくい》」とよびます。迎える主人が座るのは、この反対側で、「主《しゅ》位《い》」とよびます。

これを心得た上で、さらにまわりの状況にあわせて判断していかなければなりません。

たとえば、部屋から見る庭がすばらしい眺めであった場合、庭が最もよく見えるなど、景色のよい場所がその部屋の上座となることもあります。

また、部屋のつくりの上ではその位置が上座となる場合でも、冷暖房の風がそのままあたる席をすすめることは避けるべきでしょう。

自分が招かれる立場のときは、出入り口に近い席に座る心得が必要です。

［洋室の場合］

洋室においては、マントルピース（暖炉）に近い席が上座となりますが、現代においてそのようなお宅は少ないため、出入り口から遠い席が上座、近い席が下座と判断するのがよいでしょう。

洋間に一人掛けのソファーと長椅子がある場合は、ゆったりと掛けられる長椅子が上座と考えます。ただし、長椅子が出入り口にある場合などは、この限りではありません。

なお、一般的に日本では向かって右が上位ですが、西洋では向かって左が上位です。

和室の上座・下座

最も正式な構え
（床の間が中央にある）

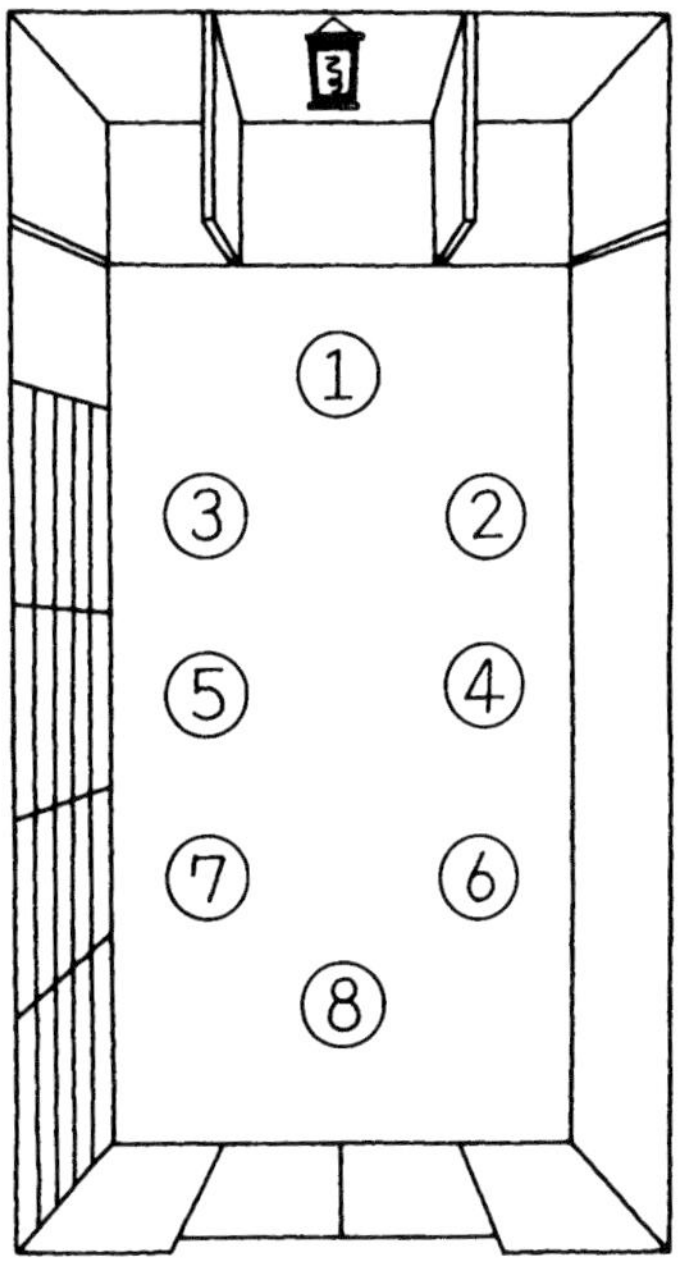

本勝手
（床の間が向かって右にある）

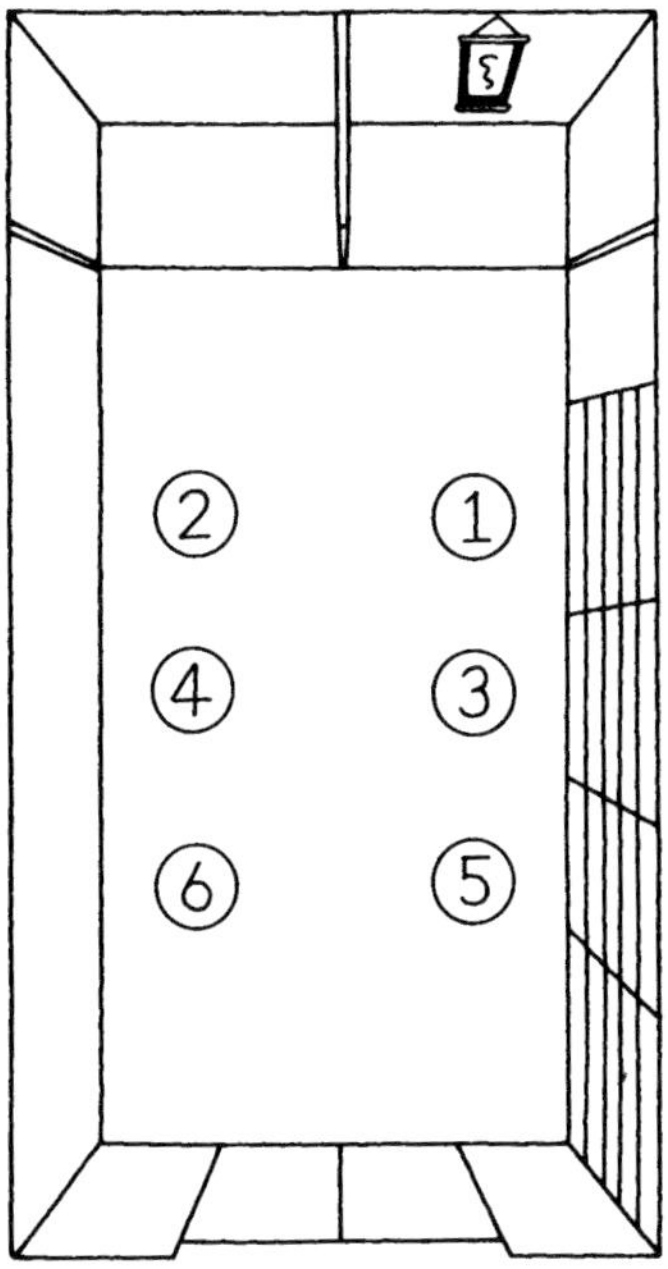

逆勝手
（床の間が向かって左にある）

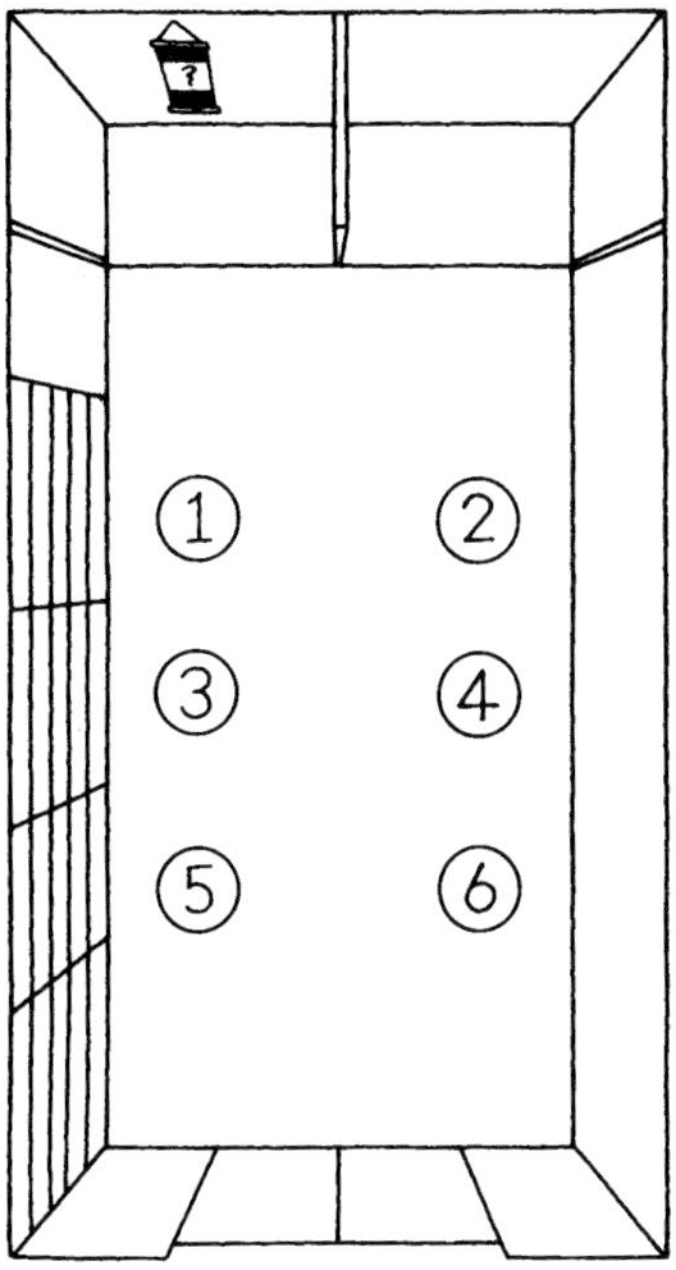

洋室の上座・下座

マントルピースとソファーがある部屋

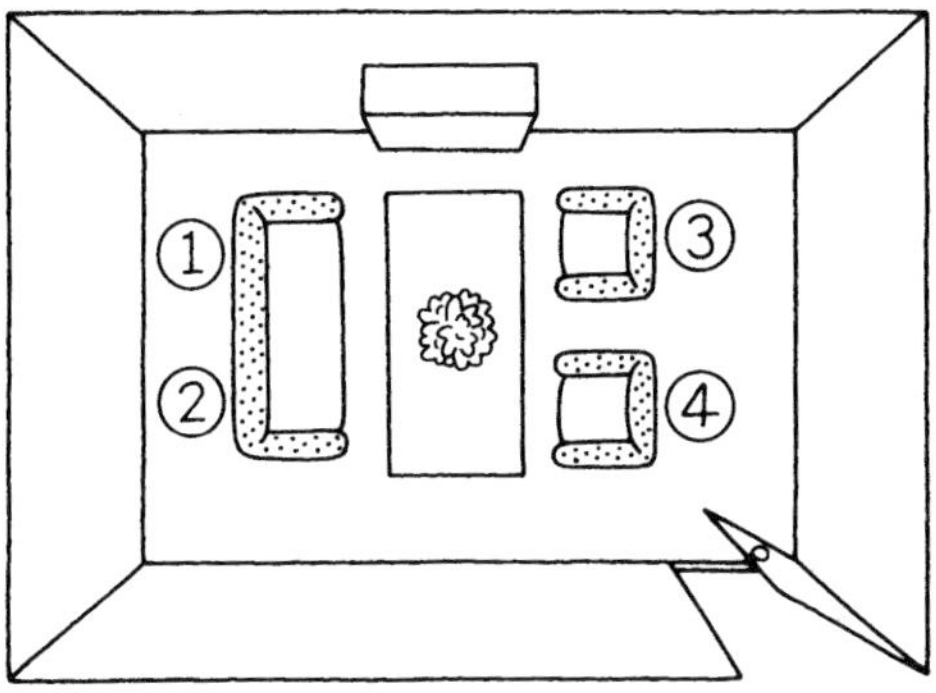

マントルピースがある部屋

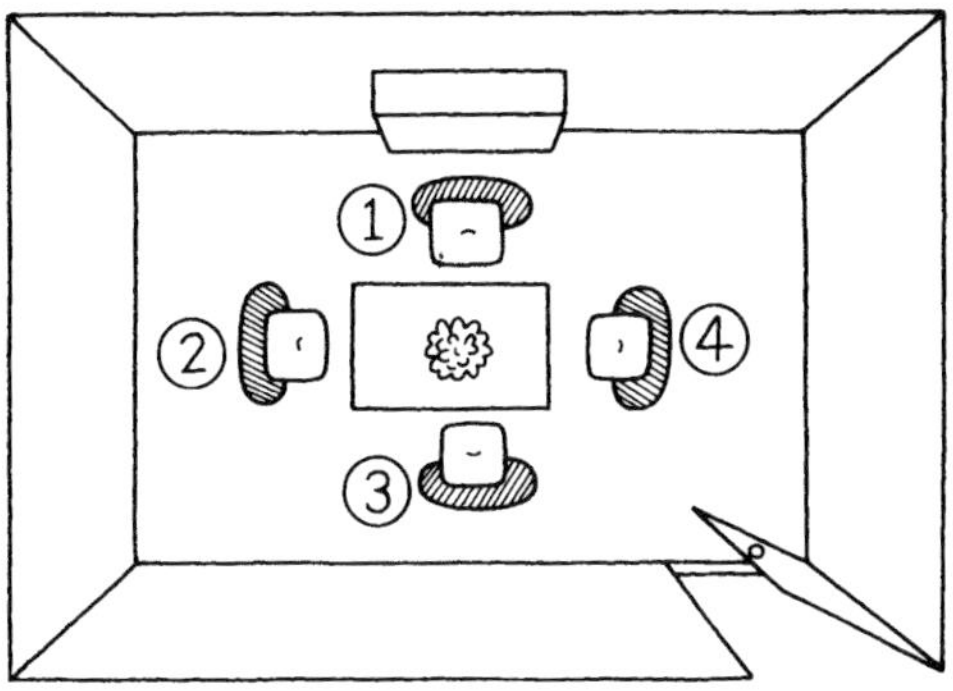

【ふすまの開《あ》け閉《た》て】

今も昔も、他者のプライバシーを尊重する気持ちに変わりはありません。日本において、それを守ってきたのは、個人のこころ遣いです。誰もが簡単に開けられるふすまは、互いの信頼によって立派な障壁として存在してきたのです。

［ふすまを開けるとき］

ふすまを開けるときは、まずふすまの前に座り、引手に近いほうの手を引手にかけ、少し開けます。これは、これから中に入りますという意志表示でもあります。

次にその手をふすまの縁にかけておろし、身体の中心にくるまで開けます。そうすることで、互いの顔は見えなくても、中にいる人は居ずまいを正すことができ、開けている側も部屋の中の状況を察することができます。

ふすまを開ける

①引手に近いほうの手を引手にかけて、5、6センチほど開けます。

②引手にかけた手を、ふすまの縁に移します。

③ふすまの縁にそって、その手をおろし（敷居から15センチほど上で止めます）、開け始めます。

④その手が身体の正面にくるところまで、ふすまを開けます。

（室内から見た写真）

⑤手を入れ替え、身体が通る程度まで開けます。

さらに手を替えて、身体が通れる程度まで開けます。

[ふすまを閉めるとき]

ふすまを閉める場合も、基本は開けるときと同じです。

まず、ふすまに近いほうの手でふすまを持って、身体の中心まで引きます。次に手を替えて、残り5、6センチまで閉めます。

最後に反対の手を引手にかけて残りを閉めます。最後に手を替えるのは、そのほうが力が入りやすく、開閉しやすいからです。

このように、動作の一つ一つが相手と自分とのこころの交流を重んじています。合理的で美しい動作をこころがけましょう。

ふすまを閉める

①出入り口の敷居の前に正座をします。

②ふすまに近い手で、敷居から15センチほど上のふすまの縁を持ち、閉め始めます。

③その手が身体の正面にくるまで、ふすまを引きます。

④引いた手と反対の手に持ち替えます。

⑤残り5、6センチほどのところまで、ふすまを閉めます。

⑥逆の手を引手にかけ、ふすまを完全に閉めます。

【座布団《ざぶとん》へ入る】

座敷にお客様を招き入れる前に、座布団《ざぶとん》を用意しておきます。

座布団には、前後、表裏があり、その置き方にも心得があります。座布団の四辺のうち、縫い目のない辺（輪）が膝前にくるようにして置きます。また中央に中綿を留める糸（房）がある面を表と考えますので、こちらを上に向けて置きます。

客を迎える側は、畳に直接座るのではなく、間に柔らかいものをはさんで、心地よく過ごしていただきたいというこころ遣いから座布団を出してくださるのです。したがって、客側としては、その気持ちを無にしない配慮が求められます。

座布団を足で踏みつけたり、勝手に位置を移動させてはいけません。また、あいさつを

座布団の後ろから入る

①座布団の後ろに座り、跪座の姿勢になります。

②下座側（ここでは向かって右）の膝を座布団にのせます。

③もう一方の膝を進め、両膝を座布団の端にのせます。

④身体の脇に手をついて、身体を支えながら膝行します。

⑤何度か膝行して、座布団の中央に進みます。

⑥すその乱れを直して、正しく座ります。

する場合は、座布団からおりて行います。

座布団へは、座敷によって横から入る場合と、後ろから入る場合がありますが、いずれも跪座《きざ》の姿勢から膝行《しっこう》して、徐々に座布団に上がります。

座布団からおりるときは、入るときと逆の動きをいたしましょう。

座布団の横から入る

①座布団の下座側の真横に座ります。

②身体を斜めに向けて跪座の姿勢をとり、下座側の膝から座布団にのせます。

③手をついて身体を支えながら、座布団に入ります。

④膝行して、座布団の中央に進みます。

⑤身体の脇に手をついて、身体を正面に向けます。

⑥すその乱れを直して、正しく座ります。

【贈り物を渡す】

手みやげとして持参する物は、風呂敷に包んで持つのが日本古来の美しい伝統です。風呂敷は本来、道中のほこり除けですから、必ず風呂敷から品物を出して差し上げます。

品物を相手に渡す場合には、物の前後、表裏に気をつけなければなりません。

表書きがある包みにしても、また本などにしても、表側を上にして、まず正面を自分に向けて置きます。

次に、右上角に右手を、左下角に左手をそえて時計回りに90度まわします。さらに手を片方ずつ離し、同じように右上角、左下角を持って90度回転させると、正面が相手に向きます。

このように、相手に物を渡すさいには、二度にわけてとりまわすことが基本です。

なお、贈り物は、座布団に

①贈り物は、下座（ここでは右側）に置き、互いに礼をして、あいさつをかわします。

②贈り物を置いた下座側に少し身体を向け、風呂敷の包みを解きます。

③贈り物をとり出し、膝前に置きます。そして下座のほうに少し身体を向けて、風呂敷をたたみます。（風呂敷のたたみ方は左のページ参照）

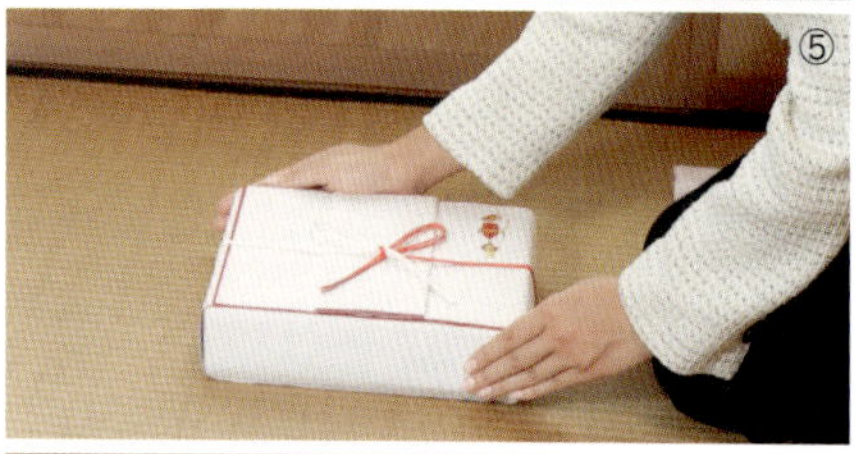

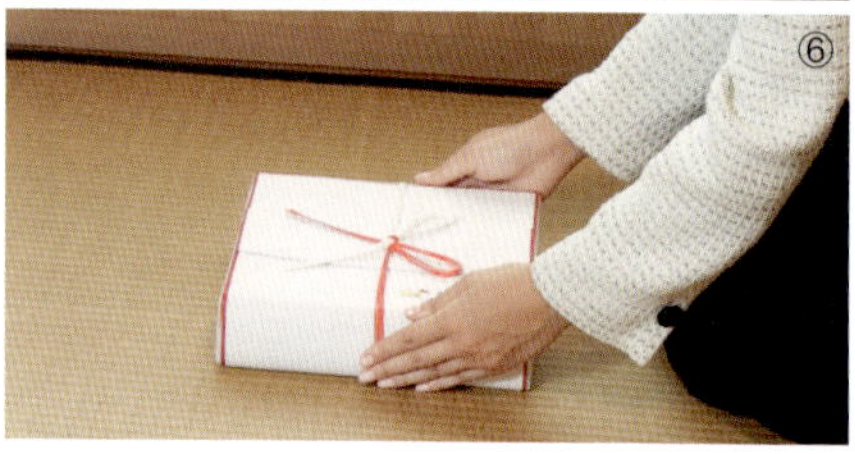

④贈り物の右上角に右手を、左下角に左手をそえます。
⑤時計回りに90度回転させ、再び右上角に右手、左下角に左手をそえます。
⑥時計回りに90度回転させて、相手に正面を向けます。

⑦贈り物を押し進めます。

⑧主人は、贈り物を両手で受け、かるく押しいただいて礼をのべます。渡す側も、同時に礼をします。

入る前に渡すようにこころがけましょう。

品物をとり出した後の風呂敷のたたみ方

①品物をとり出し、広げた風呂敷の上部両角を持ってあわせます。

②その角を左手（上座側）で持ち、右手を風呂敷の辺にそって引きます。

③両手を内向きにあわせて左手で持ちます。このとき輪になっているほうが上座を向くようにします。

④右手を引いて、さらに両手を内向きにあわせて二つに折り、再度、角を左手で持って、右手を引きます。

⑤もう一度内側に折ります。この要領で、風呂敷が約15センチ四方になるまでたたみます。

⑥さらに二つ折りにします。

⑦たたんだ風呂敷は、下座側に置きます。

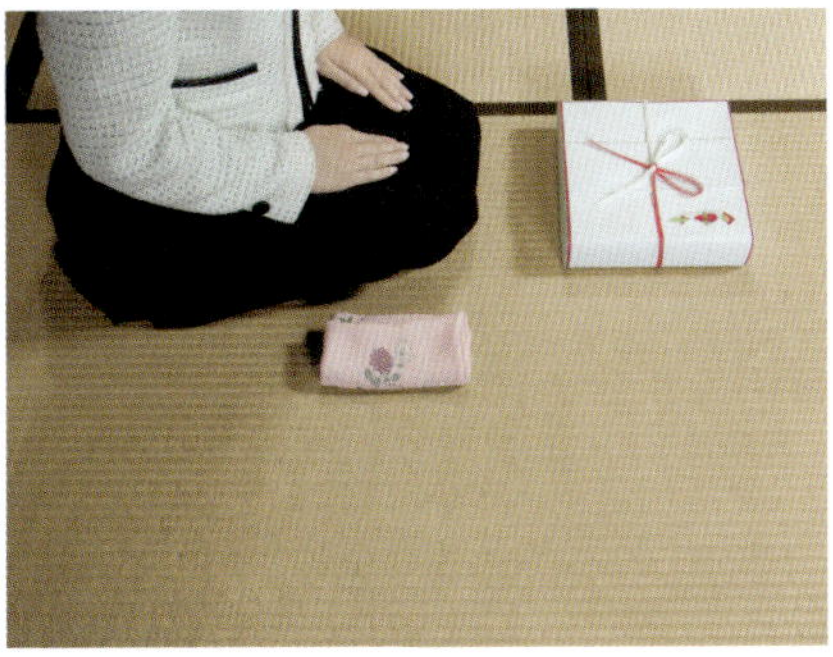

【風呂敷の包み方】

風呂敷や袱紗《ふくさ》は、紫色の正《しょう》絹縮緬《けんちりめん》のものであれば、慶弔《けいちょう》どちらにも使用することができます。

正絹縮緬の風呂敷は、結び目をつくらず、四方をかけて包むだけの平包みにします。

袱紗に金子《きんす》包みなどを包む手順も、風呂敷と同様です。

袱紗

①袱紗の角を上下にして広げ、金子包みを中央に置きます。

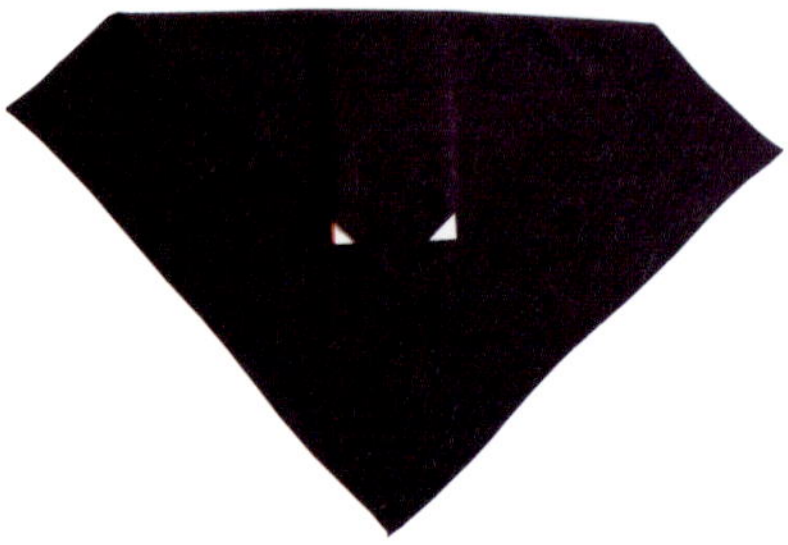

②上の角を下向きに、包みにかけます。

③下の角も上向きにかけ、次に左側を右へかけます。

④最後に右側を左へかけて包み、袱紗上面のシワを伸ばしてかたちを整えます。

風呂敷

❶風呂敷の角を上下にして広げ、品物を中央に置きます。

❷上の角を下向きに、品物にかけます。

❸下の角も上向きにかけ、次に左側を右へかけます。

❹最後に右側を左へかけて包み、風呂敷上面のシワを伸ばしてかたちを整えます。

【帰る、見送る】

もう少し話がしたいと思っても、訪問は長居をしない、ということを忘れてはなりません。とくに先方の食事の時間にかからないように注意しましょう。

迎えた側はお客様が帰られるまでに玄関に行き、お客様が靴をはきやすいように用意しておきます。玄関の中央に、靴の左右を少し離して置いておくと、はきやすいものです。場合によっては靴べらを手渡します。

また、コート類は外に出る前に着ていただくようにすすめます。寒い季節や悪天候のさいには必要なこころ遣いです。

迎えた側は、公道と私有地の境まで見送るのが基本です。マンションの場合は、ドアを開けたところがすでに公道となりますが、相手との関係や状況によって、エレベーター、もしくは一階の出口までなど、相手の姿が見えなくなるまで見送ることもあります。

また、すぐに鍵をかけたり、電灯を消したりすることは避けましょう。

お客様のはきものは、左右を少し離して、玄関中央にそろえておきます。

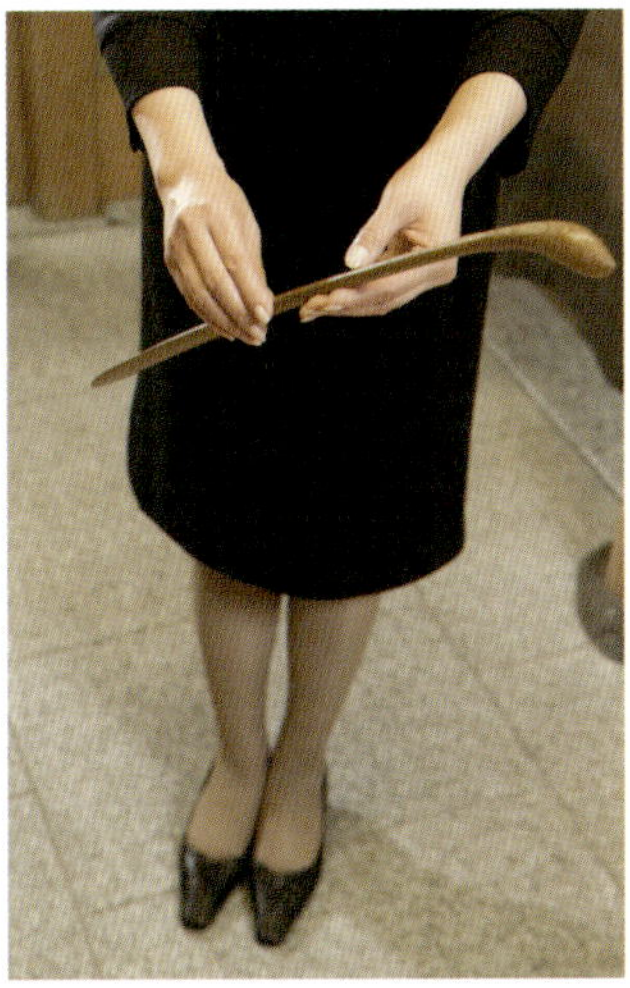
靴べらは、タイミングよく渡します。

コート類を渡し、中で着ていただくようすすめます。それに応えて玄関でコートを身につけるときは、荷物を下座側に置きます。

相手との関係で、見送る場所が変わりますが、最後までこころを配りましょう。

もてなし

【和室で茶菓を出す】

和室で、お客様に和菓子とお茶を差し上げる場合のもてなし方です。

玉露《ぎょくろ》や煎茶《せんちゃ》などは低い温度で、ほうじ茶や番茶は高い温度のお湯でいれます。

お菓子は、懐紙《かいし》で「かいしき」をつくってその上にのせ、生菓子などには楊枝《ようじ》をそえま

お盆に茶菓を用意します。茶碗は茶托にのせ、生菓子は菓子皿にかいしきを敷いてのせ、楊枝をそえます。自分から見て、右にお茶、左にお菓子を置き、ふた付き茶碗の場合は手前に布巾をそえます。

ふた付き茶碗の開け方

①茶碗に左手をそえて、右手でふたのつまみを持ち、向こう側へ開けて、ふた裏のしずくを切ります。

②ふたを茶碗の縁にそって、時計回りにまわして開けます。

③とったふたを静かに布巾の上に置きます。

す（つくり方は104～105ページ参照）。茶碗は茶托《ちゃたく》にのせ、ふたを付けた場合には、ふた裏のしずくをとるための布巾《ふきん》を用意しておきます。

　茶碗とお菓子をのせたお盆を運んだら、まずお盆ごと畳に置き、お客様から見て右にお茶、左にお菓子がくるように差し上げます。

　茶菓は下座《げざ》側から給仕するのが基本です。ただし、部屋のつくりやまわりの状況によって、下座側から給仕ができないときがあります。

　茶菓をお客様の左右どちら側から給仕するかによって、お茶とお菓子の差し上げる順は異なりますが、いずれも奥に置かれる物からお出しするのが基本です。

　つまり、お客様の右側から給仕をする場合はお菓子から、左側からの場合はお茶からと心得ましょう。

①お盆を下座側の畳に置きます。

②茶碗のふたをとり、お客様から見て右にお茶、左にお菓子がくるように給仕します。ここでは右が奥ですので、お茶を先に出します。

③右手ですすめるときは、左手をそえましょう。

置く位置が遠い場合は、跪座になってすすめます。

【洋間で茶菓を出す】

洋間で、お客様にお菓子と紅茶・コーヒーなどの飲み物を差し上げるときのもてなし方です。

お盆には、自分から見て右に飲み物、左にお菓子を置き、時により砂糖とミルクをそえます。なるべくお客様をわずらわせないようにとのこころ遣いから、ケーキなどについているセロハン紙は、あらかじめはずしておきます。

運んだお盆は、サイドテーブルに置きますが、サイドテーブルがない場合は、適当なテーブルの下座側に置きます。

次に、飲み物をお客様から見て右、お菓子を左に置きます。部屋のつくりやまわりの状況による給仕の順序は、和室の場合と同様です。

お盆には、自分から見て、右に飲み物、左にお菓子を置きます。ソーサー（受け皿）には、右に柄が来るようにしてスプーンをそえます。ケーキ皿のフォークも同様にします。

ケーキについているセロハン紙などは、はずします。

①お盆をサイドテーブルに置きます。サイドテーブルがない場合は、テーブルの下座に置きます。

②お客様から見て右に飲み物、左にお菓子がくるように給仕します。ここでは右が奥ですので、先に飲み物を出します。

③右手ですすめるときは、左手をそえるとよいでしょう。

④次にお菓子をお出しします。

【茶菓のいただき方】

飲み物とお菓子は、どちらを先にいただいてもかまいません。しかし、繊細な味わいの玉露や煎茶は、お茶の味を損なわないというこころ遣いから、先にいただくほうが好ましいでしょう。

紅茶やコーヒーに砂糖・ミルクを入れてかきまぜるときは、スプーンをカップの宙に浮かせるようにして軽くまぜます。底につけて強くかきまぜるのは、カップを傷つける可能性もありますので、控えます。

ソーサー（受け皿）はテーブルに置いたまま、カップだけを持ち上げます。ただし、テーブルが低い場合などは、正しい姿勢が保てませんので、左手にソーサーを持って、受けるようにしていただきます。

お菓子は、楊枝やフォークで一口大に切っていただきます。和菓子を丸ごととり上げたり、歯形を残したりする食べ方は避けましょう。

和菓子をいただいた後は、楊枝を懐紙で残菓《ざんか》包みにしておくとよいでしょう（残菓包みは105ページ参照）。

お茶と生菓子

茶碗は、左手で底を支え、右手を横にそえると安定します。両肘が張らないように注意します。

生菓子は、楊枝の先端をお菓子の中央に入れて切ります。

食べやすい一口大にして、いただきます。

紅茶とケーキ

スプーンは、先がカップの底につかないようにしてまぜ、カップの向こう側へ置きます。

ケーキは端から一口大に切っていただきます。

テーブルの位置が低い場合などは、右手にカップを持ち、ソーサーを左手で受けていただきます。

ビジネス

会社訪問
社内案内
面談

会社訪問

【会社訪問にさいして】

訪問する前に注意するべきことの一つに「身だしなみ」があげられます。とくにビジネスの場面において、身だしなみを整えておくことは社会人としての責任ともいえます。なぜなら、身だしなみが自分のみならず、会社のイメージをも左右することがあるからです。

他人に不快感を与えないよう、髪型や服装、靴にいたるまで気を配ります。とくに女性の場合は、化粧、香水などについても一考の余地があります。

一般のお宅を訪問するときと同様に、ビジネス上の訪問は事前に連絡を入れ、アポイントメントをとります。自宅を訪問する場合とは異なり、定刻の5分前には相手先へ到着するようにします。

到着後は衣服や髪の乱れなどを整え、コート、マフラー、手袋などをはずしてから入館、あるいは入室します。携帯電話の電源を切ることも、忘れないようにしましょう。

受付が設けられている場合は、受付で軽く会釈《えしゃく》をしたあと、自分の所属と氏名（場合により、名刺を差し出します）、さらに訪問相手の部署と氏名、訪問の目的、アポイントメントの有無などをはっきりと告げます。

「お掛けになってお待ちください」と案内されたら、下座《げざ》（入り口に最も近い位置）に腰をおろします。

受付がない場合は、ドアをノックしてから開け、一礼してから、入り口に近い人に面会を申し入れます。

訪問前に携帯電話の電源を切っておきます。

社内案内

【エレベーターの乗降】

訪問客をエレベーターで階上へ案内する場合は、まず訪問客をエレベーター内に誘導してから案内者が乗り、操作盤の前に立ちます。ただし、あらかじめ先客がいる場合は訪問客に危険がおよばぬよう、案内者が先に乗ることもあります。

エレベーター内では、操作盤の後ろ奥が上座《じょうざ》です。奥ゆきがないエレベーターでは、中央奥を上座とします。

エレベーターから降りるときは、訪問客を先に降ろします。案内者が先に降りる場合は、閉まらないようにドアを手で押さえましょう。

訪問客から先にエレベーターに乗ります。誘導するさいは、相手に背中を見せないよう注意します。

案内者は、ドアが閉まらないように注意して、訪問客を先に降ろします。

【応接室へ案内する】

廊下を案内するときは、壁寄りに、訪問客のやや先を歩きます。そのさい、訪問客に背を向けないように注意します。

入室するときは、押し開きのドアの場合、案内者が先に入ってドアを押さえ、訪問客を招き入れます。ドアの向こうへまわるさいも、訪問客に背を向けないようにこころがけましょう。

引き開きのドアの場合は、室外でドアを押さえ、訪問客を先に部屋に通します。

廊下を案内するときは、訪問客のやや先を、背中を見せないように歩きます。

押し開きのドアの場合は、案内者が先に入ります。ドアの向こう側にまわってノブを左手に持ち替え、ドアを支えながら案内します。

【お茶を出す】

　訪問客にお茶を出すときは、お茶を盆にのせて入室し、いったんサイドテーブルなどに盆を置きます。次に、茶碗をのせた茶托《ちゃたく》を両手で持ち、訪問客の席まで運びます。このとき、手の指先をそろえましょう。

　お茶を差し上げるときは、訪問客より高い位置から応対しないよう注意します。テーブルが低い場合は、相手より姿勢を低くしましょう。

　訪問客は、先方にすすめられてから、茶菓をいただきます。そのさい、軽く会釈《えしゃく》をして受けましょう。温かい物は温かいうちに、冷たい物は冷たいうちにいただくことが大切です。遠慮するあまりに相手のこころ遣いを無にしないことも大切です。

①盆は、サイドテーブルなどに置きます。

②茶碗と茶托をとり、訪問客の席へ運びます。

③相手より姿勢を低くして、お茶を出します。テーブルが低い場合は、腰をおろし、跪座の姿勢になります。

面談

【着席する】

　訪問者は、応接室に通されたら、出入り口に近い下座《げざ》に座ります。ソファーをすすめられたときでも、中央は避けて出入り口側の席に座り、慎みの気持ちを忘れないようにしましょう。

　かばん類は足下《あしもと》に置き、テーブルや椅子《いす》の上にのせるのは控えます。椅子の背もたれに背中をつけないように、背筋を正して腰かけ、訪問相手を待ちます。

　相手の方が入室されたら、すばやく立ち上がり、椅子の下座側であいさつをかわします。さらに、すすめられた席に座ります。

訪問者は、出入り口に近い下座に座り、かばんは足下に置きます。

相手が入室されたら、立ち上がってあいさつをかわします。

相手にすすめられた位置に座り、姿勢を正します。

【名刺の交換】

名刺は下位の者から上位の者に渡します。上司と同伴の場合は、上司から紹介を受けたあとに渡します。

名刺は相手自身、自分自身を表すものと考えるべきです。折れ曲がったり、汚れているものを渡さないように注意します。

また、相手の名刺をぞんざいにあつかってはいけません。いただいた名刺をそのままポケットに入れたり、テーブルや机の上にいつまでも置いておくことは避けましょう。

名刺を受けとったあと、相手の氏名や役職名などを確認してから名刺入れに収めます。

面談後は、名刺に日時、用件などを書き込むことも考えられますが、面談中に名刺をメモ代わりにすることは控えます。

①訪問者から名刺を両手で差し出します。いただいた名刺は、まず右手で受け、左手をそえます。

互いに名刺を交換するときは、右手で自分の名刺を差し出し、左手で相手の名刺を受けとります。

②いただいた名刺に目を通し、相手の氏名や役職名などを確認します。

③すみやかに名刺入れに収めます。

【階段での会釈】

階段を昇っているとき、降りているときに、訪問客や上司などとすれ違うことがあります。いずれの場合でも、相手を見おろす位置からのお辞《じ》儀《ぎ》は避けるようにします。

たとえば、階段を降りているさい、下から上がってきた方へお辞儀をするのは、上から声をかけることになるため、失礼な態度となります。相手が自分と同じ段に昇って来られるまで待って、それから会釈をします。

歩きながらの会釈は省略したかたちですので、道や廊下において、どなたかとすれ違う場合も、立ち止まってからお辞儀をするほうがていねいです。

相手が階段を降りてくる場合

階段の途中で止まり、壁ぎわに寄って待ち、相手が自分の2、3段上まで降りてきたあたりで会釈をします。

相手が階段を昇ってくる場合

相手が自分と同じ段に昇って来るまで壁ぎわに寄って待つ、あるいは踊り場で待ってから会釈をします。

和食の作法
洋食の作法

和食の作法

【和食について】

古来より、最も正式な和食の食膳形式とされてきたのが「本膳《ほんぜん》料理」です。

本膳料理は、室町時代に形式が整えられた、日本の正式な膳立《ぜんだて》です。本膳料理は、一の膳（本膳）、二の膳、三の膳からなり、料理の数が増えた場合は、与《よ》の膳、五の膳を加えます。現代では、一部の結婚式、葬儀をはじめとした儀式などをのぞいては、ほとんど目にすることがないでしょう。和食には、ほかに精《しょう》進《じん》料理、懐石《かいせき》料理、会席料理といったものがあります。

鎌倉時代に曹洞宗《そうとうしゅう》の道元《どうげん》禅師によって生まれたのが「精進料理」で、肉・魚など動物性食品を一切使用せずにつくります。このほかに、普《ふ》茶《ちゃ》料理、卓袱《しっぽく》料理などもあります。

茶の湯で知られる懐石料理の「懐石」は、一日二食の禅僧が空腹をしのぐために、懐《ふところ》にあたためた石を抱いたことから生まれたことばといわれています。

この懐石料理をもとにしてできた「会席料理」は、江戸時代に酒宴向けの料理として普及した形式です。現在でも、料亭などで多く見られます。

現代において日常、食卓に出す料理は、これらの形式が混交したものといえるでしょう。飯や汁、菜の出てくる順番一つにしても、さまざまな形式の料理の思想が、複雑にからみあっているのです。

食事の形態は時代とともに変わっています。しかし食事に対する感謝のこころは変わるものではありません。だからこそ、食事に関する基礎の作法は、心得ておきたいものです。

「箸のあつかいをみれば、その人の育った環境がわかる」といわれるほど、箸のあつかいは、その人自身をうつしだします。

しかし最近では、正しい箸遣いができない人がふえています。先人から受け継いだ文化の一つとして、親から子へ、子から孫へと受け継がれる箸のしつけを、正しく後世に伝えていきたいものです。

もともと、箸は神の依代《よりしろ》とされ、神と人が共食するための祭器であり、それだけに、箸は神聖なものとして大切にされてきました。

一番格の高い箸は、正月などに使用される柳箸です。一見、高価な塗りの箸のほうが格が高いように思われがちですが、一度限り使用するという観点から割り箸のほうが格上とされています。これは日本人の清浄観と大きく関係しています。

【箸のあつかい】

箸は「箸先五分《ごぶ》、長くて一寸」、つまり箸先の汚れは長くて3センチ以内で止まるように、との教えがあります。なるべく箸先を汚さないことが大切です。

また、自分に合った箸を選ぶさいの基準として、親指と人さし指を直角に広げ、両指先を結んだ長さの1・5倍が、ちょうどよい箸の寸法といわれています。

正しい箸の持ち方は、上の箸は人さし指と中指にはさんで親指をそえ、下の箸は親指と人さし指の股部分と薬指で支えます。箸を使うときは、上の箸のみを動かします。

持つ位置は、箸先から⅔あたりのところをめやすにしましょう。

箸の持ち方

箸の上一本は人さし指と中指ではさみ、親指をそえます。もう一本は薬指で下から支えます。

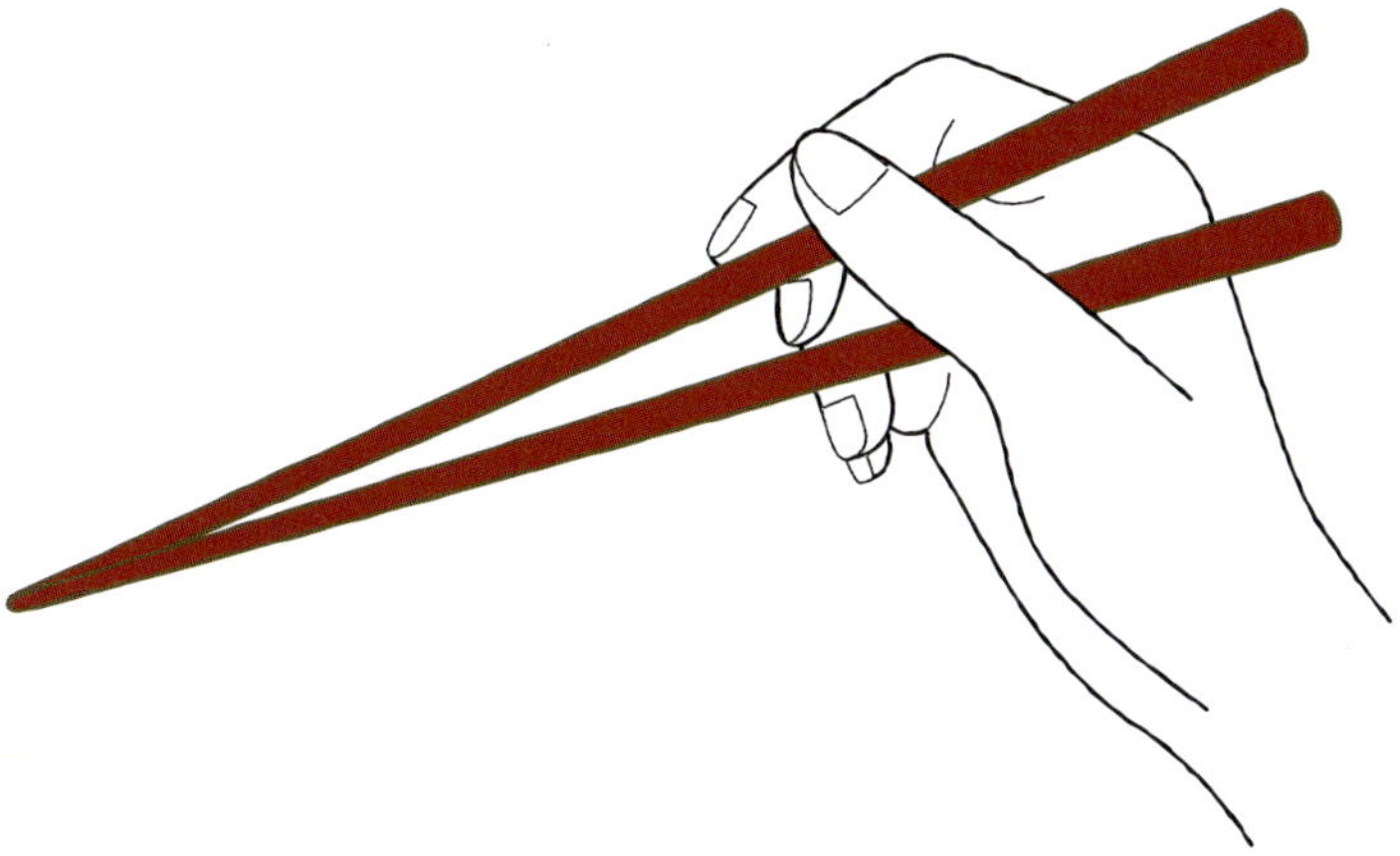

使うときは、親指を軸にして、上の箸のみを動かします。

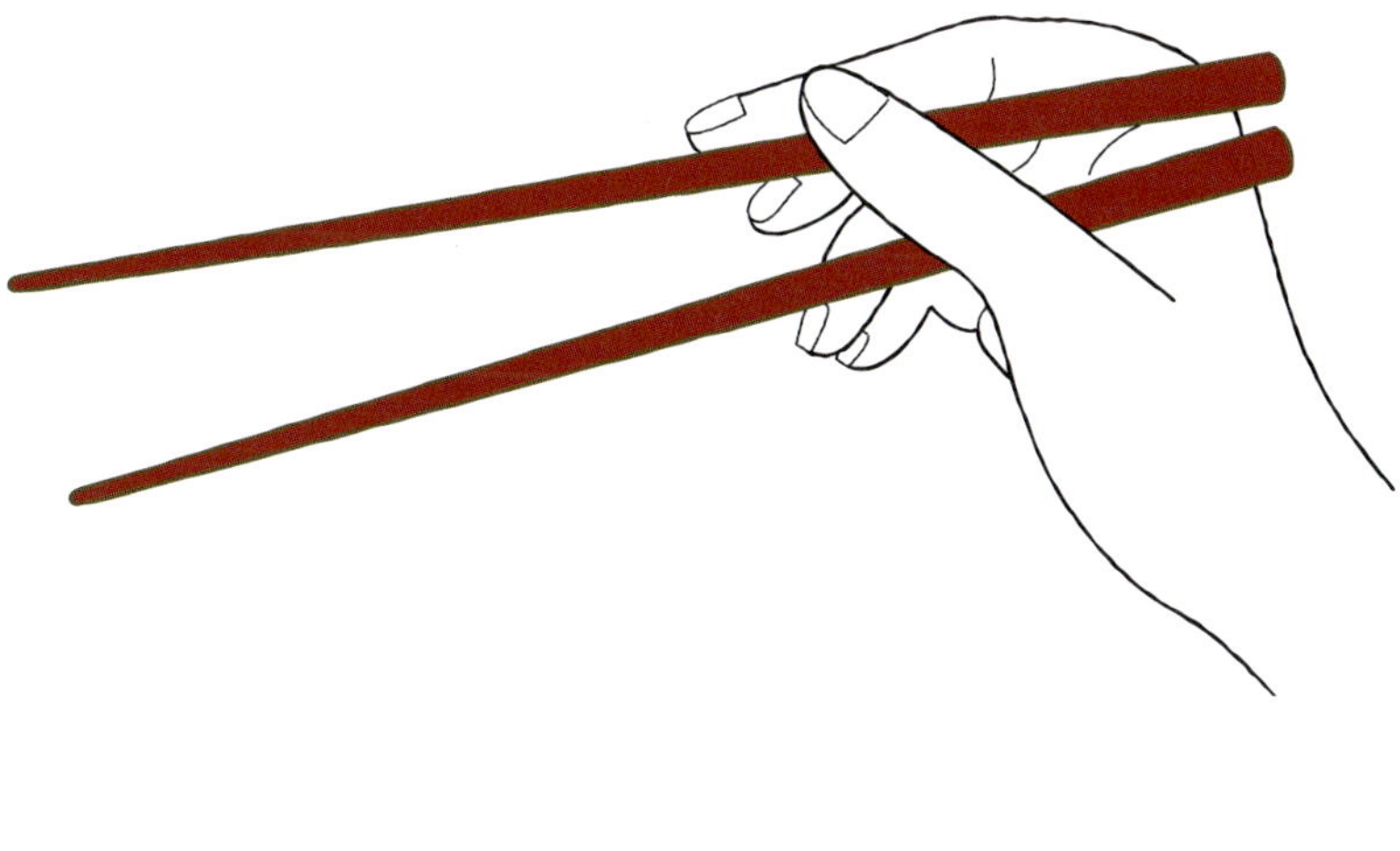

【基本的な箸のとり方】

箸をとりあげるときは、まず、右手で箸の中ほどを上からとり、左手で下から支えます。さらに、左手は固定したまま、右手を箸から離さないようにして右方向へすべらせながら、箸の下側に移動させます。そして左手を離して持ちます。

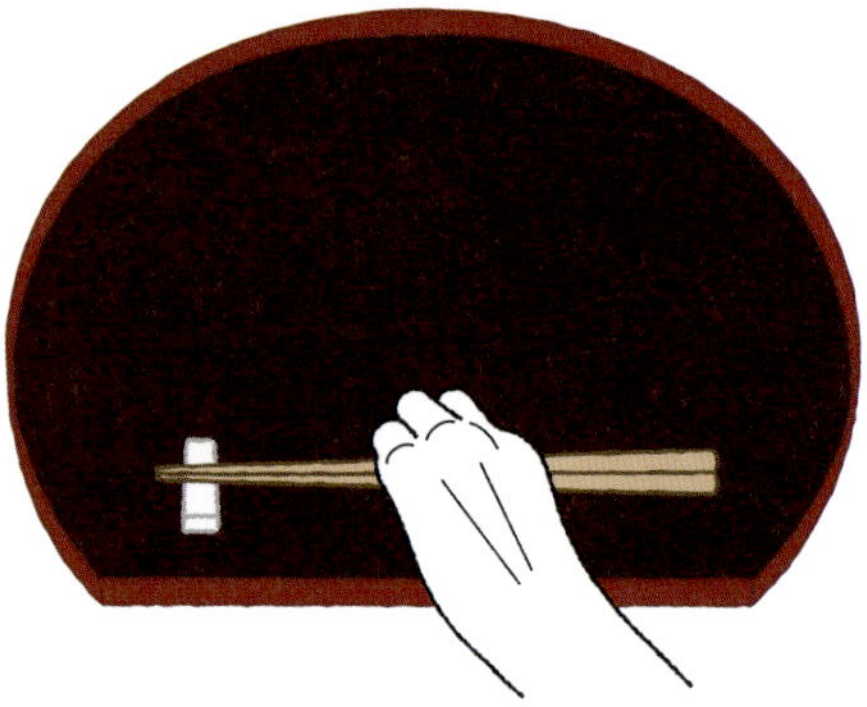

①右手で箸の中ほどを持ちます。

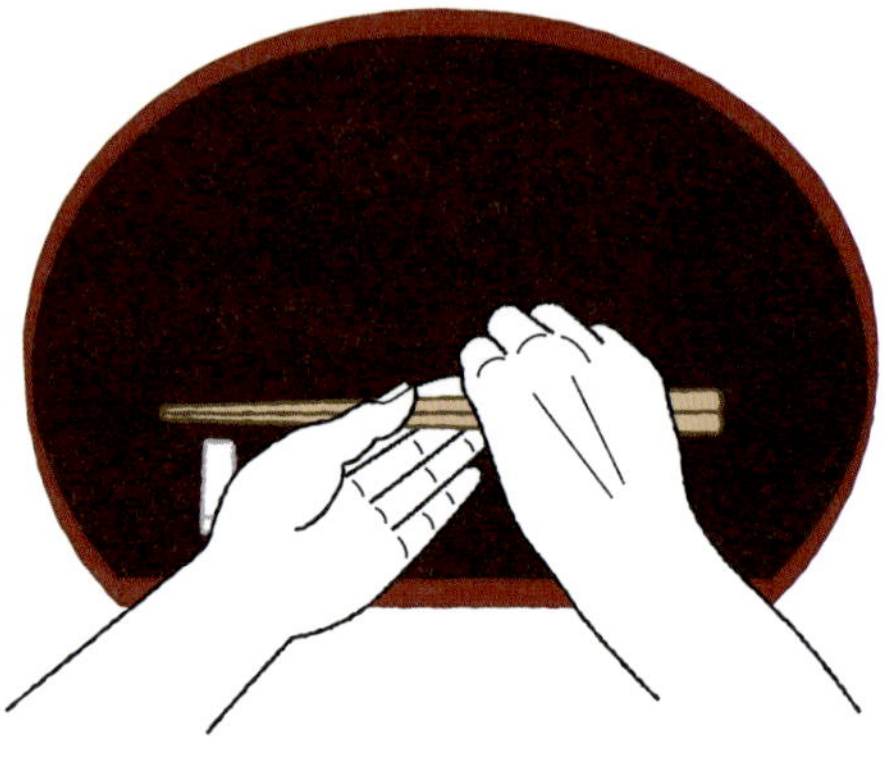

②左手で下から支えます。

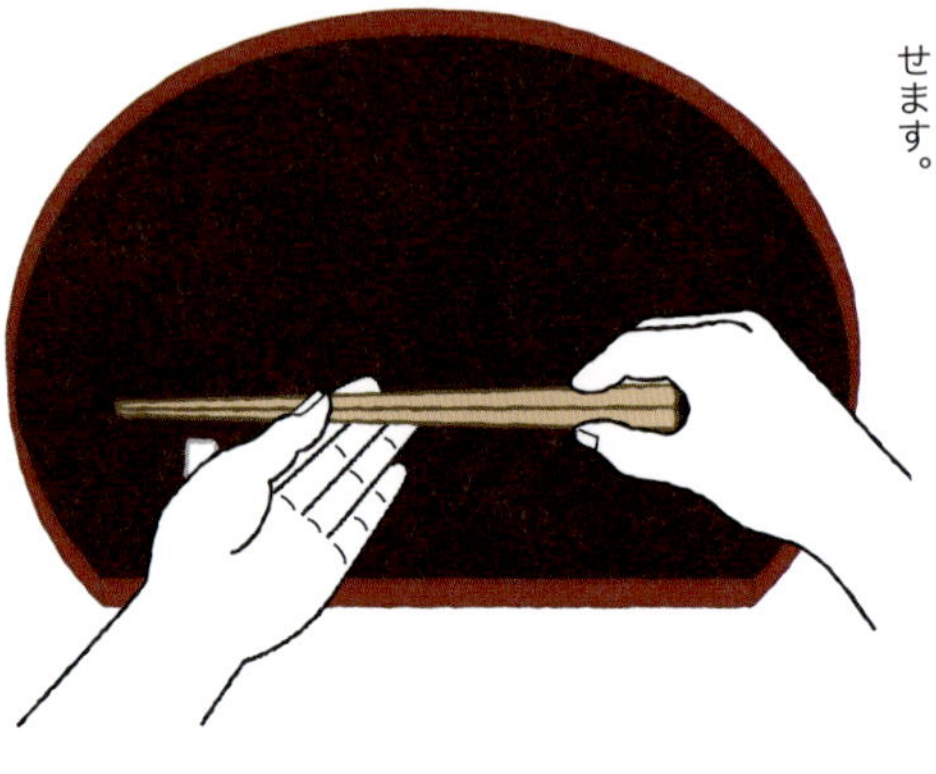

③右手を箸にそって、右側へすべらせます。

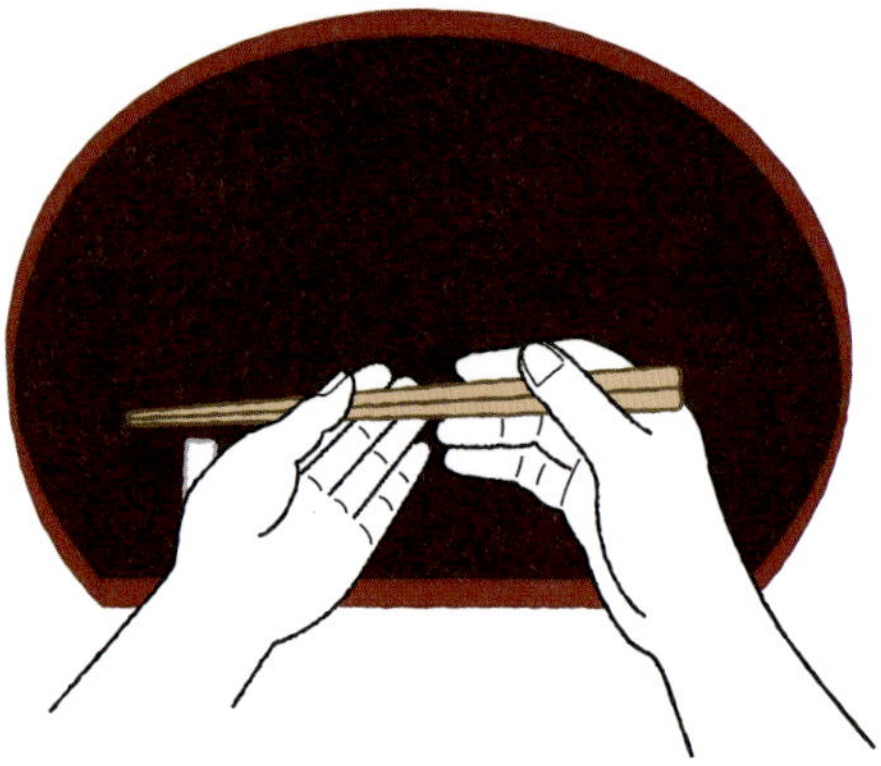

④箸の下に右手をくぐらせ、中ほどまで手を戻します。

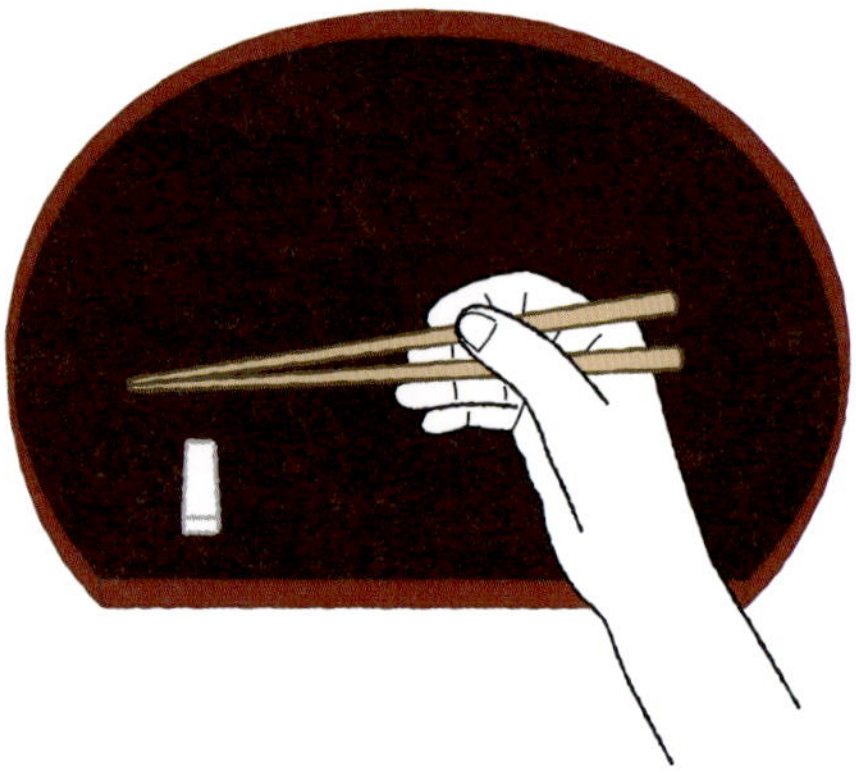

⑤左手をはずします。

【椀を持って箸をとる】

食器でも箸でも、食卓の物をとるときは、必ず右手を使います。とりあげる順序は、椀が先、箸があとです。箸と椀を同時にあつかうことのないように注意します。

箸のとり方は基本と同じです。まず、椀を右手でとりあげ、椀の底を左の手のひらにのせます。右手で箸の中ほどを、上からとります。次に左手の中指を椀の糸底《いとぞこ》から少し離すようにして、箸を人さし指と中指の間にはさみます。さらに、右手を箸から離さないように右方向にすべらせながら、箸の下側に移動させます。そして左手から箸を離します。

一連の動作の間、椀をしっかり持つようにしましょう。

①椀を右手でとりあげ、左手で椀の底を持ちます。

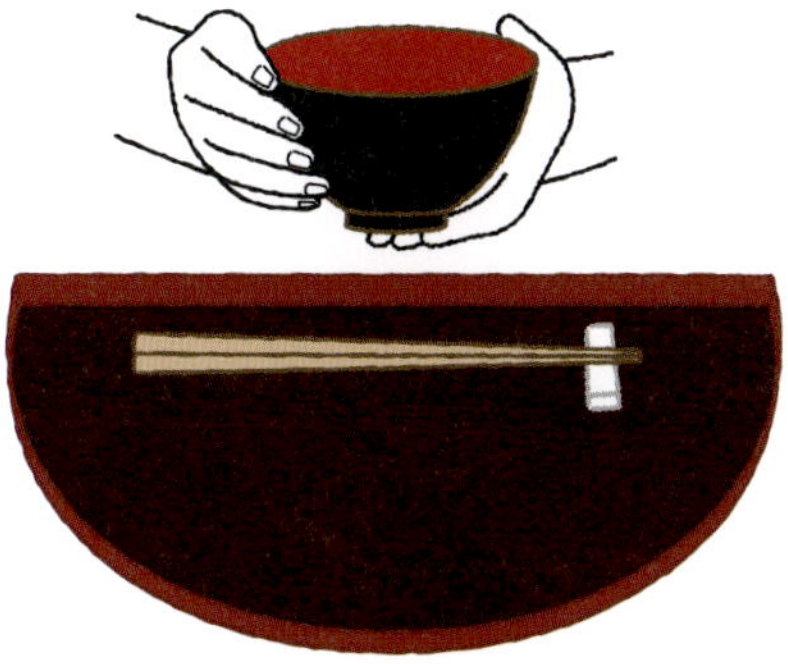

②右手を椀から離し、箸の中ほどを上からとります。

③左手の中指を浮かせ、とりあげた箸の中間あたりを、指の隙間にはさむようにします。

④椀をゆらさないようにしながら、右手を箸の下にくぐらせます。

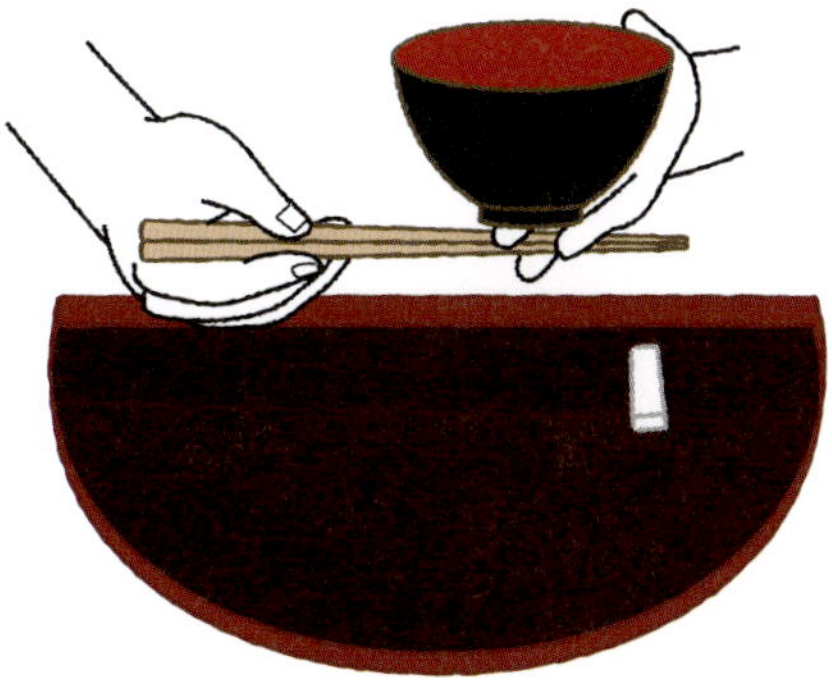

⑤はさんだ指から箸を離します。

【基本的な箸の置き方】

箸を置く動作は、とる動きと逆です。

まず左手で箸の中ほどを下から支えます。次に、右手を箸から離さないようにしながら右方向へすべらせます。箸の上側まで移動させたら、箸を上からとり、音をたてないように置きます。

食事中に箸を置くときは、箸置きを用いますが、箸置きがない場合は膳の左端に箸先をかけて休めます。箸をうつわの上に置くことは避けます。

①左手を箸の下にそえます。

②右手を箸にそって右側にすべらせます。

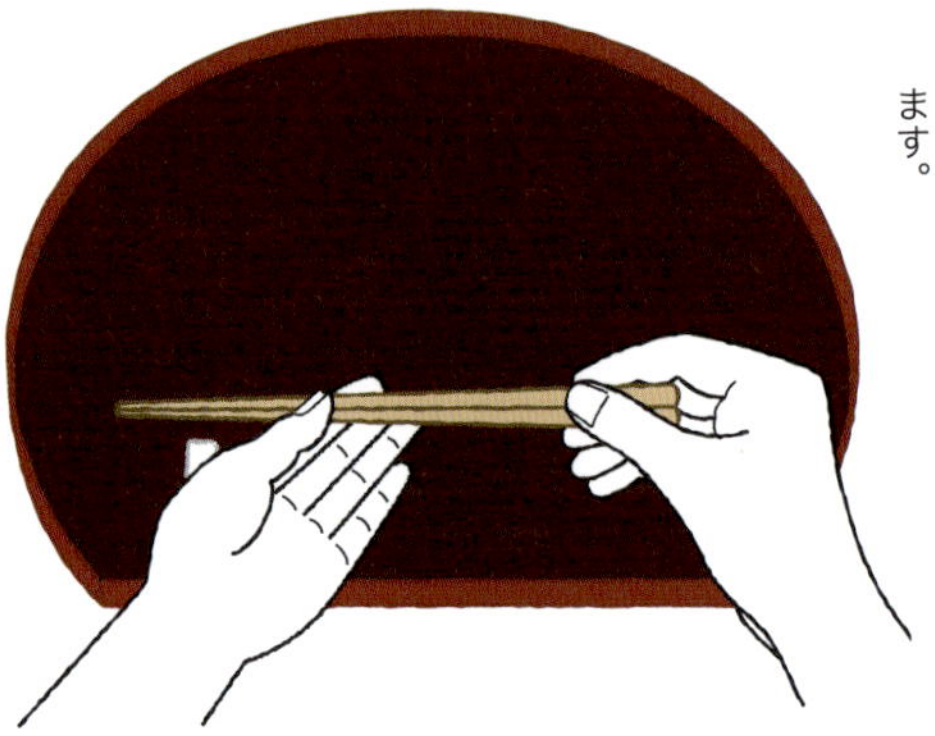

③右手を箸の下から上に移動させ、箸の中間あたりで止めます。

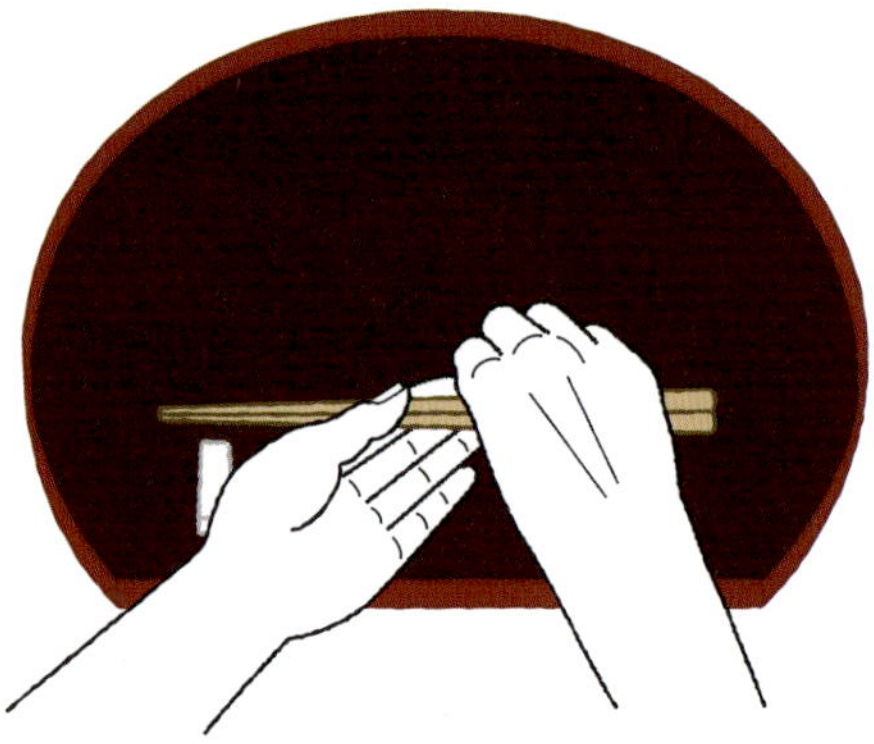

④そえていた左手を離し、右手で箸置きに置きます。

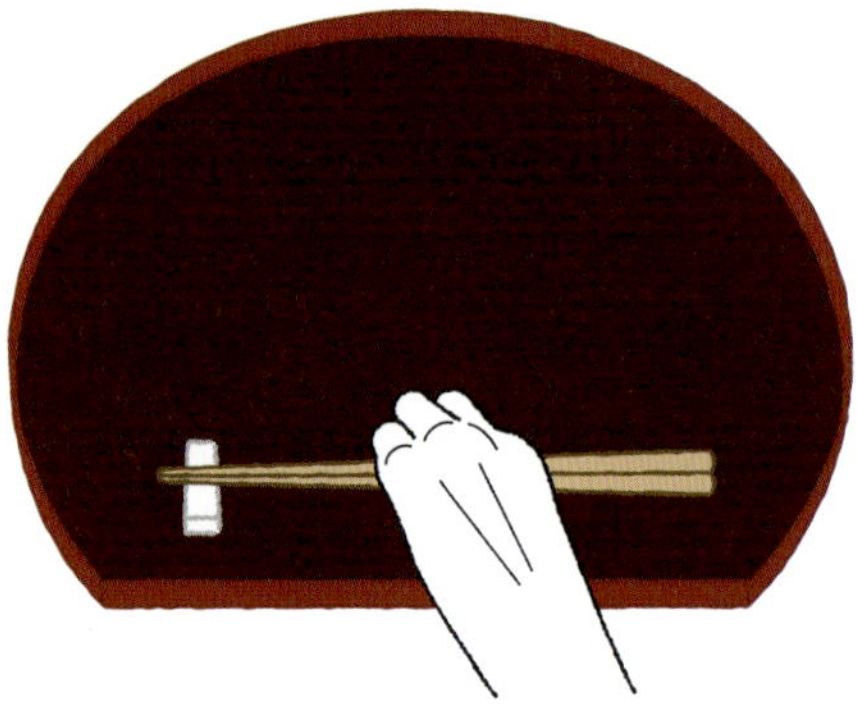

箸置きがない場合は、膳の左端に箸先をかけて休めます。

【椀を持って箸を置く】

椀を持っていて箸を置く場合は、箸が先、椀があとです。箸を置いて右手をあけてから、両手で椀を置くためです。

まず、椀を持っている左手の中指を、椀の糸底から少し離して、箸をはさみます。次に右手を箸から離さないようにしながら右方向へすべらせ、箸の上に移動させ、箸の中ほどを持って箸を置いたあと、両手で椀を置きます。

このようなあつかいを理解した上で、椀（器）と箸の略式のあつかいは次の通りです。

左手に椀を持ったまま、まず箸先を自分の身体のほうに向け、右手の小指、薬指で箸を持ちます。残る3本の指で椀を持ち、椀を下に置いてから別の器をとります。

ポイントは、箸先を自分に向けて、右手で椀をとりあつかうことです。

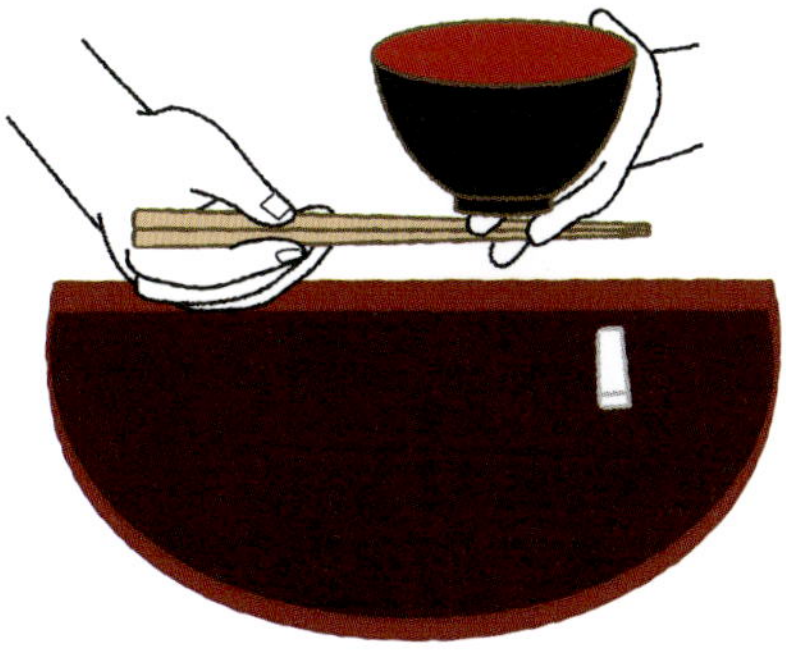

①椀を持つ左手の中指を浮かせ、指の隙間に箸の中間あたりをはさみます。

②右手を箸にそって、右側へすべらせ、箸の下から上へ移します。

③箸の中ほどを持って、箸置きにもどします。

④両手で椀を持って、膳にもどします。両手の指先が離れないように気をつけます。

【嫌い箸】

小笠原流では、次のような教え歌を通して、不作法な箸遣いを禁じています。

・飯粒や菜など箸に付きたるを横にねぶるを横箸という

・椀の内にある食べ物を箸持ちて探す箸こそ探《さぐ》り箸なり

・あれこれと思い定めずうろつくをまどいの箸と嫌うものなり

長い歴史を持つ箸のあつかいには、さまざまな約束事があります。正しい箸遣いを身につけていない人はわずらわしさを感じるかもしれませんが、箸の作法は人びとが楽しく、また心地よく食事をするための工夫なのです。箸遣いは、食べる側のこころ構えを表します。

割り箸のささくれを、箸先をこすりあわせてとろうとしたり、食事をいただいたあとに割り箸を折ってうつわに入

寄せ箸

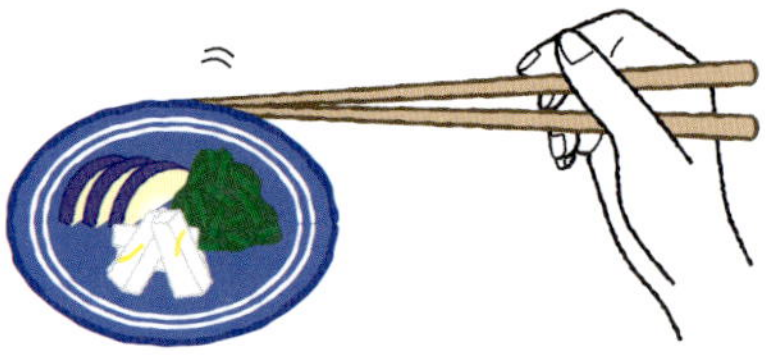

渡し箸

涙箸

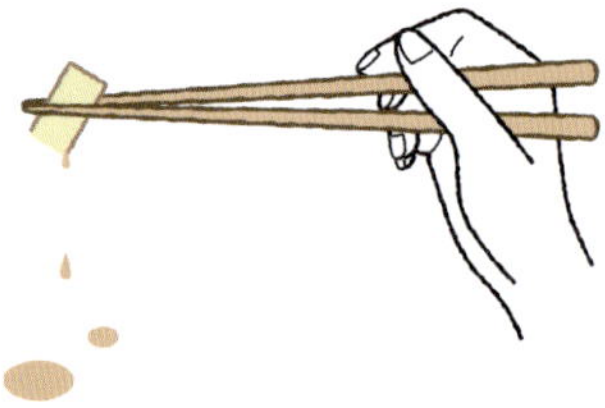

刺し箸

探《さぐ》り箸

【寄せ箸】 箸でうつわを手元に引き寄せる。

【渡し箸】 箸をうつわの上に渡して置く。

箸を置くときは箸置きを用います。

【涙箸】 箸先からポタポタと汁をたらす。

汁がたれる料理は、うつわを左手に持って受けていただきます。もしくは懐紙を使用しましょう。

【刺し箸】 箸を食べ物に突き刺して、口に運ぶ。

【探《さぐ》り箸】 料理の中身を探るように箸を動かす。

せっかくの盛りつけが台無しです。

れるなどの行為は、けっして目に美しくうつるものではありません。

　また、食事の途中に箸を置くときは、箸置きを用います。箸置きがなく箸袋がある場合は、それを千代結びにするなどして箸置きの代用とするか、あるいは、膳の左縁に箸先をかけておきます。

　とくにしてはならないとされてきた箸遣いを「嫌い箸」とよびます。代表的な嫌い箸は下図の通りです。

諸起《もろ》こし

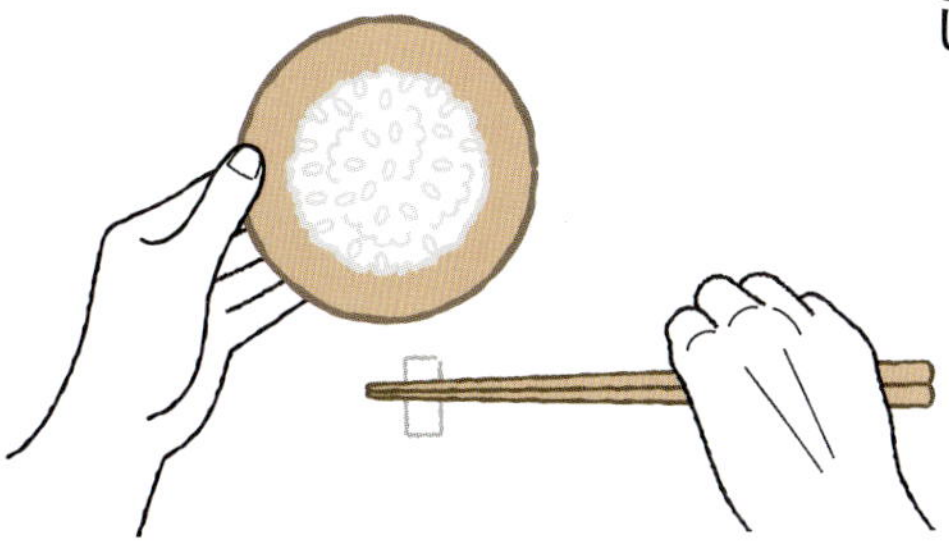

押しつけ箸

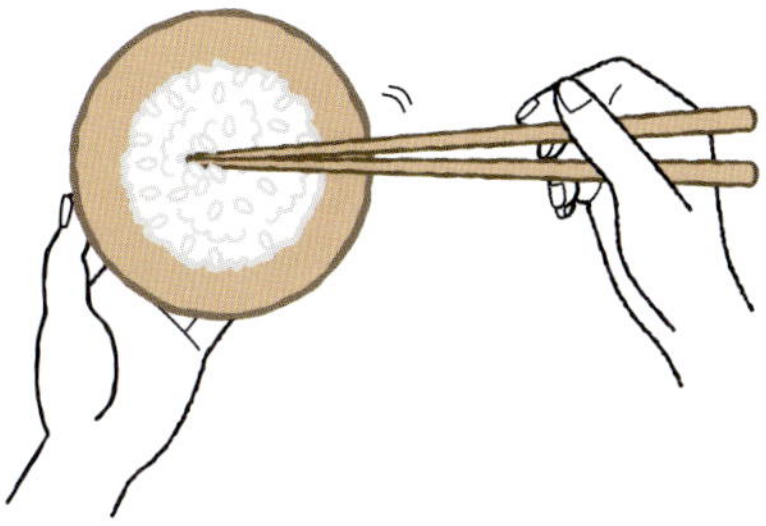

迷い箸

渡し箸（拾い箸）

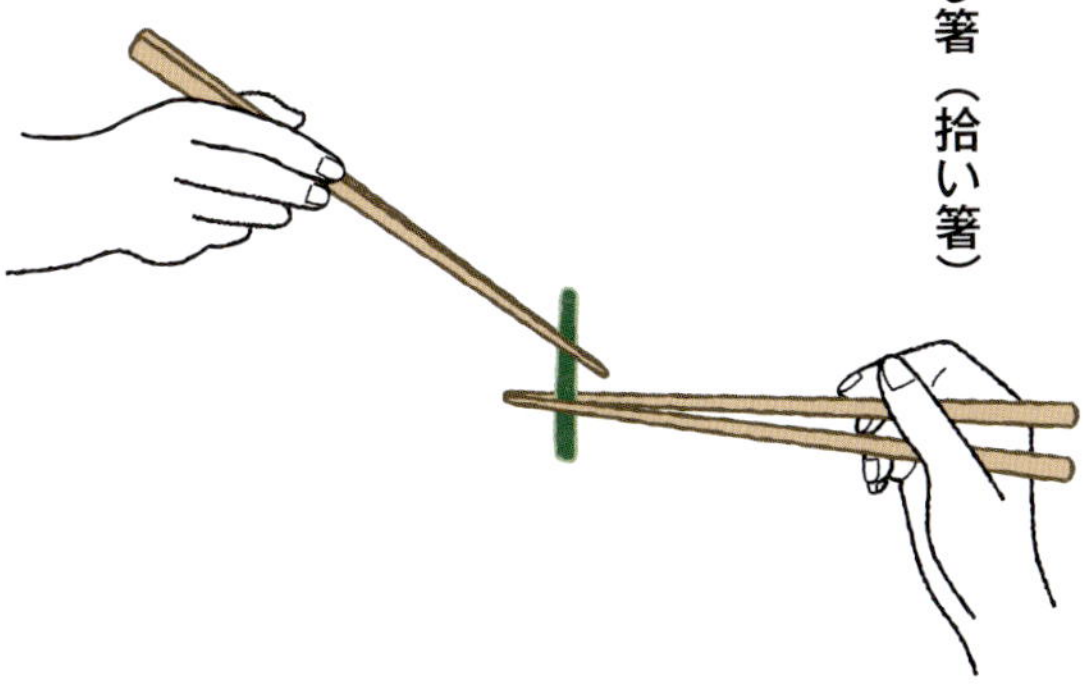

［**諸起《もろ》こし**］箸とうつわを同時にとりあげる。

　右手でうつわをとってから、箸をとりあげます。

［**迷い箸**］どれから食べようかと箸を宙に迷わせる。

［**押しつけ箸**］ご飯などを茶碗の中で押し固めて口に運ぶ。

　見苦しいだけでなく、食感も失われます。

［**渡し箸（拾い箸）**］箸から箸へ、はさんだ食べ物を渡す。

　渡すときは、小皿などに移してから渡します。

［**指し箸**］人や物を箸であれこれ指し示す。

【食事のいただき方】

［刺身］

刺身や天ぷらなど、液体に浸して口に運ぶ料理は、汁がたれないように注意します。したがって、遠い位置からしずくを気にしてあわてて口に運ぶのではなく、左手に持ったうつわで受けるようにするか、懐紙《かいし》を受け皿として使いましょう。

刺身をいただくとき、わさびなどの薬味を刺身に直接のせて食べるのはわさびの風味をより味わうためですが、あらかじめしょうゆに溶いてもかまいません。

小皿を手にしたまま箸をあつかう場合は、椀を持って箸をあつかう動作（69・71ページ）と同様です。

刺身のわさびは、身に直接のせて食べると、わさびの風味もたのしめます。

刺身のわさびは、あらかじめしょうゆに溶いてもかまいません。

しょうゆ皿を手にしたまま箸をあつかうときは、左手の指先で箸を支えながら、右手を動かします。

［焼き物］

尾頭《おかしら》付きの魚をいただくときの注意点は、裏返さないということです。表身をいただいたら、中骨をはずしてうつわの向こう側に置き、残りの半身をいただきます。切り身の場合は、端から一口大に切っていただきます。

エビなどの殻付きの焼き物は、頭と殻を手ではずし、うつわにいったん戻してから箸でいただきます。手づかみで食べるのは避けます。

口の中に骨などが残った場合は、懐紙で口元をおおいながら懐紙に包みます。

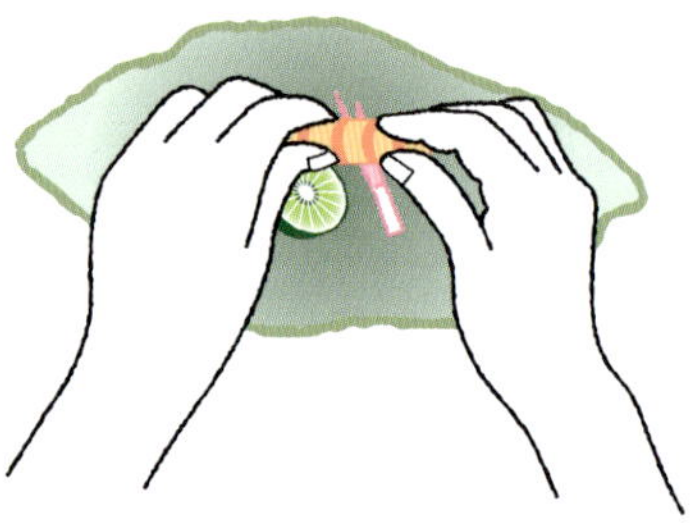
手で頭や殻をとる必要がある料理は、殻をとったあと、身をうつわに戻してから箸でいただきます。

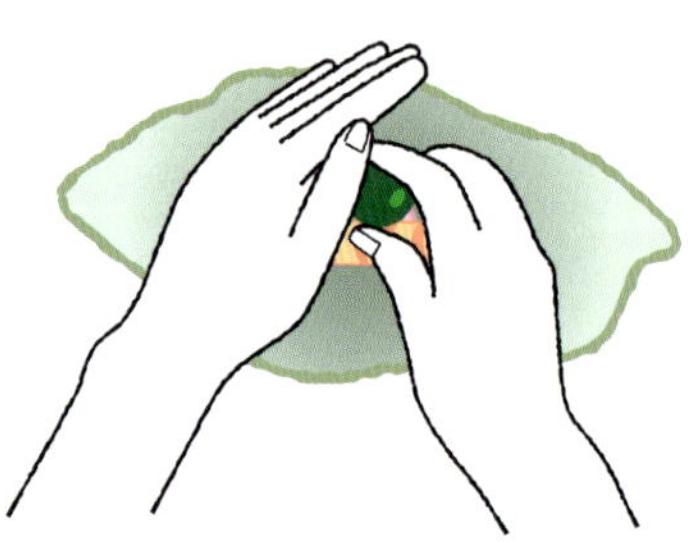
カボスやレモンなどは、手で覆って汁が外に飛ばないようにして、絞ります。

［椀物］

　吸い物椀や煮物椀（椀盛《わんもり》）などのふたを開けるときには、ふたの内側についたしずくが落ちる可能性があるので、注意しましょう。

　左手で椀を押さえつつ、右手でふたを手前から開け、椀にそって半円を描くようにまわしてしずくを切ったのち、膳の外に仰向《あおむ》けに置きます。

　ふたが開けにくいときは、椀の縁を左手か両手でたわめると開けやすくなります。同じ膳に他のふたがあるときでも、ふたを重ねて置くことはしません。

　閉めるときは逆の順で行います。最後に椀にふたをするときは、仰向けではなく、運ばれてきたときと同じようにします。

ふたの開け方

①左手で椀を押さえ、右手でふたの糸底を持ちます。

②ふたの向こう側をつけたまま、手前から開けます。

③ふたを椀の曲線にそわせ、時計回りにまわしながら、しずくを切ります。

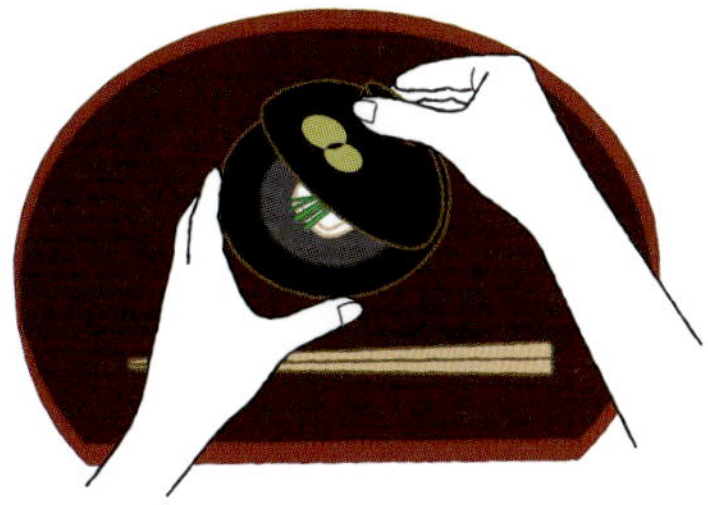

④左手をそえて、ふたを仰向けに開けます。

⑤膳の外に両手で置きます。

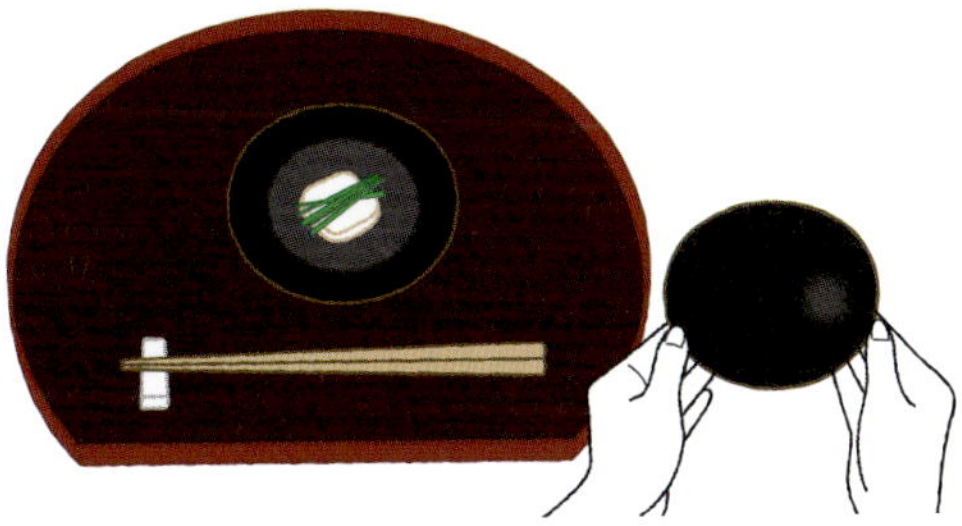

ふたの閉め方

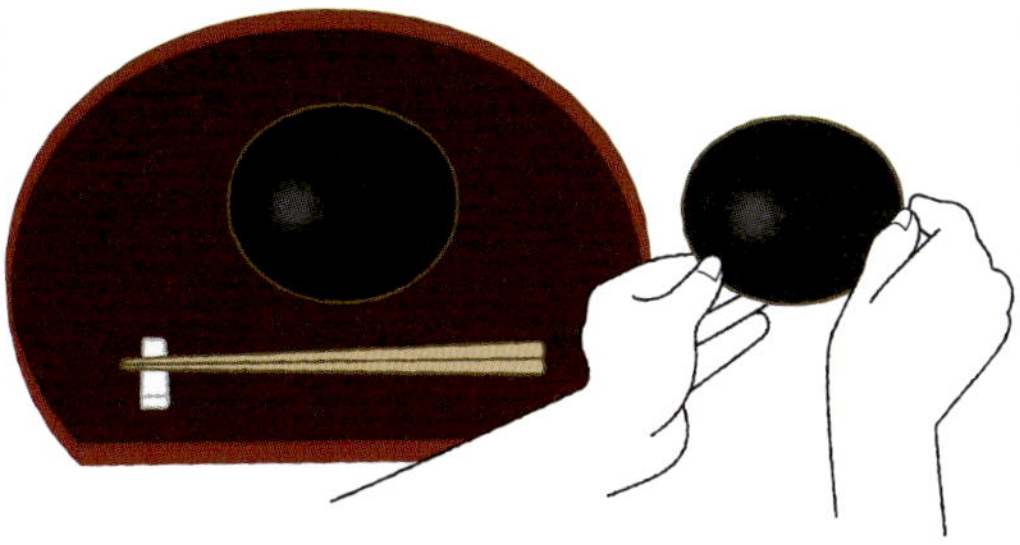

①膳の外側に置かれたふたを両手でとり、右手でふたの糸底を持ちます。

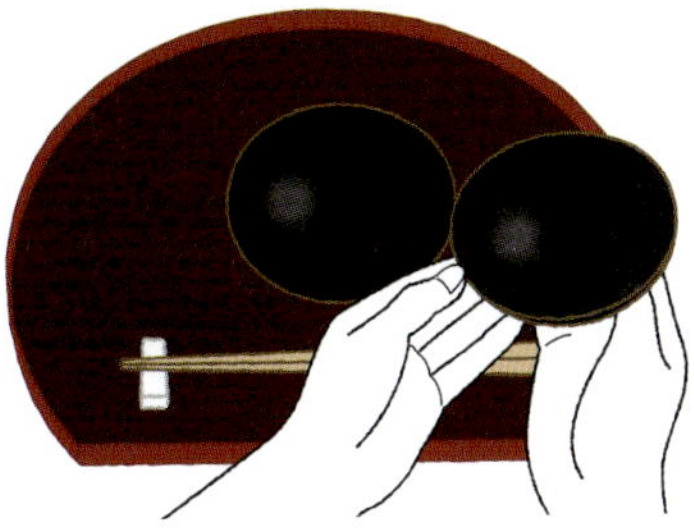

②ふたの向こう側を椀につけてから、手前に向かって閉めます。

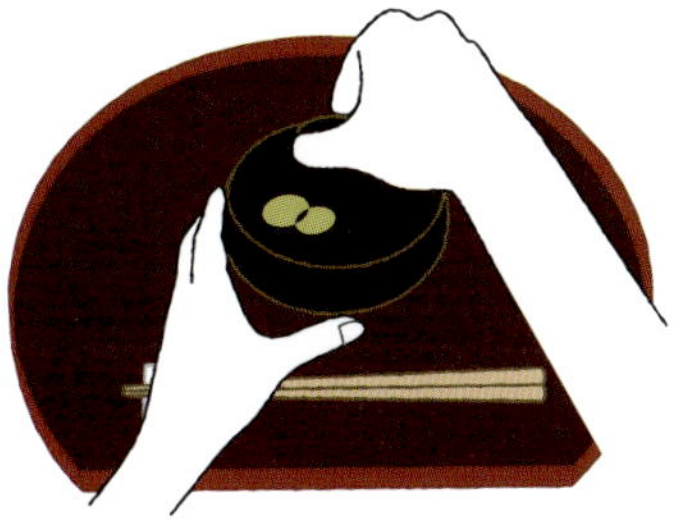

③椀とふたが落ち着くようにしてあわせます。

【食事のいただき方】

［煮物］

一口で食べられない大きさのものは、箸で一口大に切ってからいただきます。箸で切れないものがあった場合は、歯形を残さないように、中央・左・右と3回程度にわけて食します。

煮汁がたれないようにと気遣うことから、上体が前屈《かが》みにならないよう、うつわは左手で持つ、あるいは懐紙で受けていただきます。

大きな具材は、箸で一口大に切ってからいただきます。どうしても箸で切れないものは歯でかみますが、その場合、歯形を残したまま皿に戻すのは控えます。

汁がたれるような食べ物の場合は、懐紙で受けていただきます。

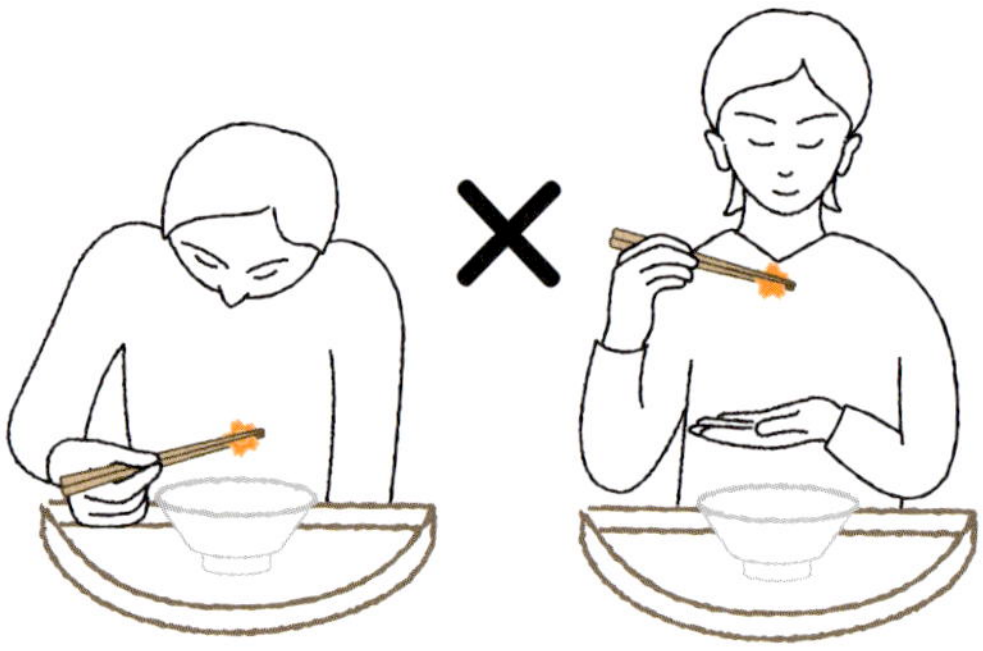

汁がたれるのを気にして、身体を前に傾けたり、手で受けたりするのは避けましょう。

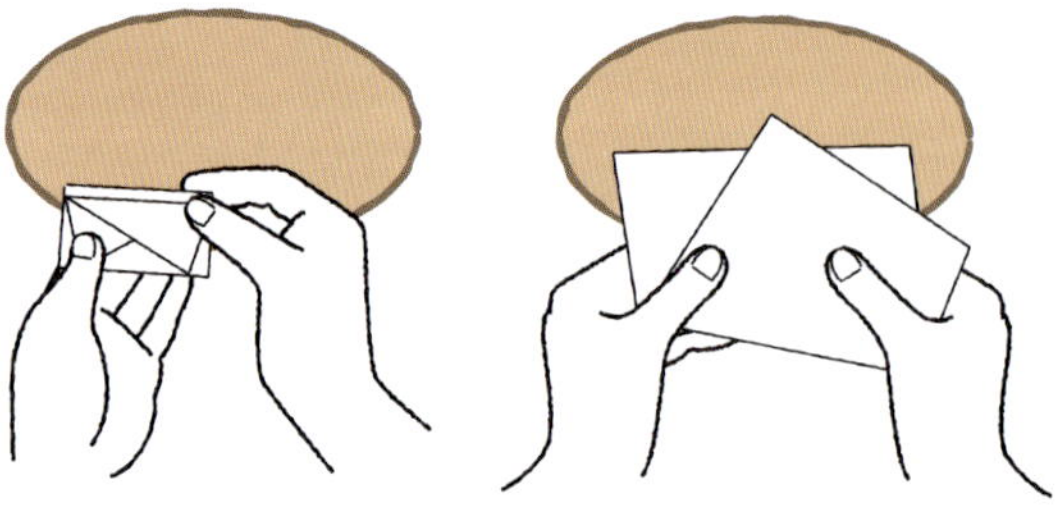

果物の種、また焼き物の骨などの残肴が生じたときは、皿にそのまま残さず、懐紙に手早く包んで持ち帰りましょう。(包み方は105ページ「残菓包み」参照)

【お酒のすすめ方、いただき方】

　小笠原流は武家の礼法として確立したため、右手はすぐに刀を抜けるよう空けておくことが必要とされていました。そうしたこともあって、男性は左手、女性は右手で盃を持ちます。お酒をたくさん飲む人を「左党《さとう》」などとよぶのは、こうした理由からです。

　しかし現代においては、男女にかかわらず、右手で持ってもかまいません。

　盃の持ち方ですが、糸底の高い盃ならば、人さし指と中指の間で糸底をはさみ、親指を縁にそえるようにします。

　女性の場合は、右手で盃を持ち、左手を底にそえるなど、両手で持ったほうが見た目にも美しいでしょう。

　酒を注《つ》ぐさいは、両手で酒器を支えながら、最初は細く、中ほどは太く、終盤にはまた細くなるようにお酒の量を調節します。一気に注ぎ込んであふれさせることのないように、というこころ遣いからです。小笠原流ではこの注ぎ方を、鼠尾《そび》→馬尾《ばび》→鼠尾と称しています。

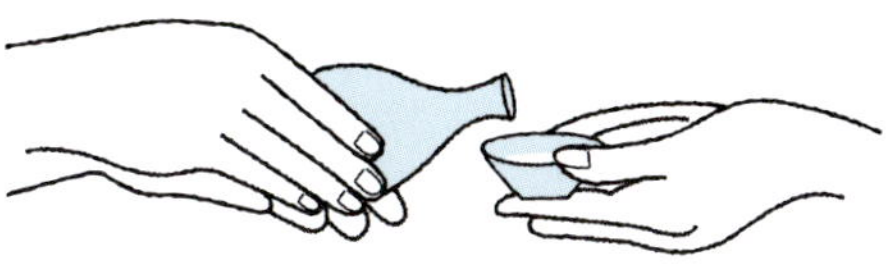

注ぐときは、酒器を両手で支えましょう。片手では粗相をしかねませんし、見た目にも美しくありません。また、なみなみと注ぐと、いただきにくいので注意します。

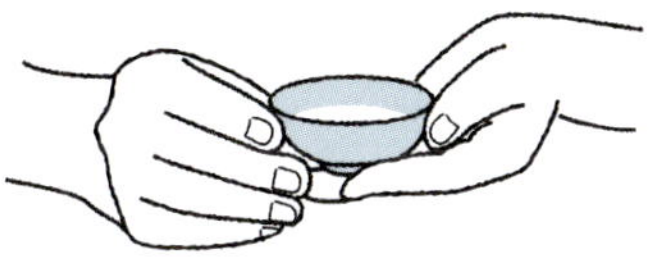

日本酒（女性の場合）
右手で盃を持ち、左手を底にそえるようにします。

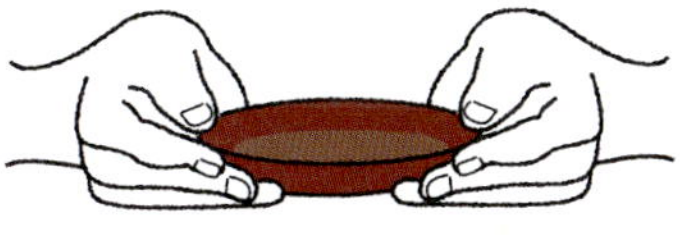

お屠蘇《とそ》など
平たく浅い盃ですから、両手で下から支えるようにして持ちます。注ぐときは、量に注意しましょう。

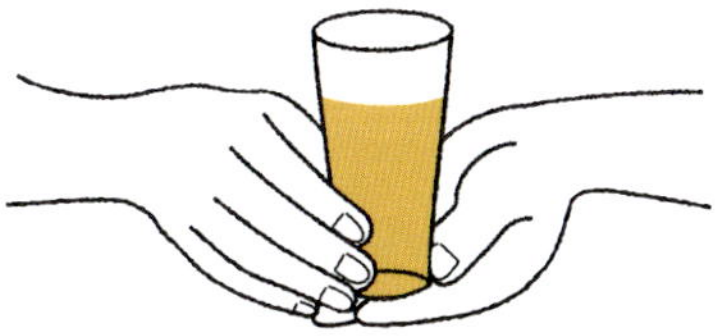

ビール（女性の場合）
左手で底を支えるようにして持ちます。注がれるとき、極端にグラスを傾けたりするのは控えます。

洋食の作法

【洋食について】

作法の基本は、他者を大切にすることにほかなりません。和食にしても洋食にしても同席者に不快感を与えないとともに、互いに会話を楽しむことが、なによりも大切です。

自分本位の食事の進め方では失礼な態度となりますので、つねに相手にあわせるこころのゆとりを持ちましょう。

洋食においても、伝書の教えに「貴人を見合わせて喰《く》うべし」とあるように、相手のペースにあわせていただくことを忘れてはなりません。

食事作法を身につけることは、こうした理由からも必要なことですが、だからといって、テーブルマナーを身につけていることをひけらかすような態度を、小笠原流では「前きらめき」などといって戒めています。

また、周囲に不快感を与えないためには、余分な音を慎むことが一つのポイントです。食器などがふれあう音、スープをする音、また咀嚼音《そしゃくおん》などは、他者を不快にさせる大きな要因となります。

そのほかに、会話の内容にも十分に気をつけなければなりません。議論に発展する可能性がある話題、たとえば政治、宗教に関すること、また、その場に同席していない人のうわさ話も会食の雰囲気を乱す可能性があります。

いずれにしても、同じ時間と空間を共有しているかぎり、相手へのこころ遣いを忘れずに、楽しいときを過ごすようこころがけましょう。

フルコースのセッティング

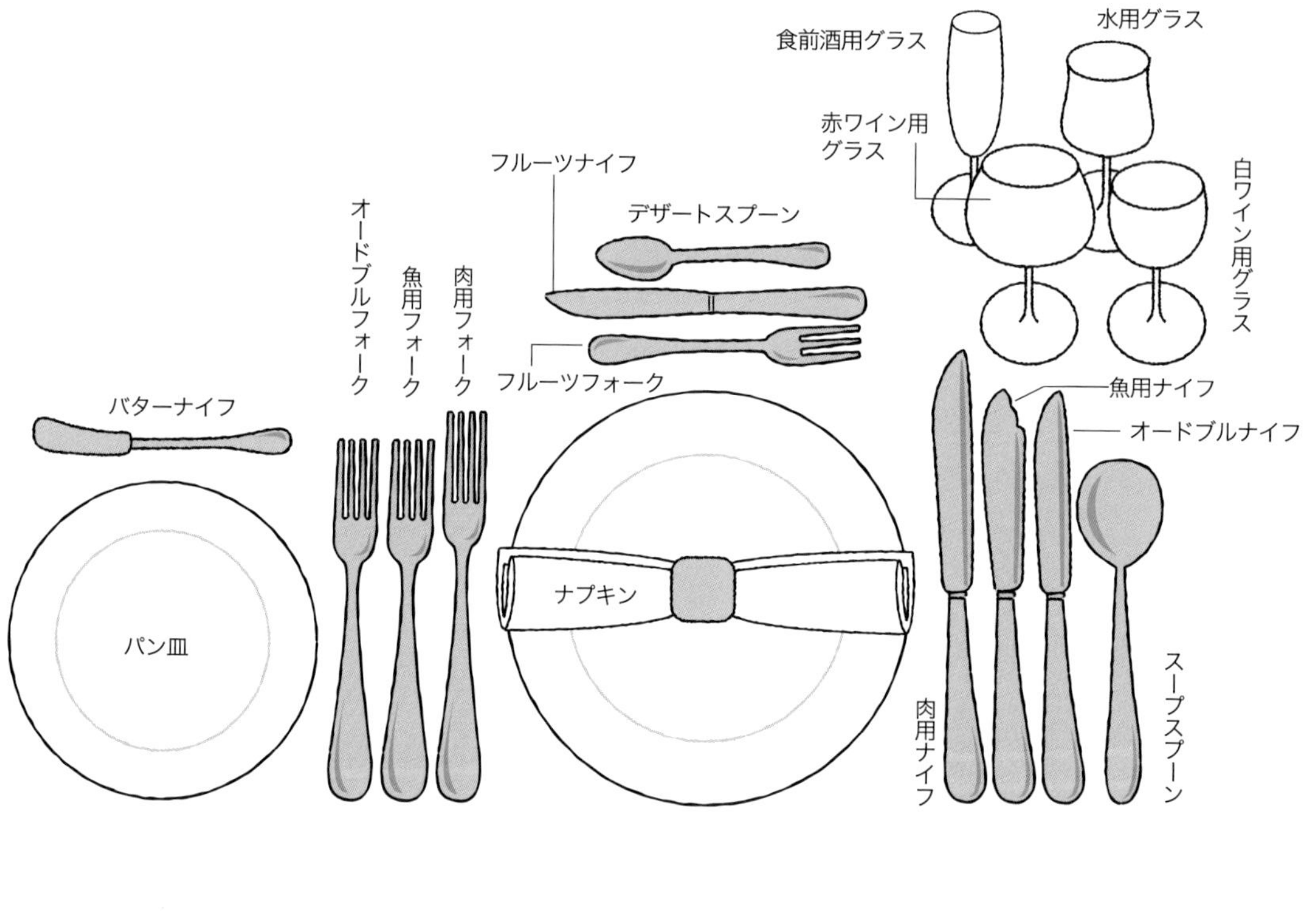

【着席】

レストランの入り口では、予約の有無を告げ、店の人の案内を待ちます。窓ぎわなどの好みがある場合は、その旨を伝えます。

コート類や荷物を預けたら、案内にしたがって席に着きます。このとき、男女同伴であれば、レディーファーストを厳守します。

着席は、上位者、または女性から行います。

椅子《いす》の左側に立ち、店の人が椅子を引いたら、椅子の前に立ちます。店の人が椅子を押してくれますので、椅子が足にあたる感触を得てから腰をしずめます。テーブルと自分との間に、こぶしが一つ入るくらいの幅をとって座りましょう。

ハンドバッグ類は、背もたれ、もしくは足下《あしもと》に置きます。

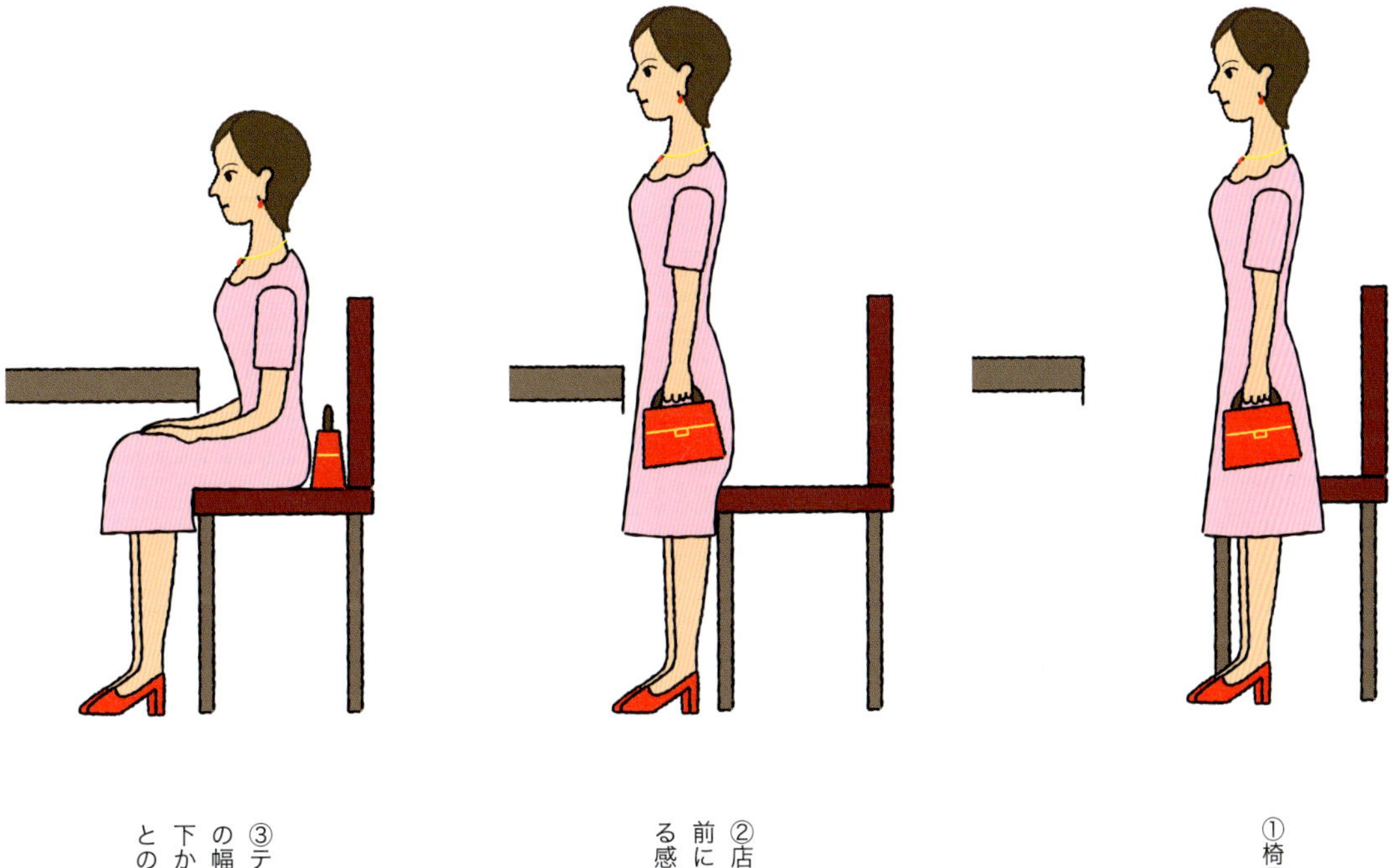

①椅子の左側から席に入ります。

②店の人が椅子を引いたら、椅子の前に進み、押された椅子が足にあたる感触を得てから腰かけます。

③テーブルとの間は、こぶし一つ分の幅をとって座ります。バッグは足下か、小さなバッグなら、背もたれとの間に置きます。

【ナプキンのあつかい】

ナプキンは、料理が運ばれてくる直前に広げるのがよいとされていますが、オーダーしたところで広げても問題はありません。ただし、あらたまった席においては、その座の最も上位の方がナプキンをとられたあとで広げます。

ナプキンは、表を外側にして二つに折り、輪が手前にくるように置きます。

ワイングラスなどに口をつけるさいは、料理の脂や口紅の跡がグラスに残らないように、あらかじめナプキンで口元を押さえておきます。ナプキンが汚れるからといって、ハンカチをとり出す方がいますが、そうした目的のためにナプキンが用意されているのですから、ためらわずに使用してよいのです。

中座《ちゅうざ》するさいは、自分の椅子の上に、退座のさいはテーブルの上に軽くたたんで置きます。角をあわせて四つ折りにして退座すると、サービスに満足できなかった、料理や用意されたナプキンが清潔でない、という意思表示ともとられかねませんので気をつけましょう。

ナプキンで汚れや口紅を押さえたりして、口元を清潔に保ちながら食事をいただきます。口をぬぐうさい、猫背にならないよう注意します。

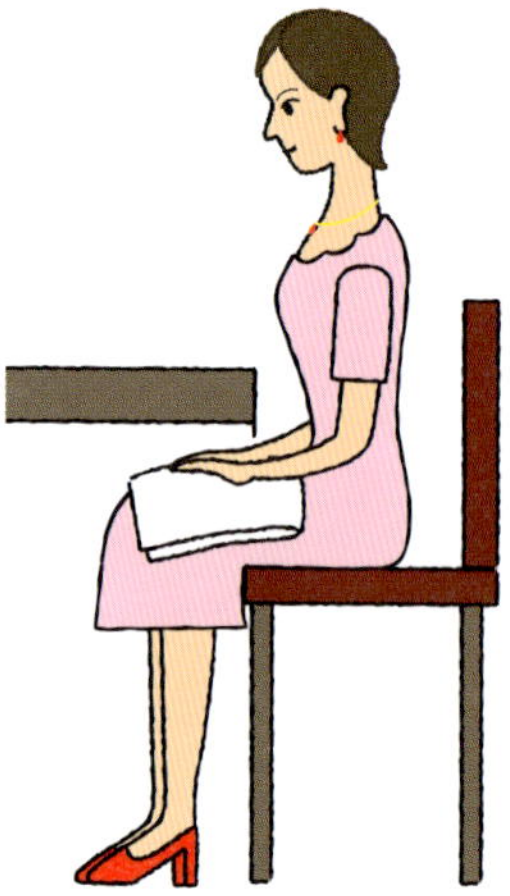

ナプキンを広げるとき
机上のナプキンをとり上げ、輪が手前にくるようにして、ひざの上に置きます。

中座するとき
ナプキンを軽く二つ折りにして、そのまま椅子の上に置いて中座します。

退座のとき
ナプキンを軽くたたみ、テーブルに置いて席を離れます。

【ナイフ・フォークの基本】

ナイフは、右手の人さし指を伸ばして背にあてて持ちます。フォークもナイフと同様にして、左手に持ちます。

魚などのやわらかい料理の場合は、魚用ナイフを鉛筆を持つように、親指と人さし指の付け根で柄をはさみ込むようにする持ち方もあります。

ナイフを使うときはフォークで身を押さえたら、ナイフに力を入れすぎないように注意します。またナイフは、引くときではなく、押すときに力を入れると切りやすいでしょう。

フォークは、料理を切るときや刺すときには背を上にしますが、付け合わせの豆などをすくっていただく場合には、背を下にして持ちます。そのさい、一度置いてから持ち替えるのではなく、手の中で持ち替えることができるとよいでしょう。

つねに姿勢を正し、両ひじを張って無駄な力を入れないようにします。

食事中に手を休めたり、パンをいただくとき、あるいは中座《ちゅうざ》をするときなどは、ナイフ・フォークを皿の中に「八」の字のかたちに置きます。

食事を終えたら、ナイフ・フォークをそろえて斜め右、もしくは縦に置きます。このかたちで食事が終了したものとみなされます。

ナイフ・フォークやナプキンなどを床に落としてしまった場合、あわてて自分で拾ってはいけません。店の人をよび、新しいものにとり替えてもらいます。そのさい、まわりの人に邪魔にならぬよう手をあげるか、または視線を送ります。レストランで大声でよぶのはやめましょう。

ナイフは右手に、フォークは左手に、背を上にして持ちます。

魚用ナイフは鉛筆を持つようにして持つこともあります。ソーススプーンが出されたときも同じです。

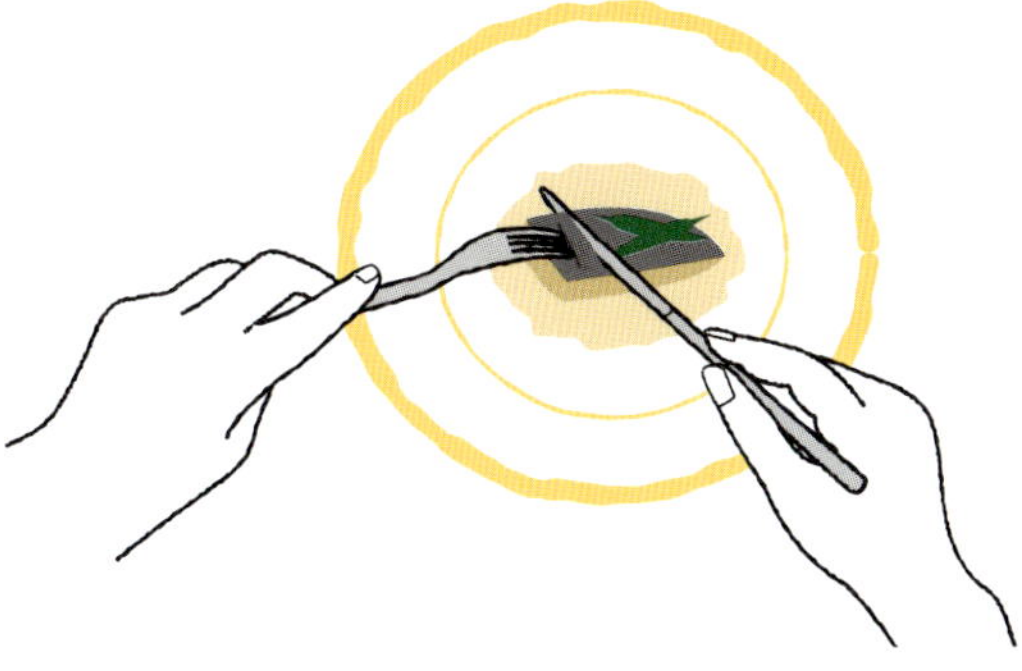

食事の途中や、中座するとき
ナイフ・フォークを皿の中に八の字のかたちに置きます。このときナイフの刃は内側を向けておきます。

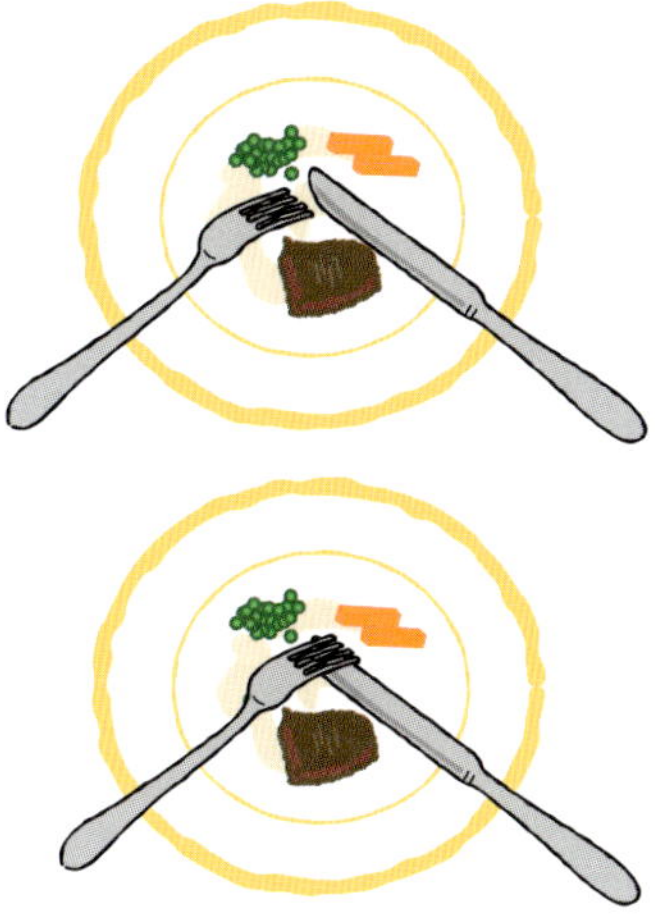

食事を終えたら
ナイフ・フォークとも斜め右、もしくは縦に並べて置きます。

【食事のいただき方】

洋食のフルコースは、次の順で出されます。

①前菜（オードブル）
②スープ
③魚料理
④肉料理
⑤サラダ
⑥デザート
⑦コーヒー

［前菜（オードブル）］

オードブルや食前酒は、食欲を増進させ、メインディッシュがおいしくいただけるようにという工夫から出されます。いちばん外側にセットされたオードブル用のナイフとフォークでいただきます。

レモンが添えられてきた場合は、レモンにフォークを刺し、汁が外に飛ばないように気をつけながら軽く絞ります。スライスレモンの場合は、料理の上にレモンをのせ、ナイフで軽く押さえて香りをつけます。

レモンはフォークに刺し、汁が飛ばないよう気をつけて絞ります。

［スープ］

スープをいただくさい、最も気をつけることは「すすらない」こと。スプーンを少し斜めの角度にし、口の中へゆっくりと流し込みます。

スープスプーンの使い方には、手前から向こうへすくうイギリス式、向こうから手前にすくうフランス式がありますが、どちらでなければならないということはありません。使い終わったスプーンは、うつわの中、あるいは受け皿の手前に置きます。

両サイドに持ち手のついたスープカップに入っている場合は、カップを手に持って飲んでもよいとされていますが、正式な場では専用のスプーンを使用しましょう。

また、スープがたれるのを気にして、上体を前へ傾けないように注意しましょう。

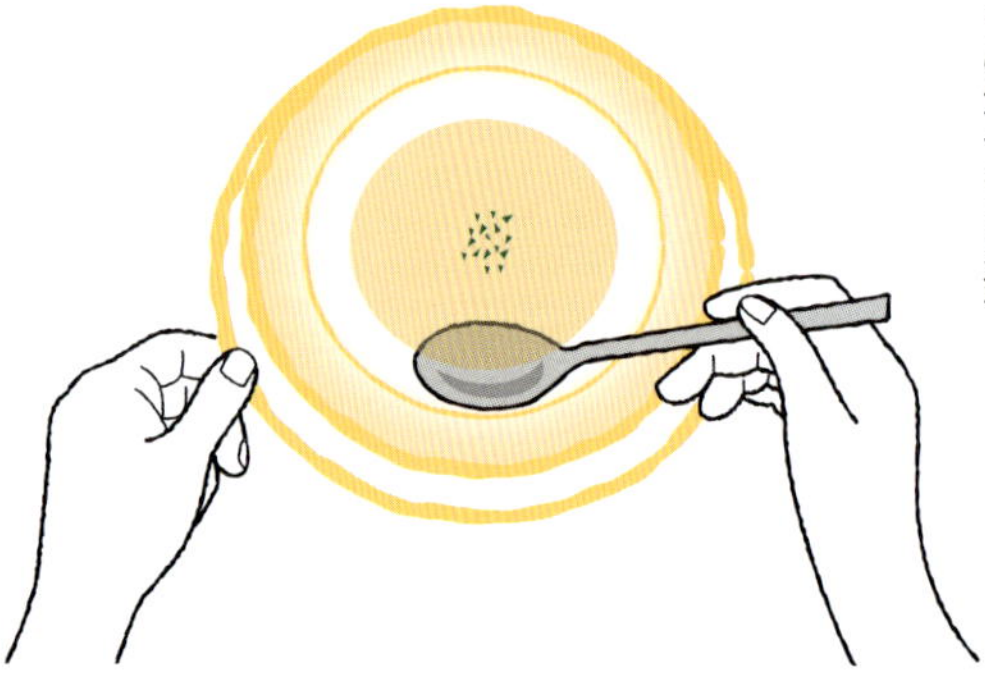

スープは、手前から向こうへすくうのがイギリス式。

［パン］

パンは、スープを飲み終えてからいただきます。メインディッシュの前に満腹にならないよう、パンの食べ過ぎに注意します。

パンをいただく前に、自分の分のバターをパン皿にとります。さらに、パンを一口大にちぎり、バターを塗り、それを右手にとって口に運びます。両手にパンやバターナイフを持つことはありません。あらかじめパンの全面にバターを塗って、かじったりすることも控えましょう。

プライベートな席においては、料理のソースをパンでぬぐってもかまいません。そのさい、パンを小さくちぎり、皿の上に置いてからフォークで刺していただくと美しく見えます。

なお、パン皿がない場合、パンはテーブルの左側にじかに置きます。

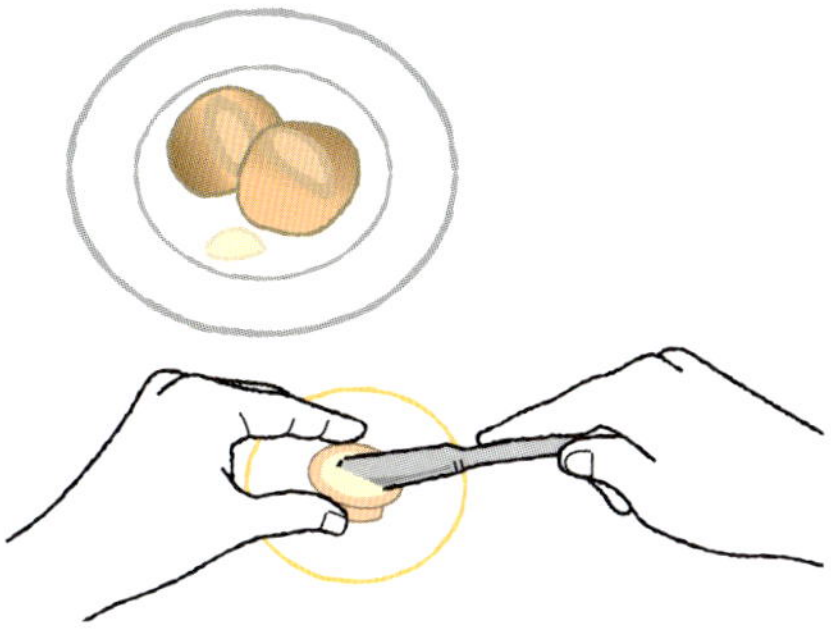
個々の容器に入ったバターは、手前からナイフを入れて、適量をパン皿にとります。

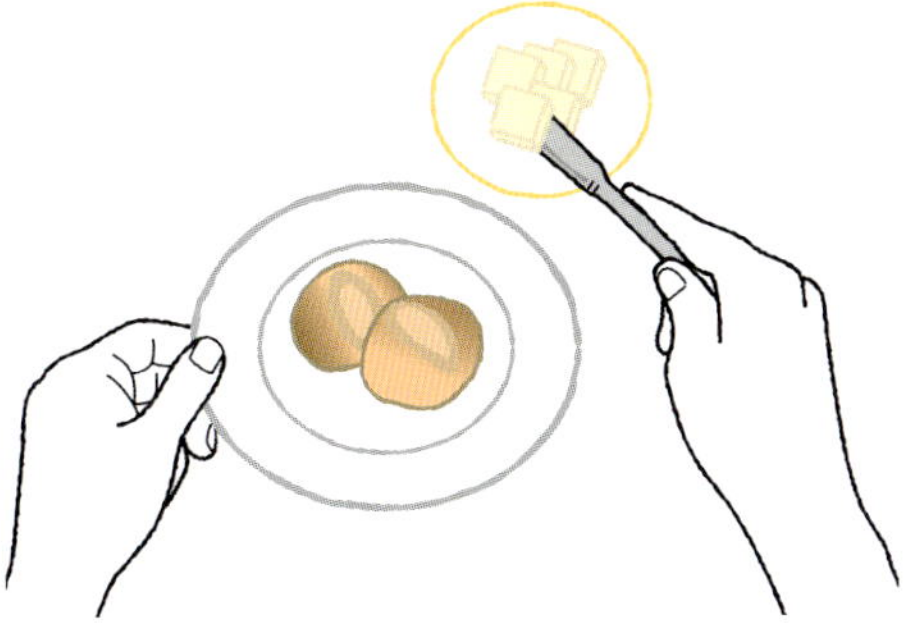
切り分けられたバターの場合は、一人分をとります。

パンは一口大にちぎり、そのつどバターをつけていただきます。

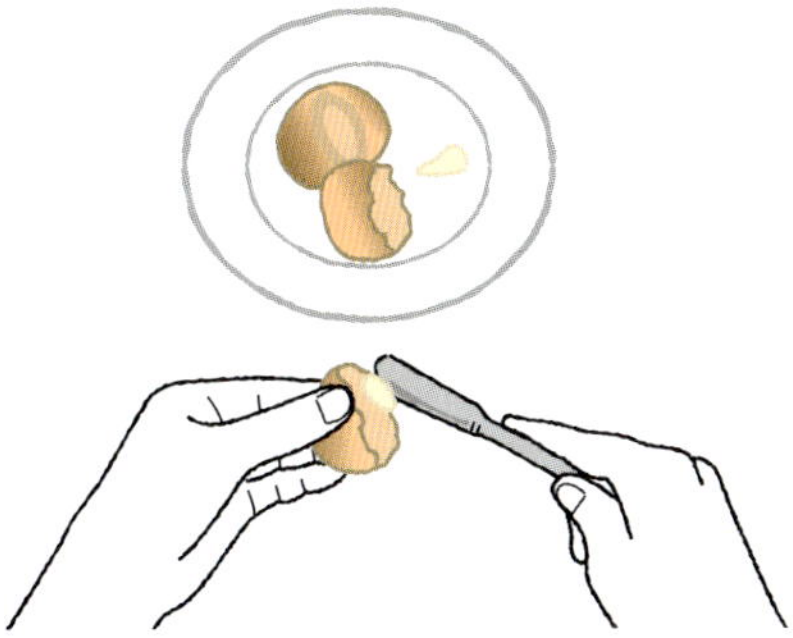

［魚料理、殻付きエビ料理］

魚をいただくさいの原則は、和洋を問わず「身を裏返さない」ということです。

骨を抜いていない魚料理は、表身をいただいたら中骨をはずし、皿の向こう側に置いてから裏身をいただきます。

食事を終えたら、骨は一か所にまとめておきましょう。

一度口に入れたものは、口から出さないことが原則ですが、魚の骨は例外です。なるべく避けたいことですが、口に入ってしまった場合は、見苦しくないよう口元をおおいながら、フォークもしくは指先でとって出します。

殻に入ったまま供されるエビ類は、身と殻との間にナイフを入れ、身を全部とり出してから一口大に切っていただきます。

たいていの場合は、とり出しやすいように、身と殻の間にナイフが入っています。

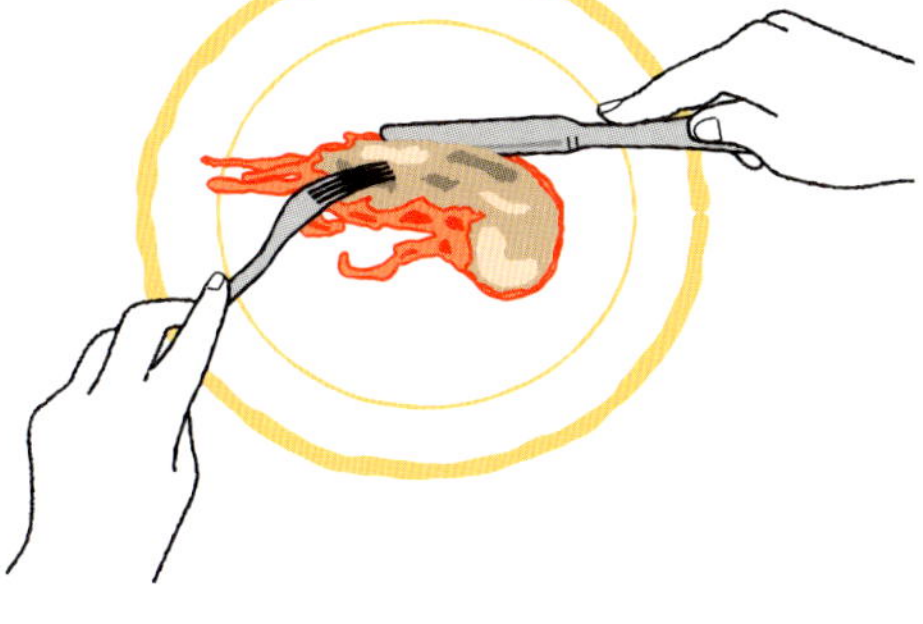
①殻のまわりに切れ目を入れてから、右手のナイフで殻を押さえるようにして身をはずします。

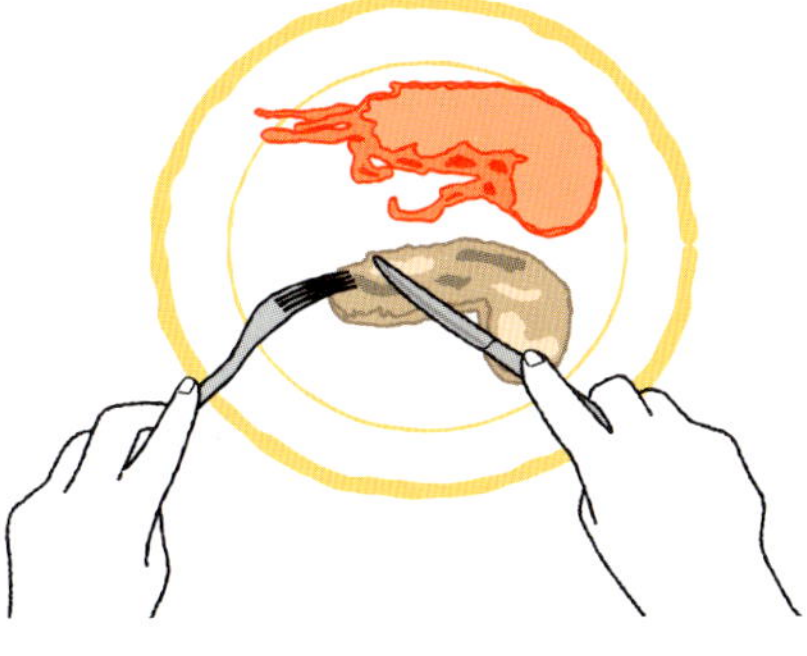
②皿の手前に身をとり出し、身の左から切り分けていただきます。

〔**肉料理**〕

肉料理は左端から切っていただきます。

最初に肉を切り分けてしまうと、料理が早く冷めてしまうだけでなく、肉汁が流れてしまい、同席者のみならず料理を提供する側にも失礼にあたります。一口食べるごとに切って、口に運ぶようにしましょう。

肉は、フォークで押さえ、ナイフを動かして切ります。引くときではなく、押すときに力を入れるとよいでしょう。ただし、無理に力を入れて切ろうとすると、音をたてたり、姿勢を乱す原因ともなります。正しいナイフとフォークのあつかい方を身につけましょう。

つけあわせの豆類はフォークの腹にのせていただきます。これは、ライスの食べ方に応用できます。よくライスをフォークの背にのせて食べている人を見かけますが、見た目も美しくなく、粗相をする危険性があるので注意しましょう。

その他のつけあわせは一口大にし、ヌードル類はフォークに巻きつけていただきます。

肉は一口大に切ってから、ソースとともにいただきます。

あらかじめ肉を切り分けてしまうのは避けます。

豆類は、ナイフを向こう側に壁のように立て、そこへフォークで寄せてすくいます。その場合フォークは手前、ナイフは奥と覚えておきましょう。

〔**フィンガーボール**〕

手を使用してもよい料理が出されたときに、指先を清めるために水の入った容器が用意されます。このフィンガーボールが出されたからといって、必ずしも手でいただかなければならない、ということではありません。

使用するときは、片手ずつ入れて指をこすりあわせ、ナプキンで水をぬぐいます。両手を同時に入れることは避けましょう。

フィンガーボールは、片手ずつ入れて使います。

【ワインについて】

洋食のお酒は、食事の前に食前酒、食中にはワインをいただきます。最後に食後酒を飲むこともあります。

一般的に、魚料理には白ワイン、肉料理には赤ワインといわれていますが、最近はこだわることも減ってきたようです。

ワインを選ぶときに年代や産地の注文があれば、その旨をソムリエに相談します。ワイン選びがむずかしい場合は、注文した料理にあわせて、気軽にソムリエに相談するとよいでしょう。

ワインが運ばれてきたら、ホスト、またはホステスは、ラベルの確認をしてからテイスティングを行います。

まず、色を確認します。次にグラスをかるくまわして香りを立て、顔にグラスを近づけて、香りを確認します。このとき、グラスに鼻を深く入れすぎないように注意しましょう。

最後にワインを少量口にふくみ、舌全体で味を確認します。鼻から息を抜くようにすると、総合的な味わいがわかります。

味や香りにとくに問題がない場合は、ソムリエに「結構です」と伝えます。

乾杯のさい、正式な場においては、グラスを目の高さに上げるだけで、グラス同士をあわせることはありません。

注がれるとき、グラスに手をふれたり、持ち上げたりするのは避けます。

テイスティングの仕方

①グラスを少し傾けて、ワインの色を見ます。

②グラスをテーブルに置いたまま指先でかるくまわし、香りを立たせます。

③グラスを近づけて香りを確認します。

④一口ふくんで試飲をします。テイスティングの前にあらかじめナプキンで、口紅などを押さえておきましょう。

【立食パーティ】

自由に行動し、多くの人と話をすることができるところが、立食パーティのよい点です。だからこそ、食べることばかりに専念するのは避け、一人でも多くの人とコミュニケーションをとるこころがけが大切です。

また、歓談中であっても、スピーチが始まるさいには、話を中断してスピーチを聞く態度を忘れてはいけません。

さらに立食パーティでは、一皿に食べられるだけの量をとります。一度に二皿用いることはやめましょう。

料理は、フルコースで食べるような順でとります。とくに女性の場合、甘いものが好きだからといってデザートからとり始める人を見かけますが、このような行為は好ましくありません。

したがって、オードブルからとるようにします。そのさい、冷たい料理と温かい料理、あるいは汁気のあるものとないものを同じ皿にとってしまうと、互いの料理の味を損ないますので注意しましょう。

グラスと皿を持つときは、右手にグラス、左手に皿とフォーク（箸）を持ちますが、海外では握手をするために、どちらも左手で持つことがあります。

移動のさいには、周囲の人に飲み物や料理がこぼれて迷惑をかけないよう注意します。

グラスの持ち方

脚が長いシャンパングラスは、5本指全部を伸ばすようにして、かるく持ちます。

脚が短いグラスは、親指・人さし指・中指の3本で支えます。

ブランデーグラスは、バルーン部分を手のひらで包み込むようにして持ちます。

ウイスキーなどのグラスは重いので、粗相がないよう気をつけます。

断る場合は、グラスの上に手をかざして示します。

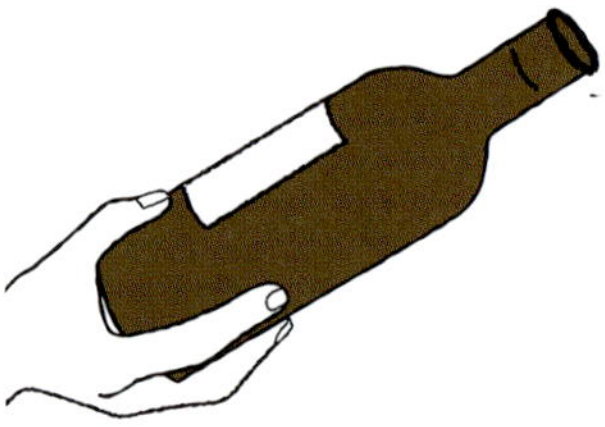

冠婚葬祭

婚礼
葬儀
年中行事

婚礼

［結納］

縁談が整うと結納《ゆいのう》が行われます。まず婿《むこ》方から結納持参の使者をつかわします。仲人《なこうど》以外に両家から正副二名の使者が互いの家を行き来して、結納がとりかわされます。結納品は九品目が正式とされますが、七品目、五品目の場合もあります。

現代においては、両家が一堂に会して仲人夫妻が使者となったり、ホテルやレストランなどで、仲人をたてずに結納品のみがかわされるケース、さらには両家で食事のみ行うケースも少なくありません。

どれが正しいということではなく、結婚にあたり、両家でこころのやりとりがなされることが最も重要なのではないでしょうか。そのためにも婚礼に関する基本的知識を学び、理解するのは大切なことです。

［結婚式］

現在の結婚式の形式として、神前結婚式、キリスト教結婚式、仏前結婚式、家庭結婚式、人前《じんぜん》結婚式などがあります。

中世の武家の婚姻は、嫁が里から婿方の家に出向き、式が挙げられました。このとき、花嫁が輿《こし》に乗って行ったことから「輿入れ」ということばが使われるようになったといわれています。とくに「夫婦固めの盃」とよばれる儀式は、花婿・花嫁・花嫁の介添人・酌《しゃく》を務める女房二人程度の限られた人のみで進められました。

小笠原流の結婚式は、「式《しき》三献《さんこん》」といって、盃事《さかずきごと》が中心です。盃を、花嫁から花婿、花婿から花嫁、花嫁から花婿といった順で三献ずつかわし「合盃《あいさかずき》」が完了します。これを「陰《いん》の式」といいます。

さらに現代のお色直しにあたる「陽の式」が、陰の式の三日後に行われます。

また、親子固めの盃や、親類固めの盃は、別に席を改めて行われます。

九品目結納品
（右から）
長熨斗
目録
帯料（結納金）
かつお節
するめ
昆布
麻
扇子
柳樽（酒）料
（手前に）
家族書
親族書

葬儀

日本における葬儀には、神式、仏式、キリスト教式などがありますが、いずれの場合も、故人や遺族に対するこころが大切です。悲しみをともに享受する思いやりのこころを忘れてはなりません。

［服装］

通夜《つや》（夜伽《よとぎ》）は、紺やグレーなどの平服《へいふく》でもかまいませんが、あらかじめ日時が伝えられているような場合は喪服でうかがいます。

喪服やバッグ、靴などは、光る素材を避け、黒で統一します。アクセサリーやストッキングなどにも配慮が求められるでしょう。葬儀の場における身だしなみは、日常以上に自分自身を飾ることを慎まなければなりません。

［金子《きんす》包み］

金子包みの表書きは、浄土真宗以外、「御霊前《ごれいぜん》」を用いることができます。表書きには、薄墨を使いましょう。

また、金子包みをほこりなどから防ぐためにも、袱紗《ふくさ》で包んで持参します。紫の縮緬《ちりめん》であれば、慶弔《けいちょう》の両方に使用できます。

仏教の場合、回忌《かいき》（年忌）には、三回忌、七回忌、十三回忌、十七回忌、二十三回忌、二十七回忌、三十三回忌、五十回忌、百回忌があります。

金子包みの渡し方

①受付で袱紗から金子包みをとり出します。

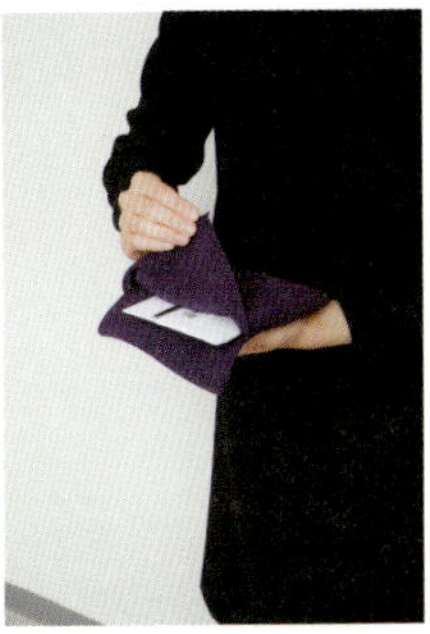

②金子包みの正面を自分に向けて持ちます。

③右上角に右手、左下角に左手をそえて、時計回りに90度回転させます。

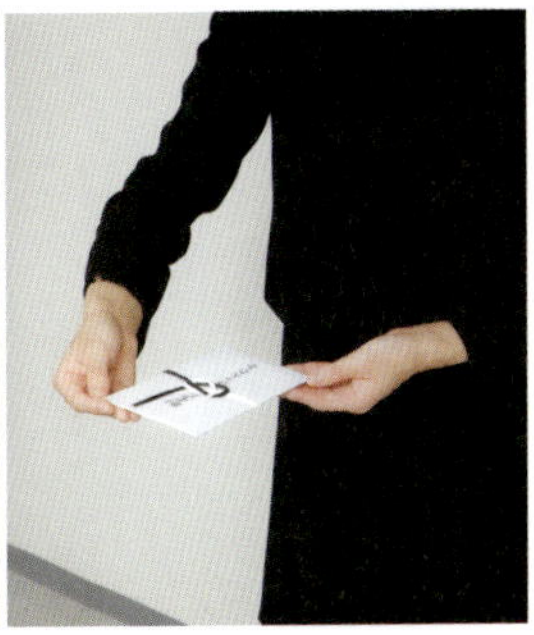

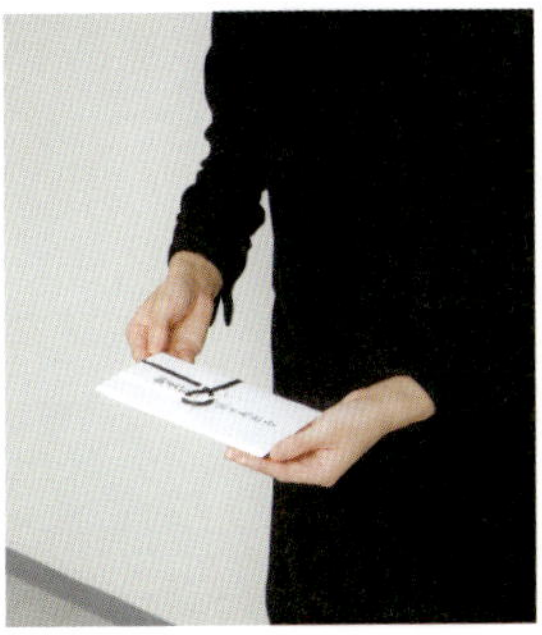

④再度手を入れ替えて、90度回転させます。

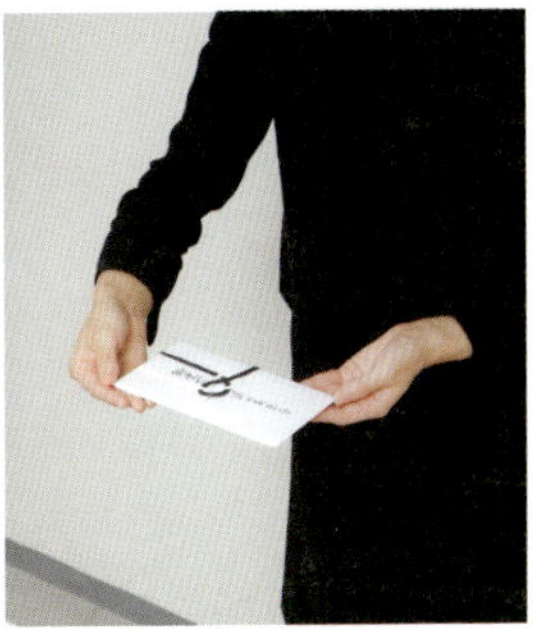

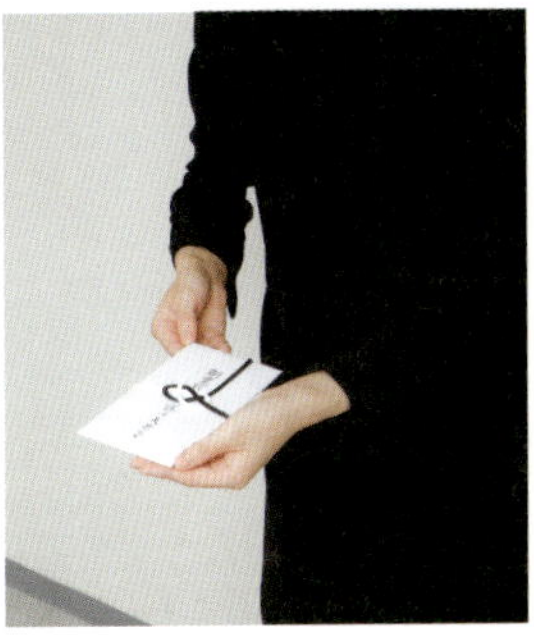

⑤相手に正面を向け、両手で持ちます。

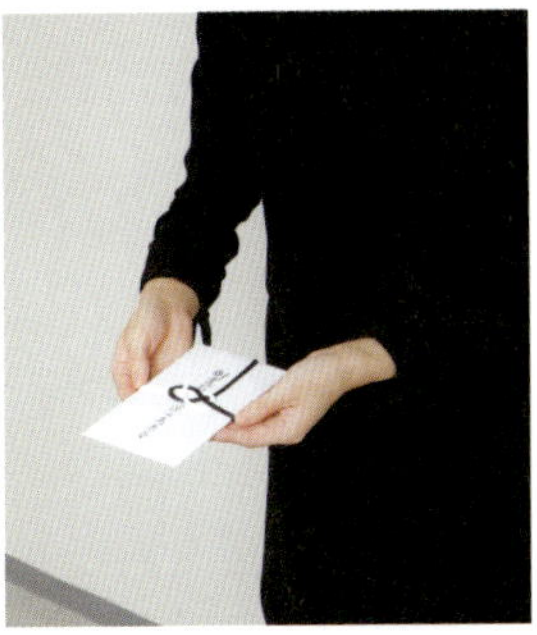

⑥右手に左手をそえて、相手に包みを手渡します。

⑦差し出した手を、左手、右手の順で引きます。

【焼香《しょうこう》】

焼香《しょうこう》の作法は、宗派の数だけあるともいわれています。

小笠原流では次の通りです。

まず遺族や僧侶に一礼をして霊前に進み、焼香台の数歩手前で合掌礼《がっしょうれい》をします。

香炉の抹香《まっこう》を右手でつまみ、左手でそれを受けるようにして目の高さまで上げ、押しいただきます。抹香を手向《たむ》けたら、再び合掌礼をし、さらに下がって遺族、僧侶に一礼をします。

大切なことは、香を押しいただくさいのこころのこめ方です。焼香の回数などを迷うよりも、真摯《しんし》な気持ちをこめて、冥福を祈るということを忘れてはなりません。

ただし、周囲にあわせるこころ遣いも同時に必要です。

焼香の仕方

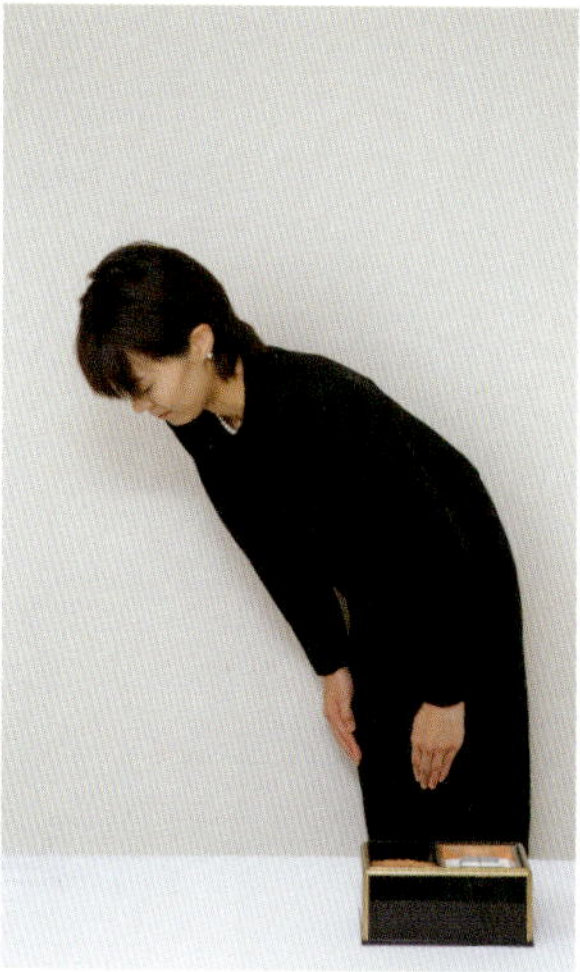
①遺族や僧侶に一礼をしてから、焼香台に進みます。

②遺影に向かい合掌礼をします。手は丸みをもたせ指をそろえます。

③右手で抹香を一つまみとります。左手をそえましょう。

④左手で受けて、目の高さに押しいただいて念じます。

⑤抹香を静かに香炉に落とし、遺族、僧侶に一礼して下がります。

【線香】

線香を供える作法も、基本は焼香と同様です。

まず、遺族、僧侶に一礼してから、線香台の数歩手前で合掌礼をします。

右手で線香をとり、ろうそくで火をつけます。火がついたら線香を左手に持ち替え、右手であおいで火を消します。けっして息を吹きかけたりしてはいけません。

そのあと再び線香を右手に持ち替え、線香台に立てます。

もう一度合掌礼をして、下がってから、遺族、僧侶に一礼をします。

①線香を右手で一本とり、ろうそくで火をつけます。

②線香を左手に持ち替え、右手であおいで火を消します。

③線香台に立てたあと、合掌礼(右ページの②に同じ)をします。

【献花】

日本でのキリスト教式葬儀においては、霊前に菊や百合などの白い花を捧げます。しかし、献花の儀式は西欧にはないものです。

まず一礼してから献花台に進み、花を右手でとり、左手をそえてまわし、霊前に向けて静かに置きます。このとき、手が花にふれないように注意します。

次に遺影に目を向け、故人への祈りをこめて、さらに一礼します。

①花を右手で一本とって左手をそえ、霊前に進みます。

②時計回りに二回にわけて花をまわします（92ページ④〜⑦参照）。

③花を霊前に向けて静かに置き、遺影に一礼をして下がります。

【玉串《たまぐし》】

神式の葬儀においては、霊前に玉串《たまぐし》を捧げます。榊《さかき》の枝に紙垂《しで》や、ときに木綿《ゆう》がついたものが用意されます。

玉串を捧げるときは、まず、台の前で玉串を押しいただいて一礼します。次に玉串を、時計回りに二度にわけてとりまわして台に置きます。

さらに二礼二拍手一礼をします。拍手は「忍び手」といって、音をたてません。

①玉串を胸の高さに捧げて、霊前に進みます。

②玉串を押しいただいて一礼します。

③右手で玉串の枝元を持ち、左手で支えます。

④時計回りに90度まわして、自分に対して正面を向けます。

⑤手を入れ替えるため、左手も枝元におろします。

⑥今度は右手で上部、左手で枝元を持ちます。

⑦枝元が霊前に向くよう、時計回りに180度まわします。

⑧玉串を台に置き、左、右の順に手を引きます。

⑨二礼二拍手（音をたてない）一礼をして、下がります。

【金子《きんす》包みの表書き】

表書きは、目録の代わりと考えます。したがって、包みを差し上げる理由と、送り主の名前という二つの要素を、はっきり包みの表面に記すことが大切です。

誰もが判別できないようなくずし字では、こうした考えから離れてしまいますので、とくに目上の方に対しては、文字は大きく、楷書で書くなどの配慮が求められます。

「御祝」「御礼」などは中央上か右上、そして中央下か左下に自分の姓名を記します。金子包みの中に入れる内包みは、中央上に金額を、姓名は表書きと同様、中央下に書きます。

慶事は濃い墨色、弔事は薄墨を使用します。水引については、124～127ページを参照してください。

［慶事の水引と表書き］

水引……真《ま》結び、あわび結び、もろわな結び

表書き……御祝、寿

［弔事（凶事）の水引と表書き］

水引……真結び、あわび結び

表書き……

●仏式の葬儀

御霊前《ごれいぜん》（浄土真宗以外）

御仏前（浄土真宗）

御香典《おこうでん》、御香奠《おこうでん》、御香料《おこうりょう》

●仏式の法要

御仏前、御供《おそなえ》

●神式の葬儀

御霊前、御神前、御榊料《おさかきりょう》

御玉串料

●キリスト教式の葬儀

御霊前、御花料

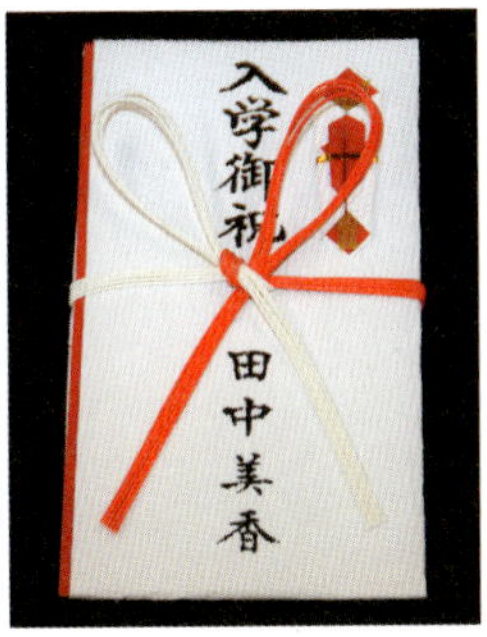

「御布施」は、お寺や僧侶への御礼に、ひろく用います。

年中行事

【五節供《ごせっく》】

農耕民族であった日本人にとって、自然と共存していくことが何よりも大切であったと考えられます。そのなかで、偉大な自然の力を前にするとき、人間はどれほどに無力であるかを知っていたはずです。だからこそ、四季折々の年中行事を通じて、天の御加護を願い、祈ったのでしょう。

その代表的なものが「節供《せっく》」です。現代では、三月の雛祭り、五月の鯉のぼり、七月の七夕《たなばた》が主流ですが、「五節供」という名の通り、一年を通じて五回の節供があります。

五節供は中国で生まれた行事で、唐の時代に定められ、日本に伝えられました。中国の暦で定められた「節」が日本の「折目節目《おりめふしめ》」という概念と融合し、定着したといわれています。

節供は、季節の変わり目に不浄を清め、忌《い》み慎んで神を祀《まつ》る「節日」を指しました。このときに神に捧げる「供《く》御《ご》」のことを「節供《せちく》」とよび、これが「節供《せっく》」になったといわれています。

五穀豊穣の祈りとともに、神への供物《くもつ》によって厄を祓《はら》う思想もあったと考えられます。

小笠原流の伝書には、
「五節供のこと。諸悪鬼の日なり。ゆえに祝いをなし、その厄をのがれるといえり」
とあります。季節の変わり目には体調を崩しやすいため、節供は健康管理の役割をしていたのでしょう。それが、しだいに祝いの日として認識されるようになりました。

また、
「五節供には当季の物をいずれも三方《さんぽう》に入れて出すなり」
という伝書の教えもあります。

次に紹介する床飾りを一つの見本として、できるところから生活に取り入れて、季節を楽しんでいただきたいものです。

【人日《じんじつ》の節供　一月七日】

今では一般的になじみのない節供となってしまいましたが、江戸時代に五節供が正式に制定されると、その一つに加えられて、さらに盛んになりました。

「正月七日節供始めとすること。一日鶏《とり》、二日狗《いぬ》、三日猪、四日羊、五日牛、六日馬、七日人、八日穀これなり。七日は人日として人の生《な》り初《そ》めつる日といえり。かようの道理により、節供始めとするなり」と、小笠原流の伝書にはそのいわれが説かれています。

また一月七日といえば、七《なな》草粥《くさがゆ》を食べる風習が残っています。これに関して伝書には、

「この日、七種の草を取り、粥にして喰えば諸病をのぞくといえり。また、高辛氏（中国の伝説上の皇帝）の娘、道にさまよい死にて悪鬼となり往来の人をなやます。彼、在《ありし》日《ひ》に粥を好みたるゆえに粥を供するともいえり」

と、七草粥の起源が説かれています。

人日の節供の床飾りは、五節供のなかで最もシンプルで美しい飾りです。

【上巳《じょうし》の節供　三月三日】

雛祭りとして定着しているこの節供は、桃の節句、女の節供ともよばれます。

中国ではこの日を忌日《きにち》として、水辺で禊《みそぎ》を行い、酒を飲んで祓《はら》う習慣があったといいます。この習慣が花見や山遊びなどの行楽と結びつき、三月三日へと固定しました。

また雛は、形代《かたしろ》（神霊の代わり）としてつくった人形で、これで自分の身体を撫でてから水に流すと災厄をまぬがれるという呪具であったといいます。

こうした性質が薄れて、飾りとして用いられるようになったのが雛人形です。この雛人形が飾られるようになったのは、江戸時代の寛永《かんえい》（一六二四〜四四）の頃につくられた大きな寛永雛からといわれています。さらに元禄（一六八八〜一七〇四）の頃から段飾りが登場します。

また、室町時代から、白酒を「桃花酒《とうかしゅ》」といってこの日に飲む風習がありました。

上巳の節供の床飾りについて伝書には次の通りに説かれています。

「三月三日には、えもぎ餅（ヨモギの草餅）の上に、桃の花を切りて、熨斗《のし》を添えて飾りてだすなり」

【端午《たんご》の節供　五月五日】

「上巳《じょうし》」が陰暦三月の最初の巳《み》の日を指したように、「端午」は月の最初の午《うま》の日を指しています。

この節供は、菖蒲《しょうぶ》の節供、尚武《しょうぶ》の節供ともよばれます。菖蒲は、その香りから邪鬼を祓うとも考えられてきました。

またこの日に鯉のぼりを飾るのは、男子の出世を祈る気持ちの現れです。中国の黄河《こうが》にはさまざまな魚が遡上しますが、中流にある龍門《りゅうもん》では滝をのぼりきった鯉が龍になるという故事があります。「鯉の滝のぼり」として、鯉は立身出世のシンボルとされたのです。

五月五日は、中国の詩人である屈原《くつげん》が投身自殺をした日で、彼の霊を祀るために、粽《ちまき》をつくって捧げる習慣はここから発したといわれています。

伝書には、

「美国（中国）にて、屈原汨羅《べきら》に沈みて後、妻の夢に見ゆ。妻五色の糸をもって粽をして、江に投ずともいえり」と説かれています。

また、端午の節供の床飾りについては、次の通りです。

「五月五日には、粽のうえに菖蒲を置き、熨斗《のし》を添えて出すなり」

[七夕《たなばた》の節供　七月七日]

いわゆる織姫彦星の「織姫」は、日本の「棚機《たなばた》つ女《め》」として存在していました。「棚機つ女」というのは、この夜に機《はた》屋に籠もり、機のそばで神の来臨を待つ乙女を指します。翌朝、村人は禊《みそぎ》を行って、神にその汚れを持ち帰ってもらうと考えました。

このような信仰が織姫彦星の伝説と結びついて、現在の「たなばた」をつくり上げていきました。

また、この日に笹竹を川や海へ流す風習は、七夕が祓いの日であることを示しているのです。

さらに、笹竹には願いごとを書いた短冊《たんざく》を飾りますが、七夕の前夜に硯《すずり》を洗って乾燥させ、当日の朝に芋の葉についた朝露を集めてすった墨で短冊を書くと字が上達するといわれています。

このほかに、たらいに水を張って星をうつし、その星明りで針に糸を通すことができたら裁縫が上手になるという言い伝えもあります。

七夕の床飾りについては、次の通り伝えられています。

「七月七日には、瓜のわきに干鮎を二つ腹を合わせて水引にて結び、熨斗《のし》を添えて飾るなり」

［重陽《ちょうよう》の節供　九月九日］

重陽の節供は、一般的に人日の節供と並んでなじみの薄い節供です。この節供は、菊の節供とも呼ばれています。

小笠原流の伝書には、

「九月九日、重陽という。九は陽数の極数なり。しからば九の字二つ重なりたるゆえに、重陽というなり」

とあります。つまり、奇数は陽の数、偶数は陰の数であり、陽の数のうちで最も大きな数の九が重なるので、重陽というのです。

また、この日に菊の酒（菊の花を酒に浸したもの）を飲むと災いが消えるという言い伝えもあり、菊の花は重陽の節供に欠かすことができないものです。

重陽の節供の床飾りについては、伝書に次のように説かれています。

「九月九日には栗に菊の花を置き、熨斗《のし》を添えて飾りて出すなり」

贈答の包みと結び

贈答
折形
水引
ひも結び

贈答

【贈答の起源】

現代の日本社会には物があふれており、贈答品を選ぶにあたっては、迷うことが多々あるでしょう。贈る相手、贈る状況によって、その選択肢はさまざまです。

これほど多種類の品物が贈答に用いられるようになったのは、近代以降のことです。一般的にそれまでは、贈り物といえばおもに食べ物を指していました。

もともと贈答のルーツは、神様への供え物だったと考えられています。稲作の発達により狩猟から農作へと生活が変化した日本人における神の概念は二通りありました。荒魂（アラミタマ）と和魂（ニギミタマ）です。災厄と危難をもたらす怒りの存在が「荒魂」、生産に寄与し愛情に満ちた存在が「和魂」です。

農耕民族にとって、天候などによる災害、それにともなう凶作は、生命維持に直結した深刻な問題でした。そうした天災を少しでも避けたいという願いから、神にいっそうの加護を祈り、供物《くもつ》を捧げたことが贈答の起源といわれています。

神饌《しんせん》とよばれるそれらの供物は、収穫された穀物、果実、またそれを元にしてつくったお酒などでした。

神へ捧げたあと、その座に同席した者たちで供物を分けあい、飲食することを直会《なおらい》とよびます。神のパワーが宿った神酒《みき》や供物を神のおさがりとしていただくことで、神との距離を近しくし、また共食によって、地縁・血縁をより堅い絆《きずな》にしたいと願っていたのです。

最近では減少している風習の一つに、何かいただきものをしたら、そのうつわにこころばかりの物を入れてお返しをするということがあります。これは相互の縁が途絶えてしまわないようにとのこころ遣いから生まれたものでしょう。また、このときにお返しとしてよく使われた懐紙《かいし》（半紙）や付け木を「お移り」ともよびます。その理由は、これらが竈《かまど》を焚くときの移り紙の役目を果たしていたからであり、単にお返しといっても、生活に密着した些細な品物でした。

かつては神への感謝によって始まった供え物が、人間同士の交流という役目を担った贈答として定着し、そのかたちは時代の移り変わりによって変化しました。

今、贈答の代表とされるお中元やお歳暮に対して、虚礼廃止の声が挙がっています。「お中元の時期がきたから、何か差し上げなくてはならない」と贈り手が負担に思ってしまうのは、すでに贈答のこころが見失われているといえましょう。それでは、相手に気持ちが伝わるはずがありません。

こうした慣習は、日ごろの感謝やご無沙汰している方へのあいさつを自然に行うことのできる機会であるととらえ、活用してみてはいかがでしょうか。

贈答は、「こころ」を贈ることが重要です。

木花包み

鶴と熨斗の祝い包み

筆包み、墨包み

【包む】

日本における贈答のこころ遣いほど、こまやかな配慮はありません。

最近は、デパートや店舗の包装紙で包まれた贈答品がほとんどですが、昔は贈り主が白い紙で包んで差し上げたものでした。

古来より紙は貴重品であり、たとえば、公卿《くぎょう》たちは手紙のやりとりのさいに、その紙の白さを競うほどだったといわれています。江戸時代までは紙自体が贈答品ともなっていたなかで、白い紙で贈り物を包装することは何より相手を尊ぶこころを表していました。

さらに、白い紙は贈り手の身の穢《けが》れを清めるとともに外界の悪疫《あくえき》から贈り物を隔離しようとする表現だともいわれています。たとえば、神への供物は、白木《しらき》の台にまず常磐《ときわ》木《ぎ》や白紙を敷いた上に置き、捧げることも、こうした理由からでしょう。結納品が白木の台に載せられていることも強い清浄観念の現れによるものと考えられます。こうしたことからも白い紙で物を包むという行為は、日本人にとって特別なことでした。

また、かつてはその包みを、紙を折ることから「折紙《おりがみ》」とよんでいましたが、品物によってかたちを変えて折るようになったために「折形《おりがた》」とよぶようになりました。

現代に残る折形は、本書でご紹介する以外にもさまざまな種類があります。贈り物を差し上げるにあたり、なぜ紙で包むのか、包みの意味を再認識してみましょう。

【結ぶ】

贈答の包みにかかせないのが、結びの存在です。折形に水引《みずひき》をかけて結ぶことにより、さらにかたちが整えられるのです。その端整な姿は、自分自身を正し、先様を敬い、奉仕するこころを表すものとも解釈されています。

わが国では、水引のみならず、ひも結び、巻物、帯にいたるまで、多様な結びが暮らしに密着してきました。日本文化における折形や結びは、時代の流れにあわせて工夫が積み重ねられてきたのです。たたむ、折る、包む、結ぶ――。

こうしたこころの文化も、積極的に次世代へと伝えていきたいものです。

折形

【折形について】

前述の通り、折形《おりがた》は古くには折紙とよばれ、古代においては依代《よりしろ》、形代《かたしろ》として用いられてきました。これに、中国から伝わった陰陽道《おんみょうどう》の思想や、日本独自の美意識が加わって、折紙は贈答儀礼に用いる折形へと変化したのです。

室町時代には、すでに四十種以上の折形を完成していた小笠原流をはじめとする故実《こじつ》家《か》たちによって、折形は礼法の体系に組みこまれ、贈答に必要不可欠な要素として、定着していきました。

とはいうものの、幕府公式の小笠原流礼法がお止め流として、また一子相伝《いっしそうでん》として、その秘伝を守ってきた時代背景を考えると、一般の生活に折形があまりなじみがなかったのは当然のことなのかもしれません。

しかし江戸時代になって、社会に平穏がもたらされてくると、3ページでもご説明している通り、経済的に豊かな町人たちから礼法を学びたいという声が高まり、諸藩の浪人、または礼法に関して素養のある御家人《ごけにん》らが、礼法教授を一つの生業《なりわい》としたのでした。

また、江戸時代も中頃になると、礼法は一般にも広まり、それにともなって折形も生活のなかに普及していきます。

折形が普及した要因として、礼法の基盤が人びとのなかに築かれ始めたこと、それまで高価とされていた和紙が生産技術の発達により大量に出まわるようになって手が届きやすくなったこと、さらに印刷技術の進歩によって折形の解説書が出版されたことなどが挙げられます。

こうして広められた折形は、指南する立場によってそれぞれの流儀に手が加えられた結果、江戸時代の末期には四、五百種ともいわれる数を生み出しました。

さらに明治から第二次世界大戦前まで、礼儀作法が女学校教育にとり入れられ、その教科書には必ずといってよいほど折形の図が掲載されていたといわれています。

最近では人々のこころの荒廃が叫ばれますが、このような折形を通して贈答にこころを吹き込む大切さを学び、実行したいものです。それにより、目には見ることのできない、人と人とのこころの交流を行うことができるでしょう。

折形の作成を向上させるのには、一つでも多くつくることが欠かせません。

[紙の種類]

折形に用いる和紙は、さまざまな種類があります。

● 檀紙《だんし》……厚手で白く、縮《ちり》緬《めん》のようなシボのある紙です。

● 奉書紙《ほうしょし》……折形に最も広く使用される紙です。紅と白があります。

● 糊《のり》入《い》れ……半紙よりもひと回り大きく、少し厚手のケバがある紙です。

● 懐紙《かいし》……多様な用途がありますが、大きさは糊入れの約1/4です。

【かいしき】

神に供える供物は、そのものが清浄であることを表現するために、白い紙や常磐木《ときわぎ》にのせられています。

お客様へのお菓子をかいしき（掻敷）にのせることは、それと同様のこころ遣いといえましょう。

かいしきには、懐紙《かいし》や縁紅《ふちべに》が用いられることが多く、吉事と凶事によって折り方が異なります。

また、楊枝《ようじ》を使用するお菓子には、かいしきの端を折り上げてさし込めるようにし、こぼれやすい物は、両側に折り山をつくります。

訪問先で茶菓のもてなしをうけたさい、残さずいただくことが相手へのこころ遣いではありますが、残ってしまった場合は、残菓包みで持ち帰るとよいでしょう。

かいしき

折り方図の見方

－－－－－－－山折り線（∧に折る）

－・－・－・－谷折り線（Ｖに折る）

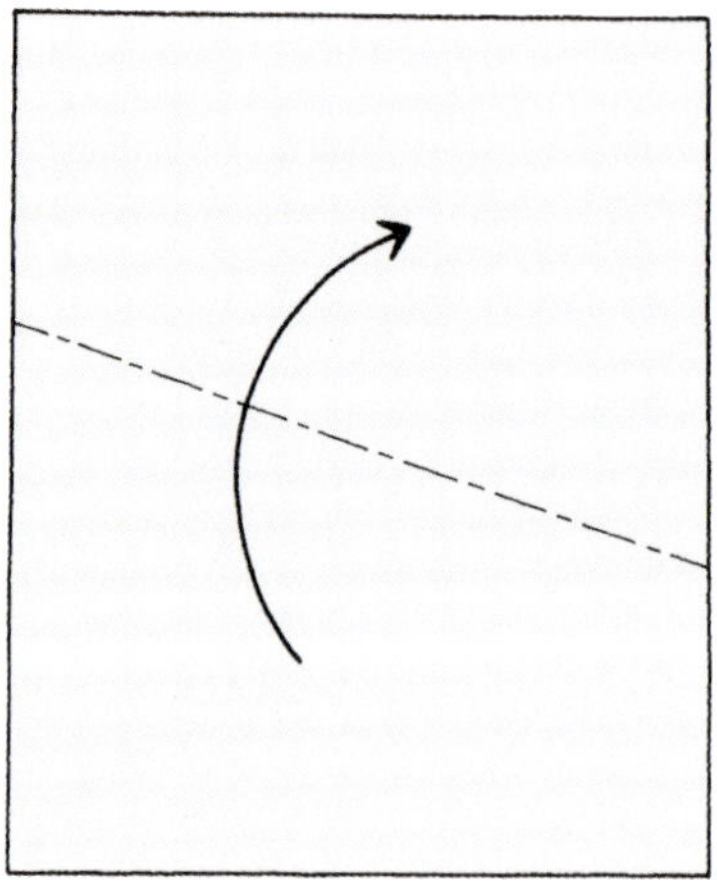

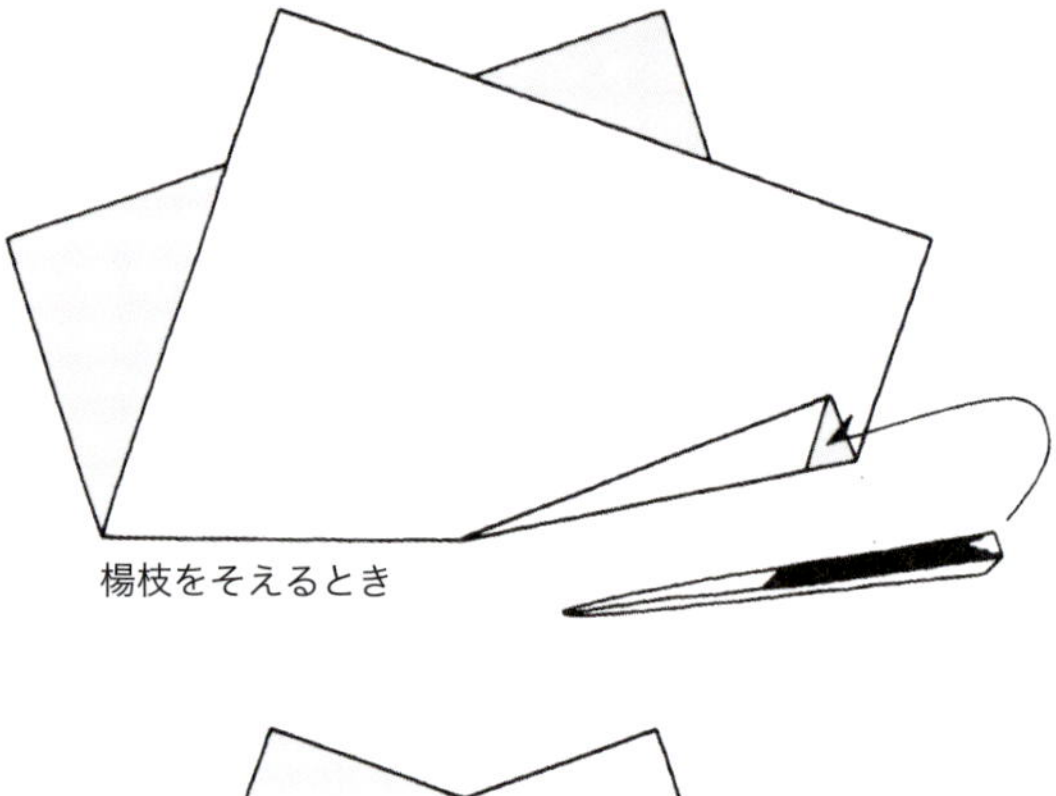

楊枝をそえるとき

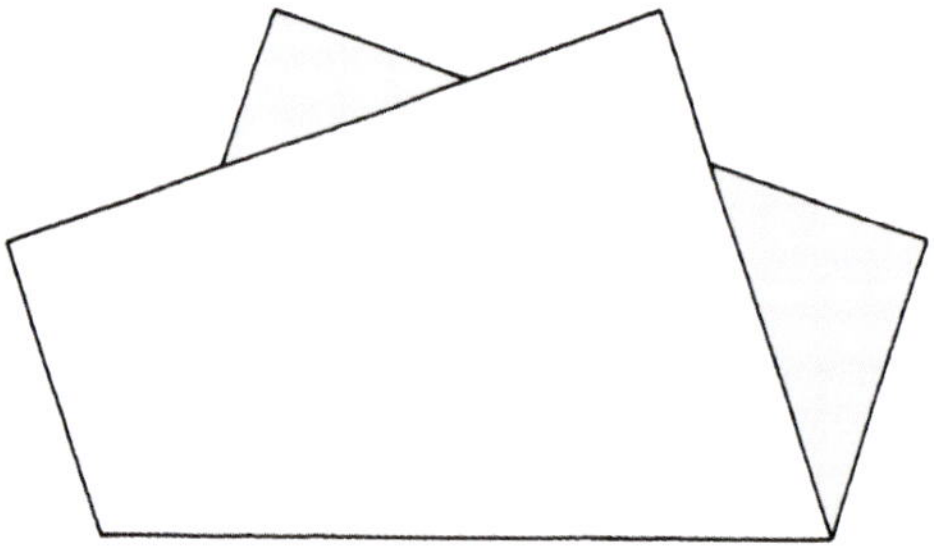

凶事

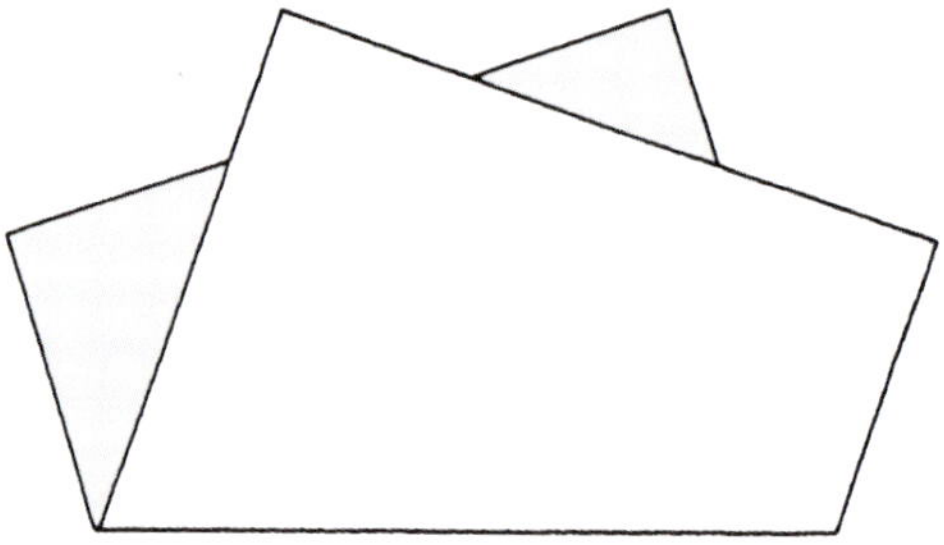

吉事

残菓包み

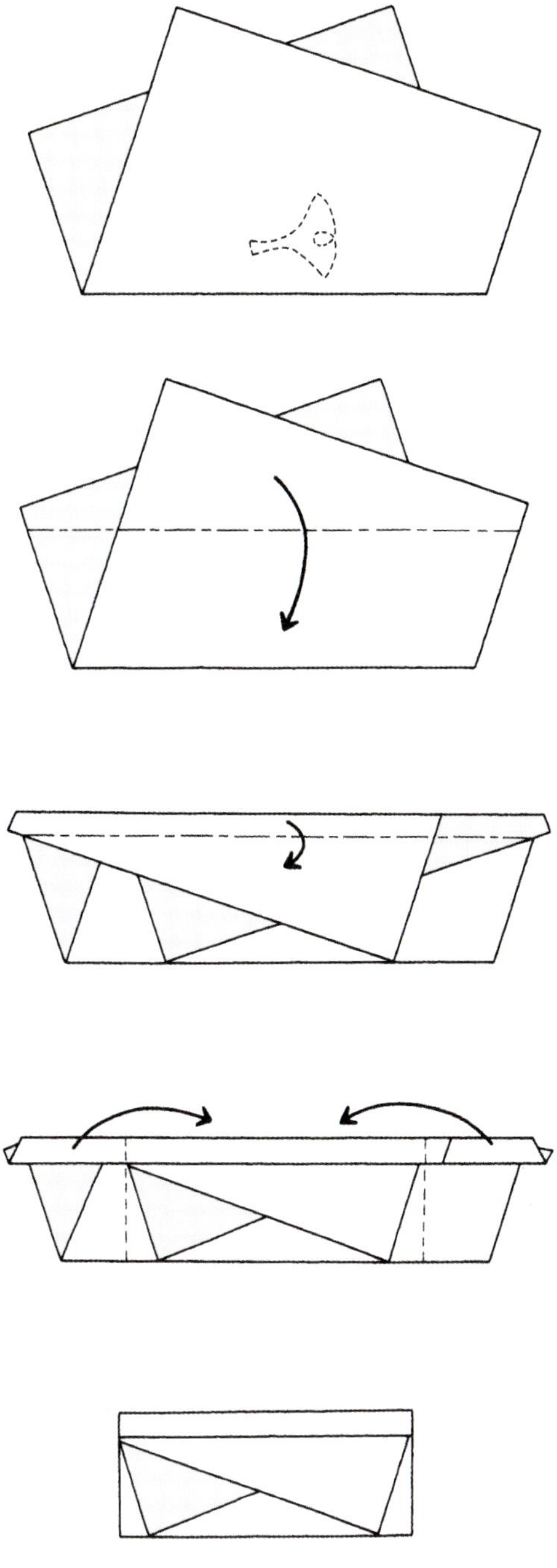

かいしきii

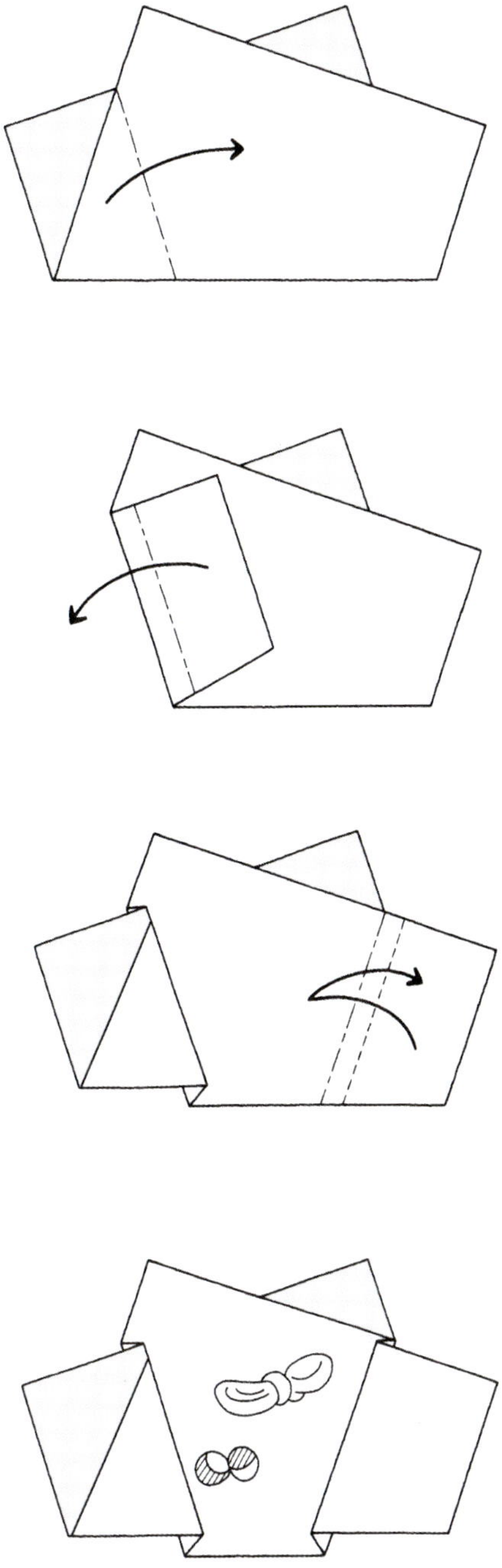

小さな物、こぼれやすい物をのせる

【箸包み】

箸は神と人間を橋渡しするものと考えられてきました。箸の一方を神が、そしてもう一方を人間が同時に使用するとされ、神の力が人間に注ぎこまれるという考え方を持っています。

日本人の強い清浄観から白木の箸であることが重要とされたため、柳の木でつくった白木の箸を「柳箸」とよび、最も格の高いものと位置づけてきました。この箸は正月や祭礼などの行事、儀式などで使用されます。したがって、何度も使用される塗りの箸は、たとえ高価なものであっても略式です。

箸包みにはいくつかのかたちがありますが、新年の食膳に、あるいはお客様用にと、あらたまった席にも最適で、しかも簡単につくることのできる包みの折り方は次の通りです。

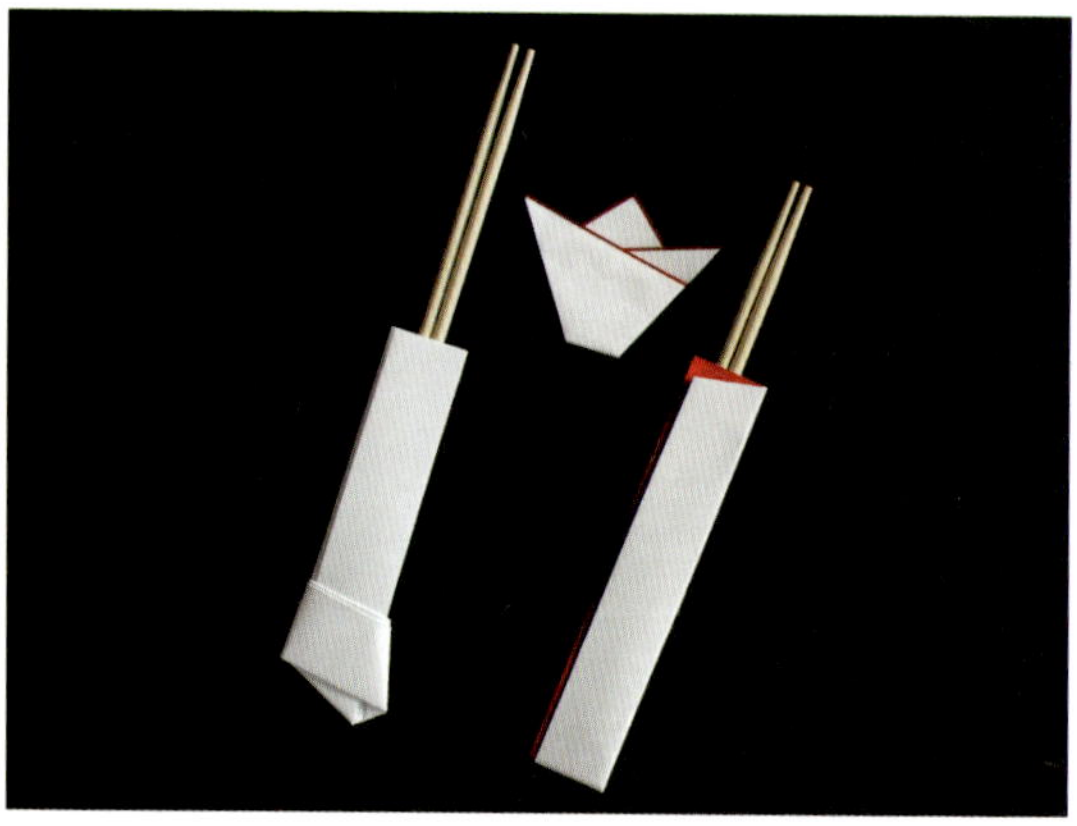

箸袋に入れた柳箸

折り方図の見方
－－－－－－－－山折り線（Λに折る）
－･－－･－－･－谷折り線（Ｖに折る）

箸包みⅰ

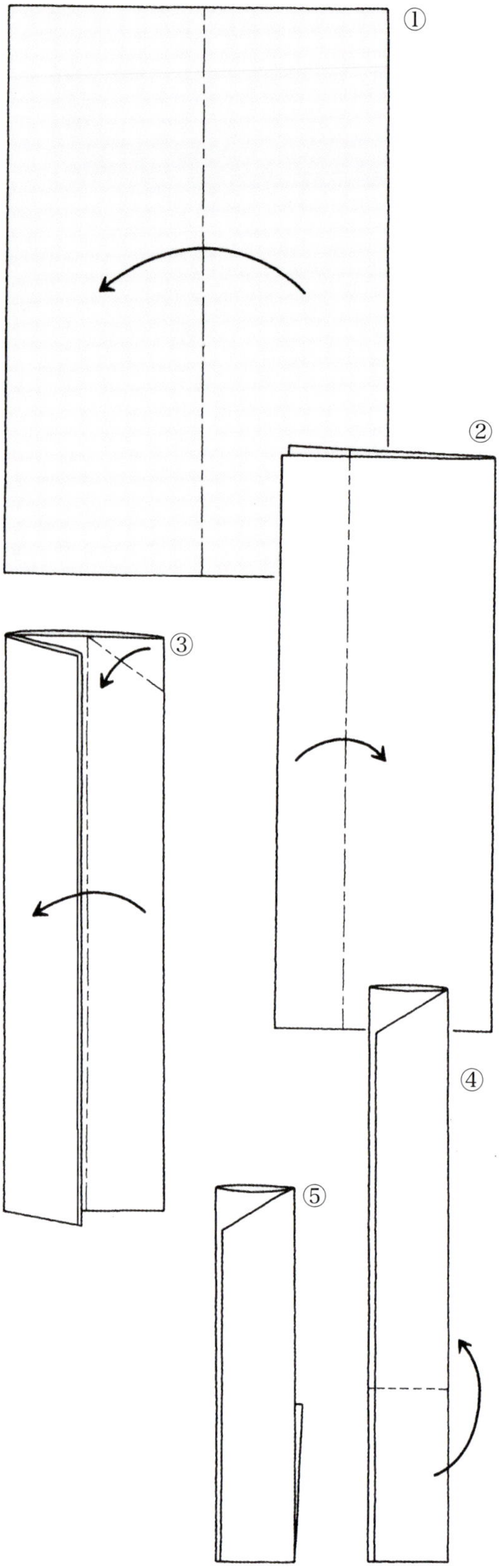

箸包みii

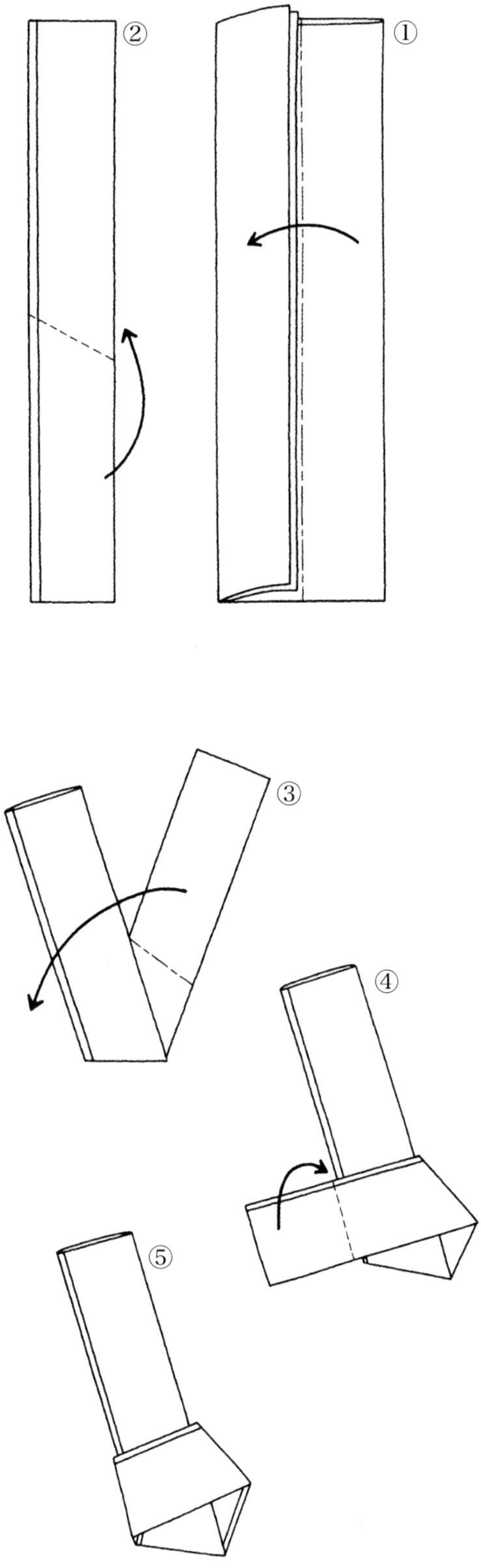

箸包みiii

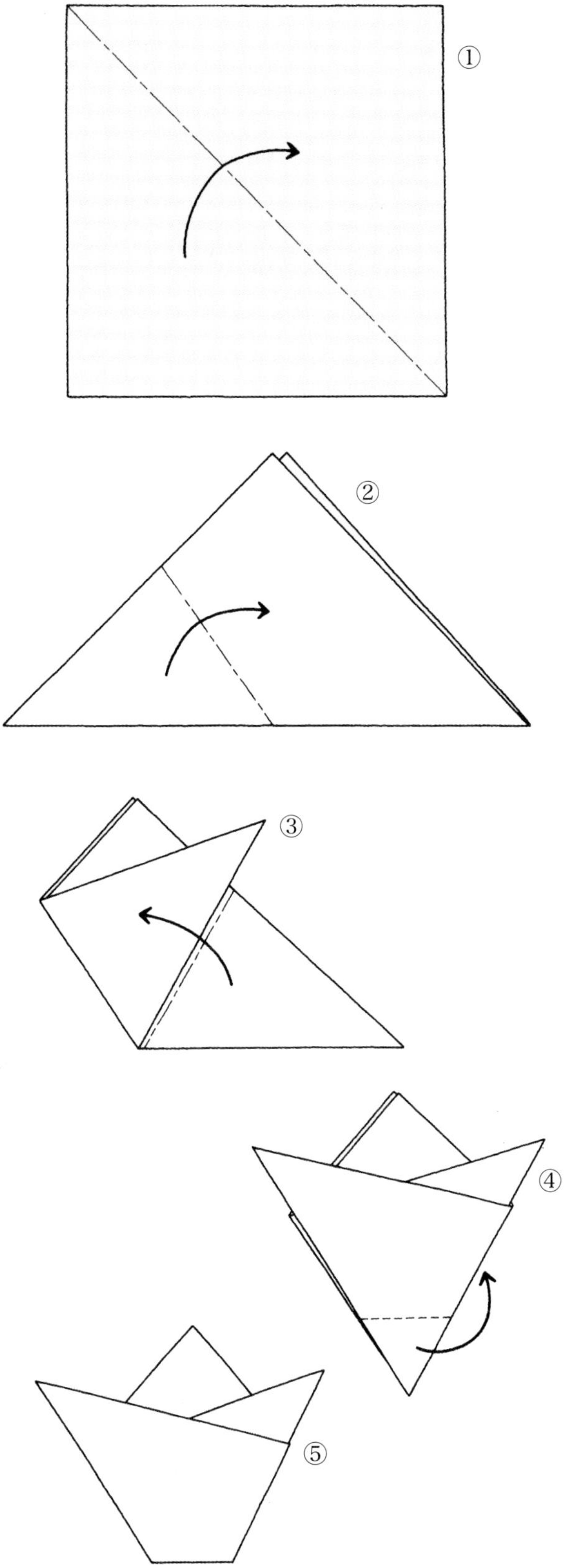

【紙幣包み】

「紙幣包み」は、包みのなかでも最も基本的なものですが、それだけに品格があり、しっかりと折り上げることがポイントです。この包みは「たとう包み」ともよばれます。紙幣をまず半紙などで包み（内包み）、さらにその上から包みます。

通常は、白の奉書紙を使用します。慶弔あらゆる事象に用いることができます。慶事には、赤奉書紙を重ね折りして、めでたさを表現します。そのさいは、表の左側に赤奉書紙がのぞくようにします。赤の配分は、全体のバランスを考えて折りましょう。弔事には赤奉書紙を用いません。

注意するべきは、裏側の折り重ねの部分です。慶事には、上・下の順に、弔事には下・上の順に折り重ねます。

紙幣内包み

折り方図の見方
－－－－－－－－山折り線（Λに折る）
－・―・―・―・谷折り線（Vに折る）

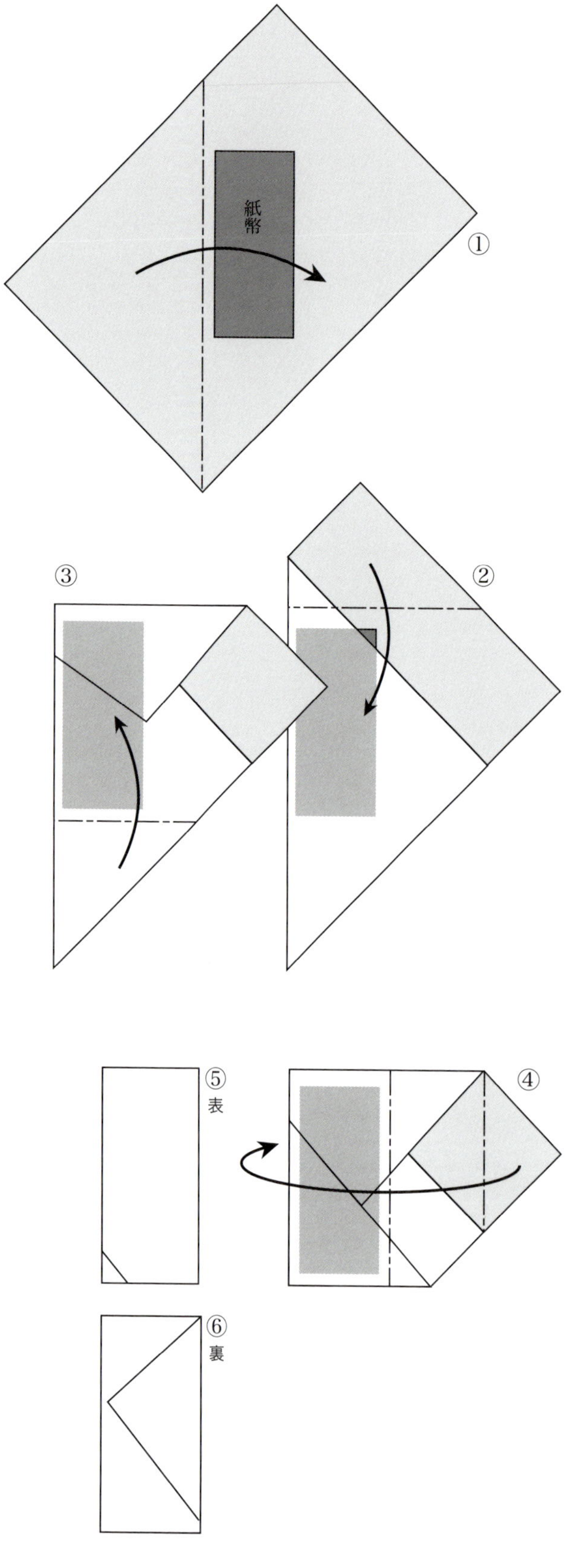

紙幣外包み

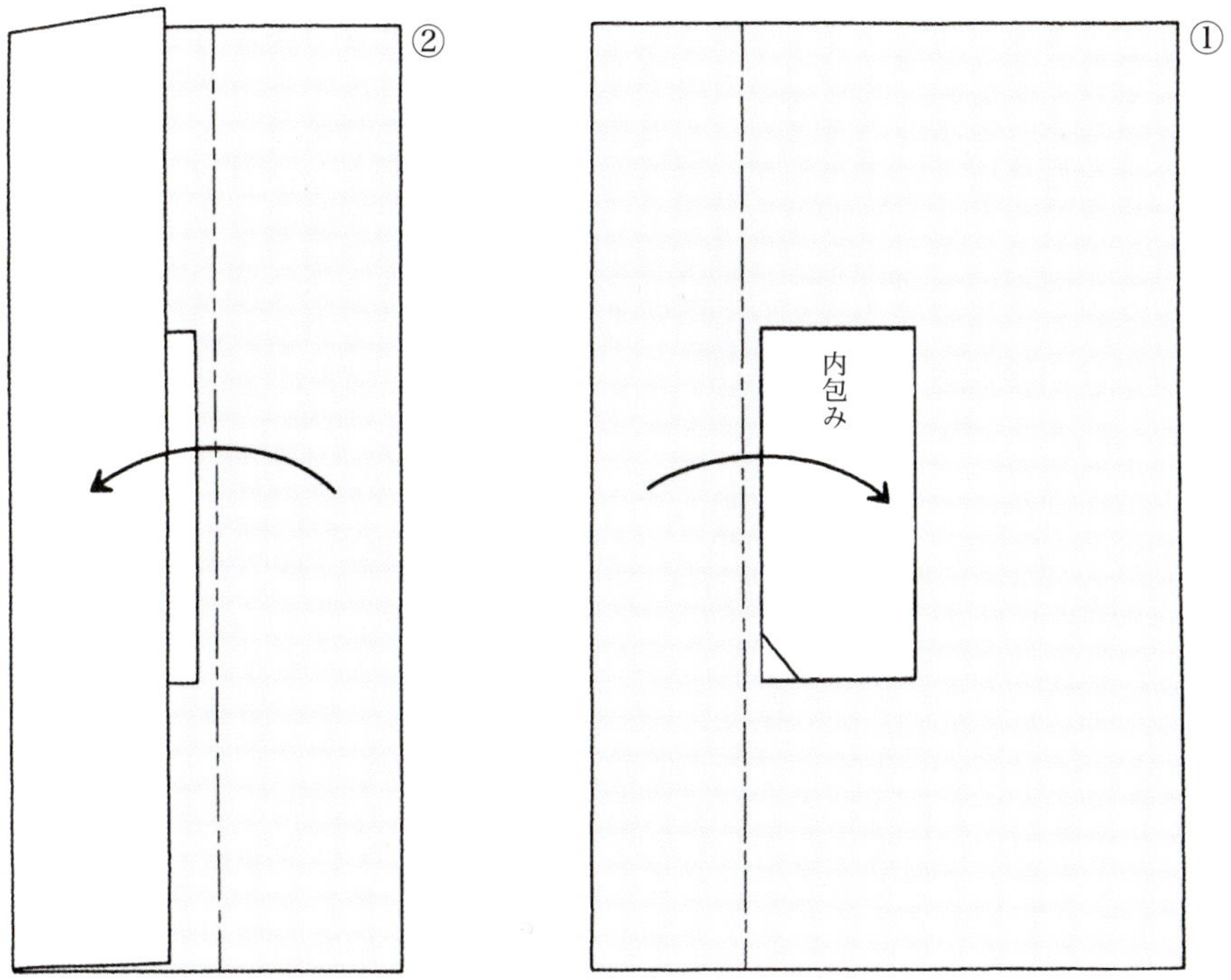

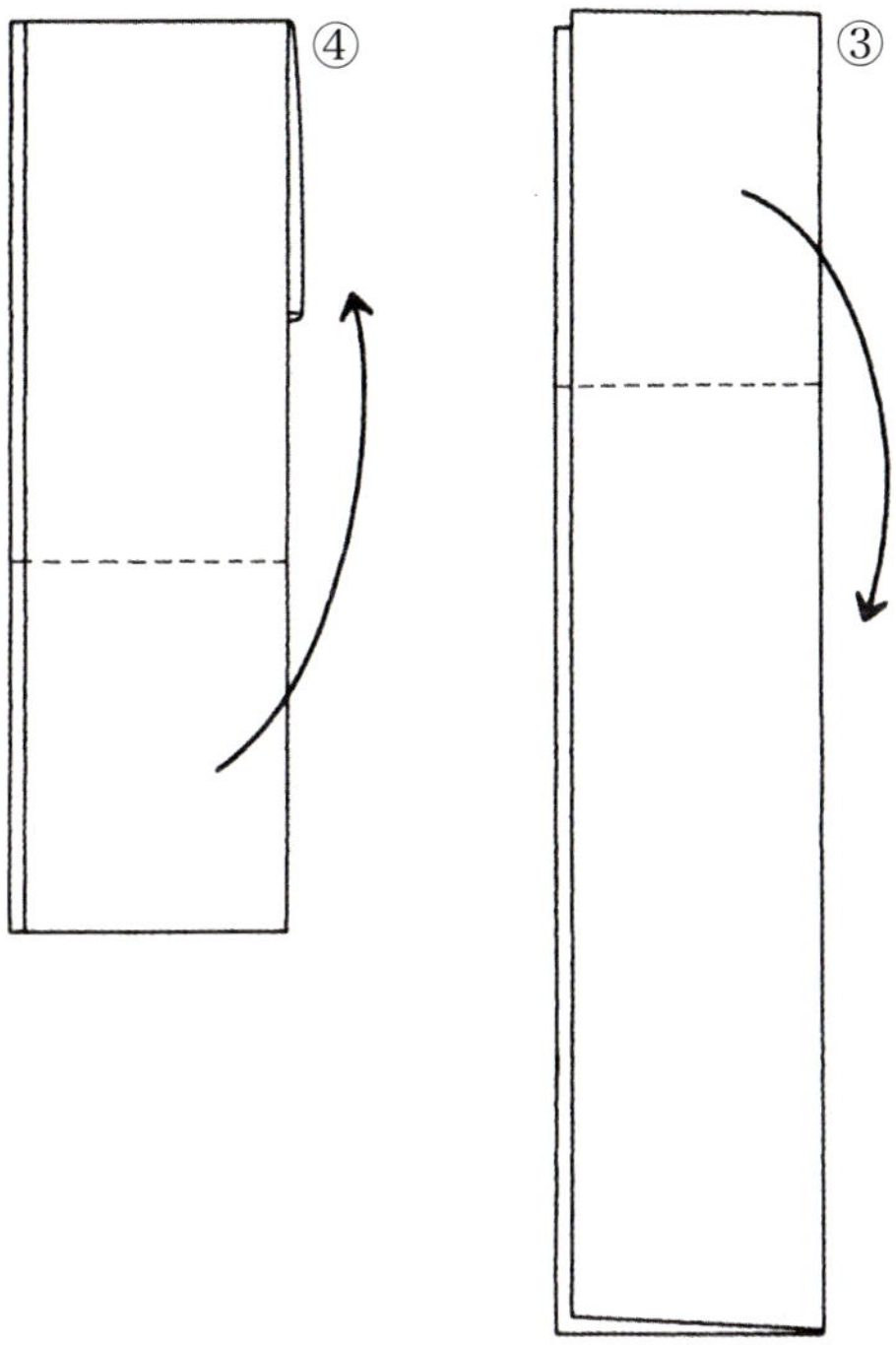

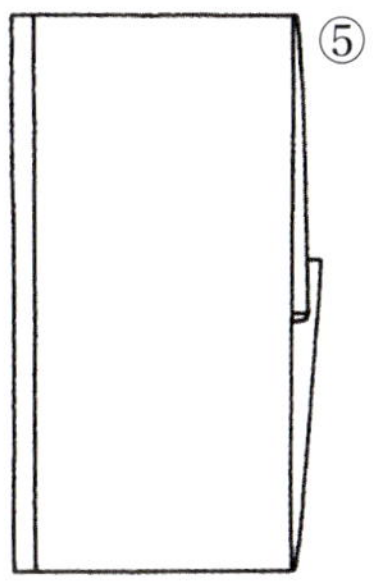

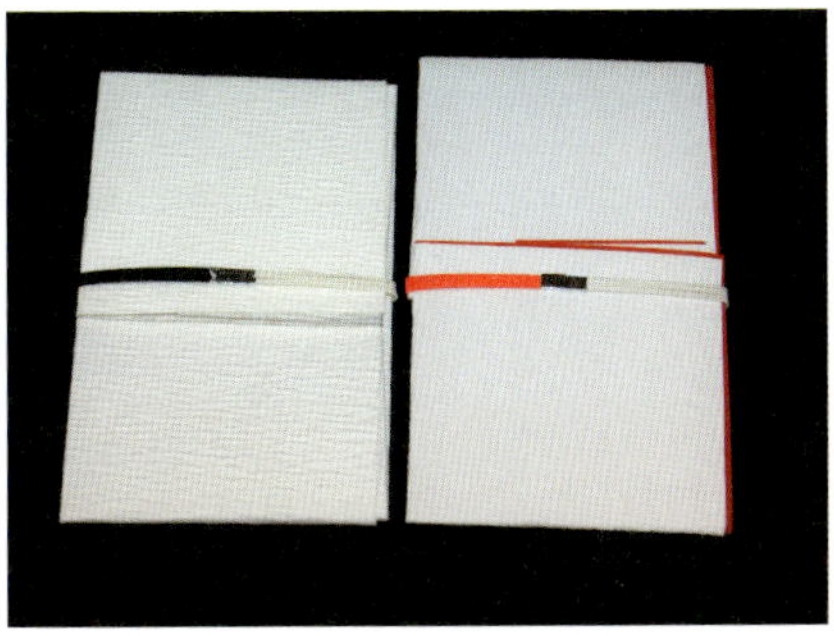

紙幣包みの裏側の折り重ね
慶事は下が手前
凶事は上が手前

【月謝包み】

お世話になっているお稽古事の先生に、紙幣をそのままむき出しの状態で差し上げることは、配慮に欠けます。なぜなら、紙に包んで差し上げようとするこころとその行為が、教授される側の感謝の気持ちを表すからです。

　この包みは万葉包みの一種であり、一般的な金子包みとしても応用できます。紙幣外包みと同じように、赤奉書紙を重ね折りします。

折り方図の見方
－－－－－－－－山折り線（Λに折る）
－·－－·－－·－－·谷折り線（Vに折る）

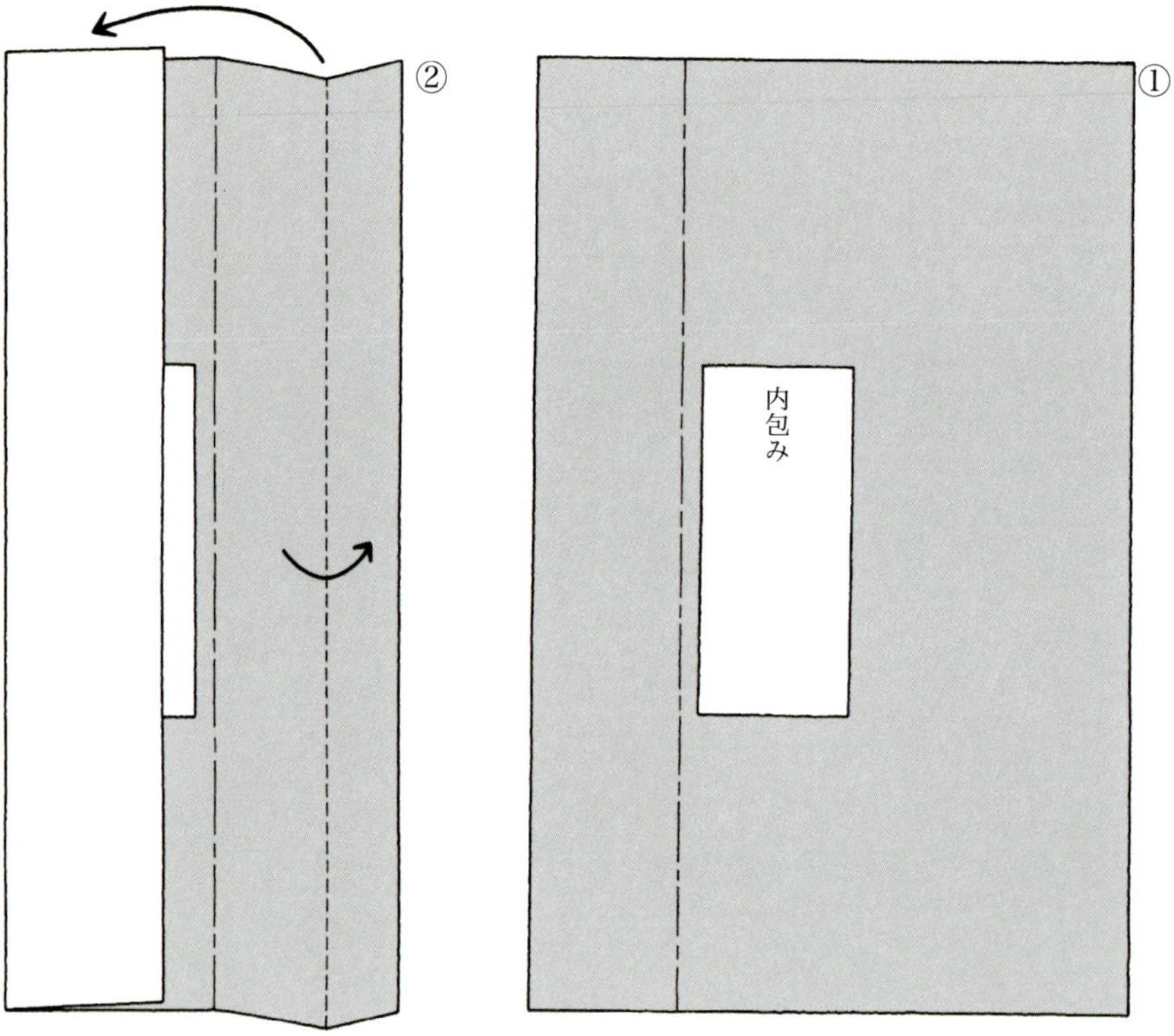

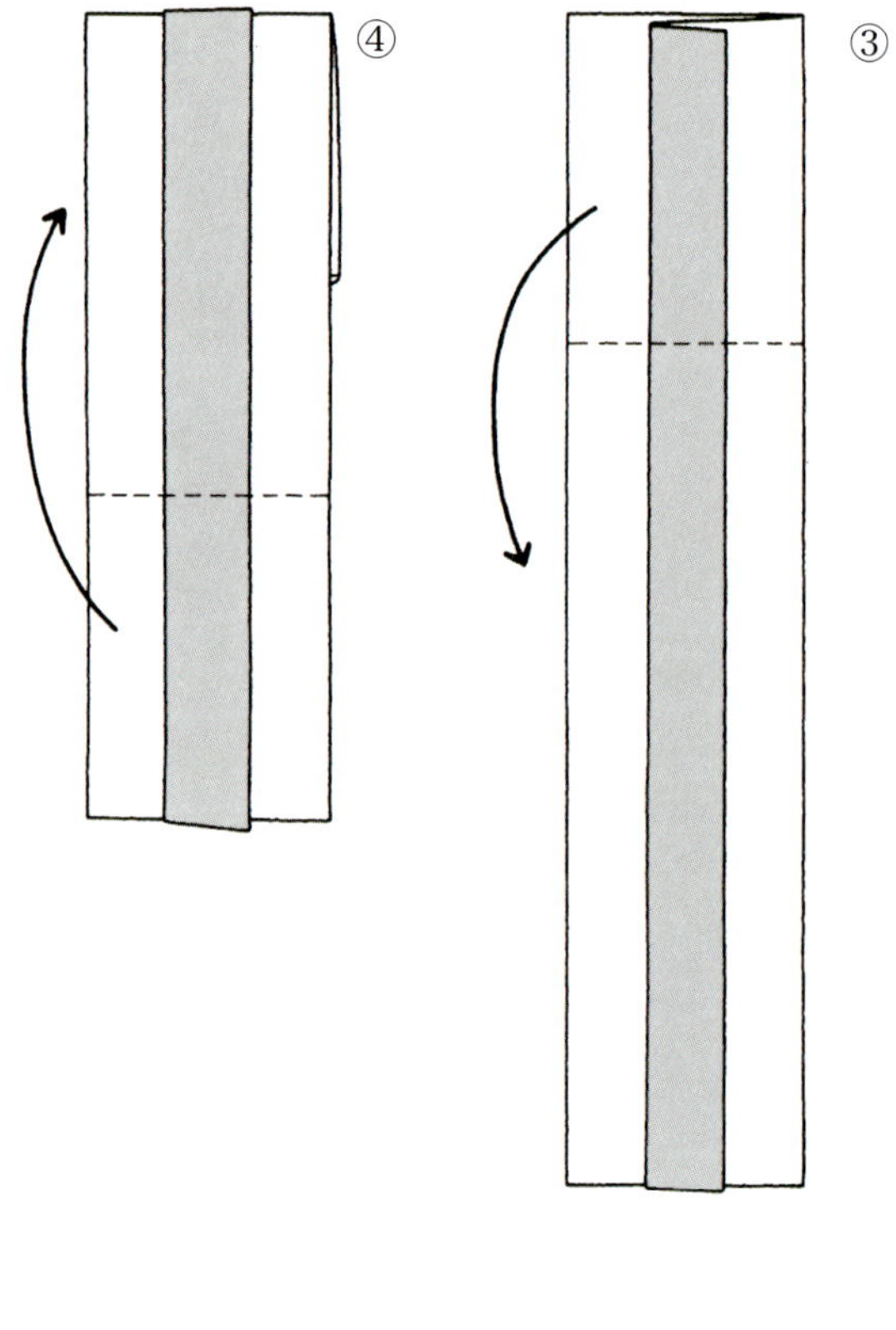

①紙幣の内包みを、左右中央より左寄りに置く。
②左側を折り包んだあと、右側をかぶせて、端を折り返す。
③上部を後ろへ折る。
④下部を後ろへ折る。

【こころづけの包み】

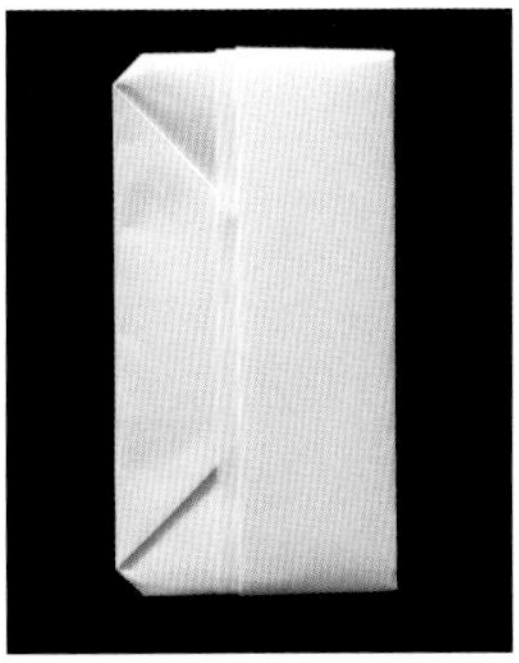

急にこころばかりのお礼を包みたいと思うさいに、手持ちの懐紙などを使用してつくります。慶弔にかかわらず、感謝の気持ちを包んで贈ることから「こころづけ」とよばれます。また急場でも簡易に包むことができるため「当座金子包み」ともいいます。

縁紅の紙を利用すると瀟洒《しょうしゃ》な趣きがあります。

①

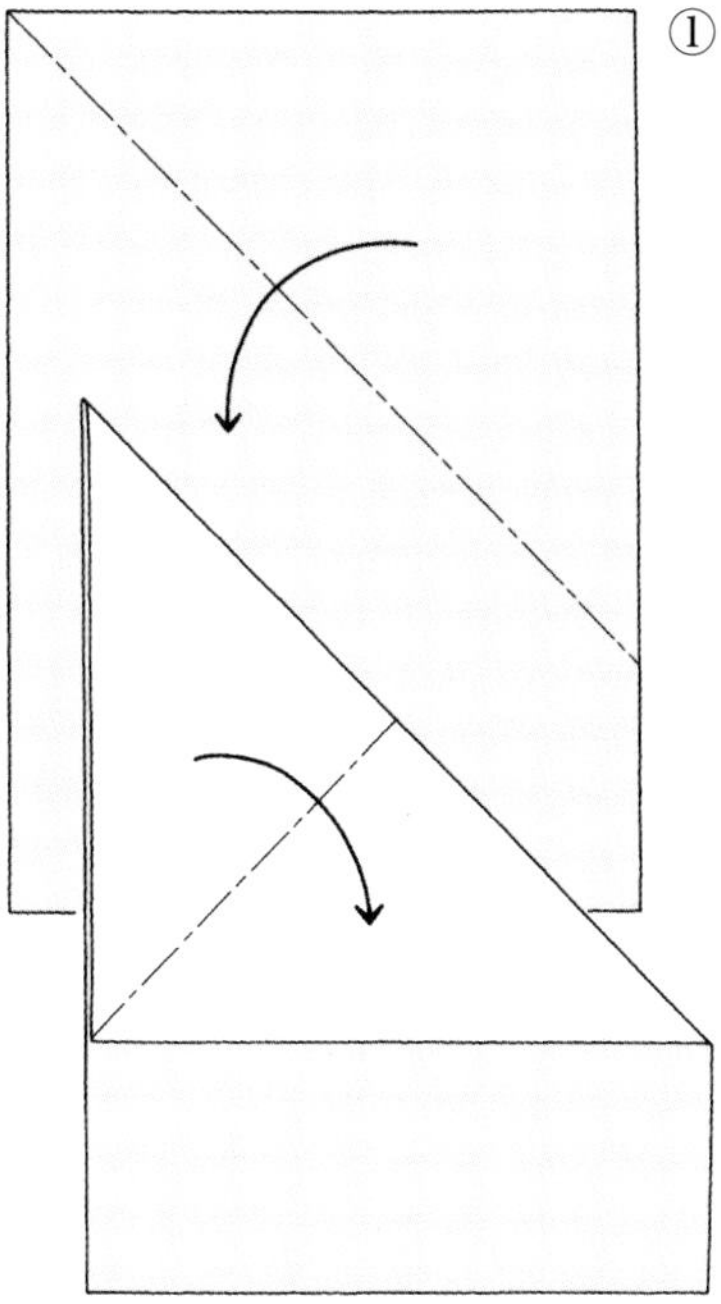

懐紙の場合

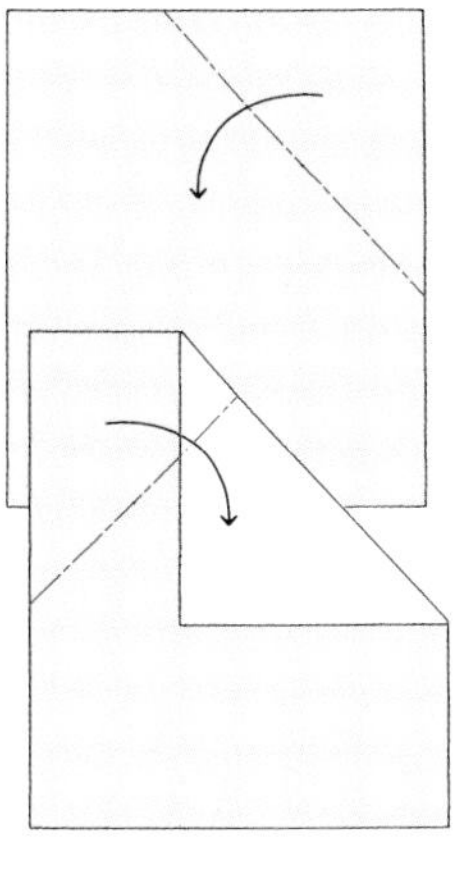

①長方形の紙の両角を折る。
②三角の袋状になった内側に紙幣を入れて下に折る。紙の大きさによっては、紙幣を折りたたんで入れる。
③下部を、三角部分に半分かぶさる程度に折り上げる。
④さらに、半分より少し短く折り上げる。
⑤両端を裏側へ折る。

②

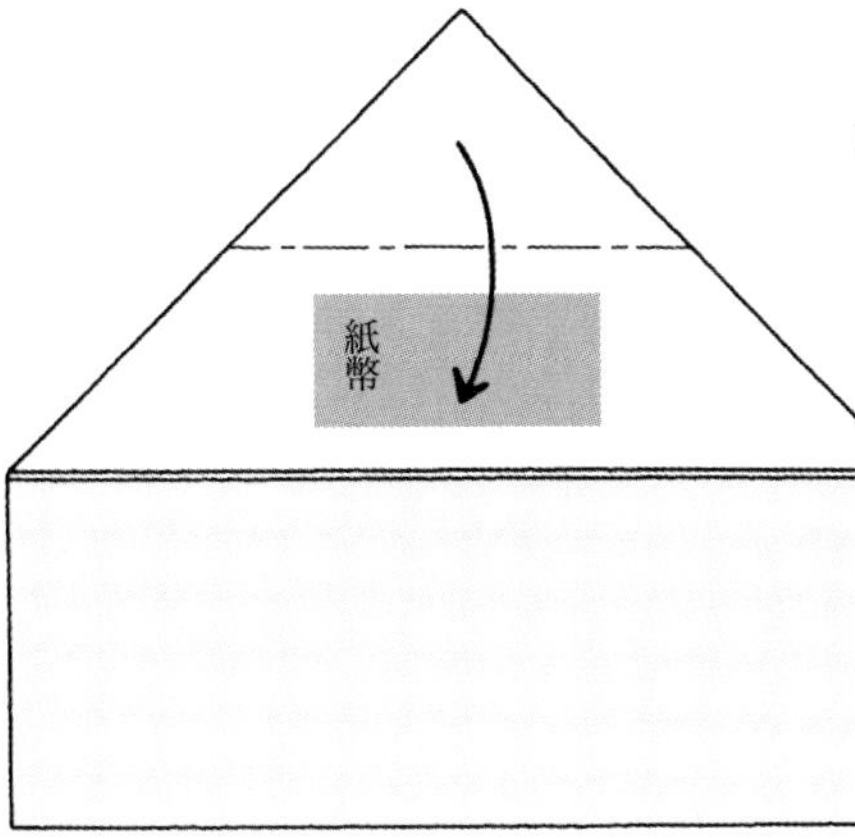

③

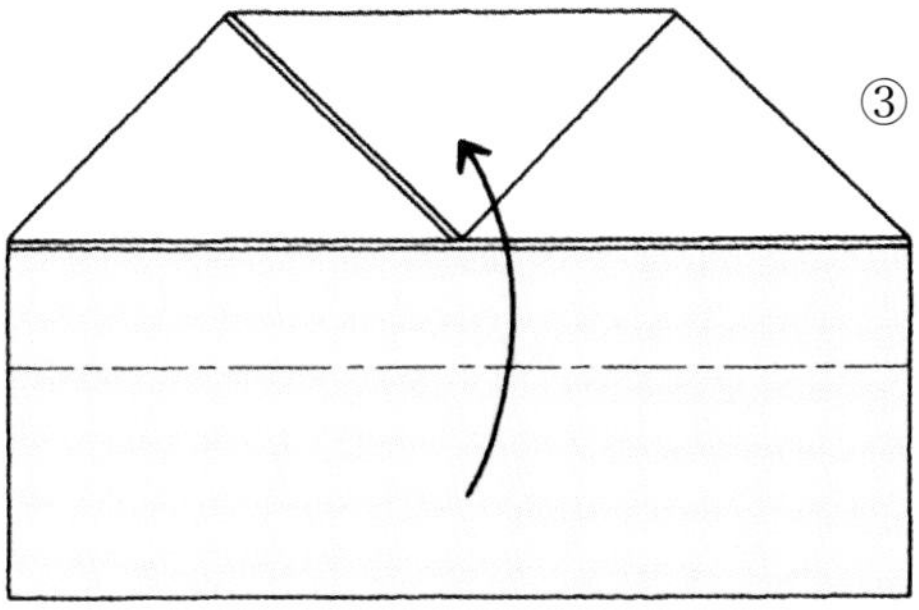

④

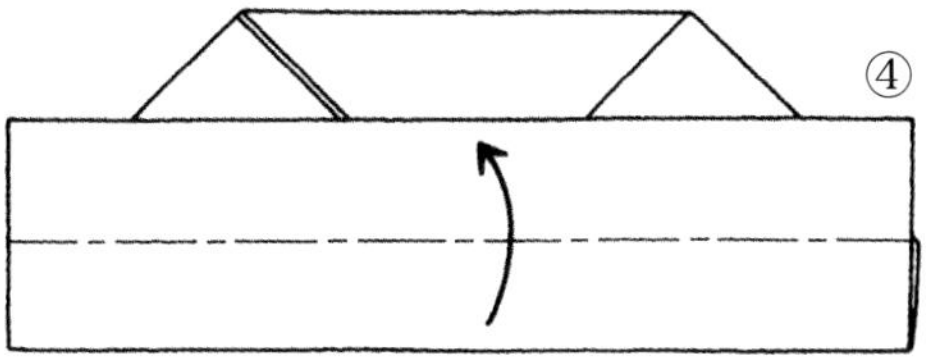

⑤

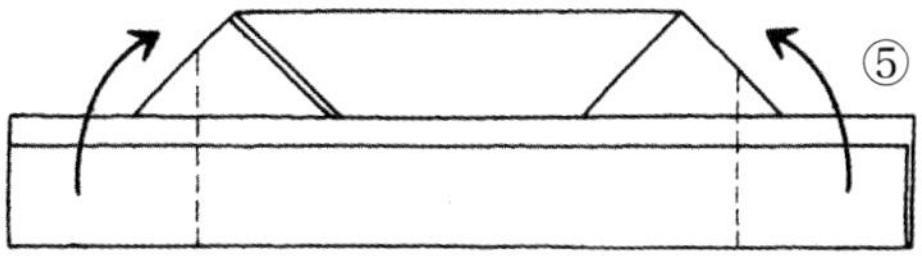

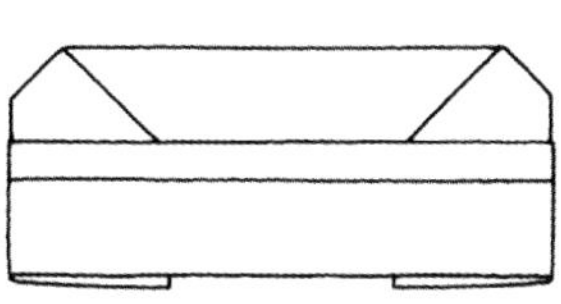

【鶴の年玉包み】

子供にとってお年玉を受け取ることは、うれしいものですが、その楽しさをさらに引き立ててくれるのが、この「年玉包み」です。

何度も折り直していると、鶴の線がシャープに仕上がらないので、手早く折り上げることがポイントです。鶴の体の中心に縦線が入らないように折ると、いっそう美しい仕上がりとなります。

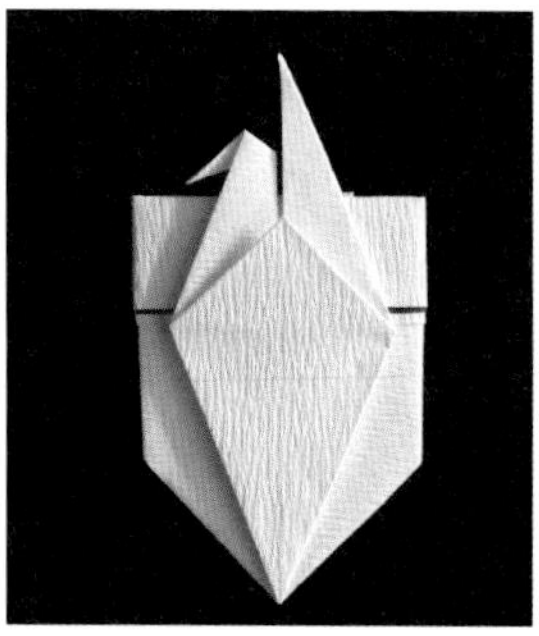

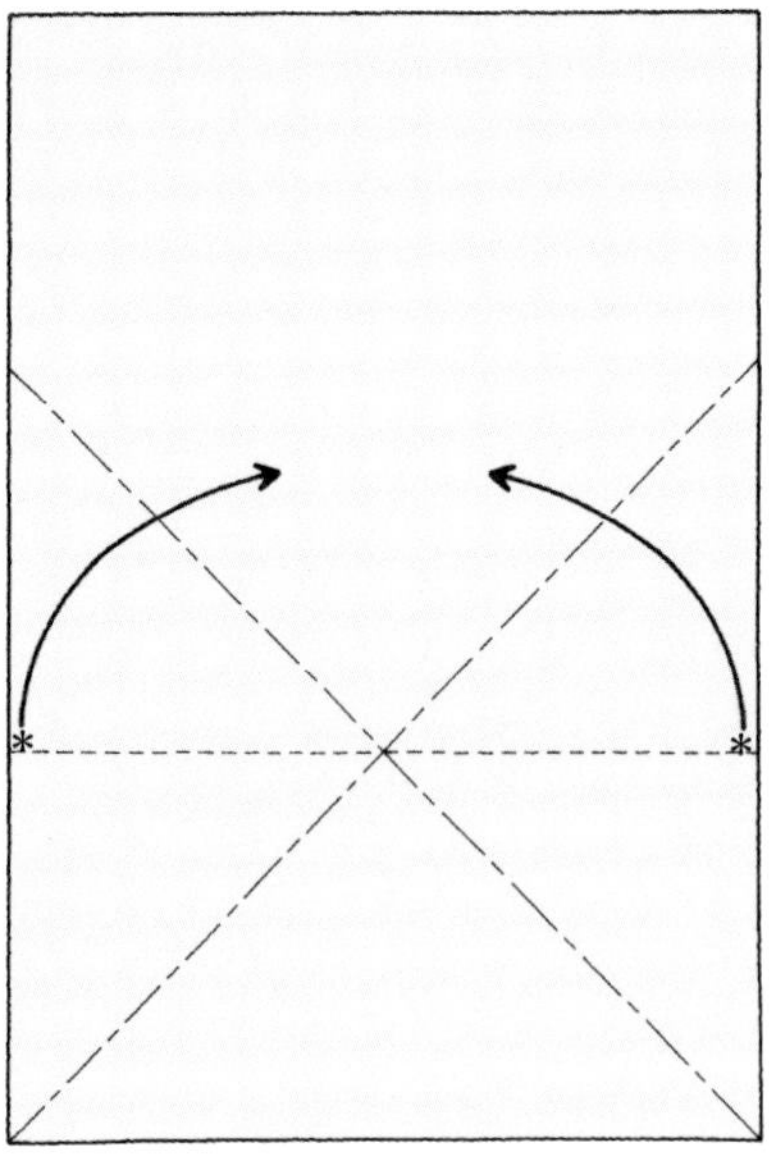

右図の通り山・谷に折り、折り目をつけていったん開く。＊同士をあわせて三角の袋状にする。

①

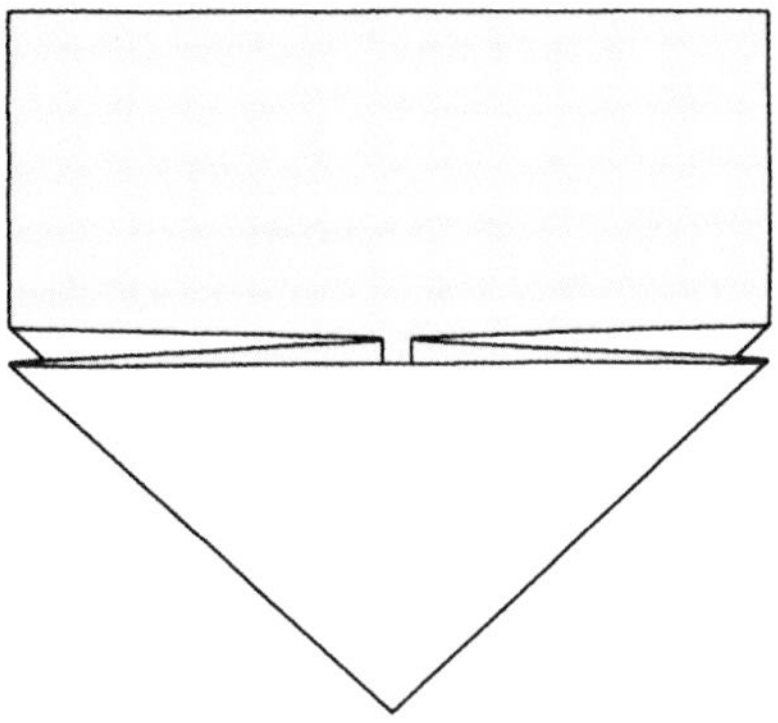

②

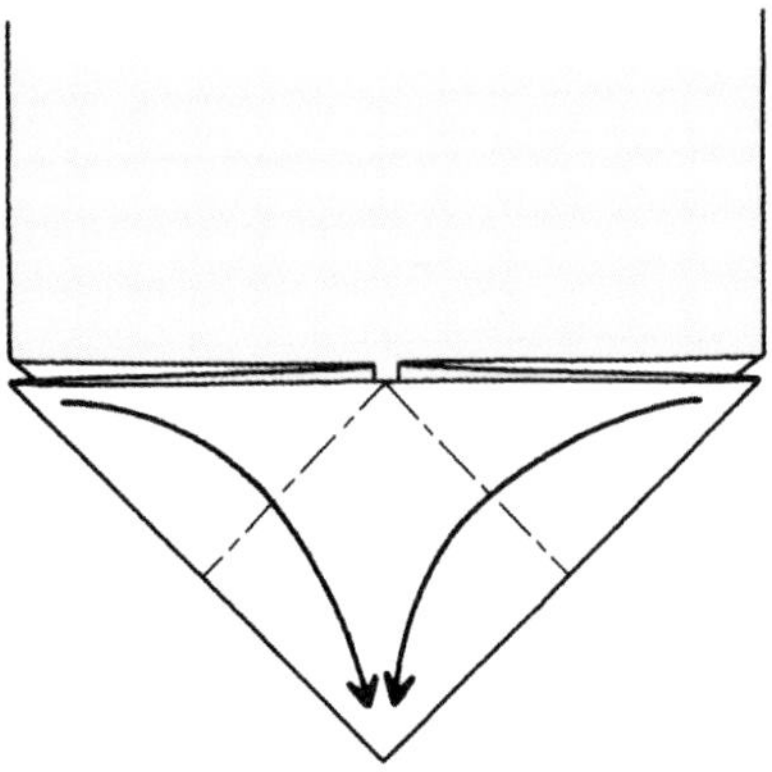

左右の端を図のように折って折り目をつけ、①の状態にもどす。

③

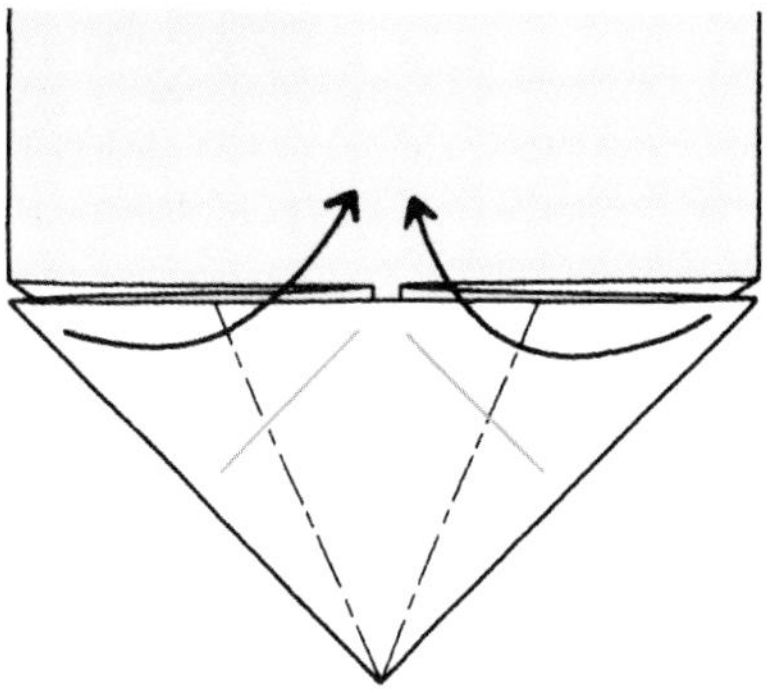

さらに図のように折って折り目をつけ、①の状態にもどす。

④

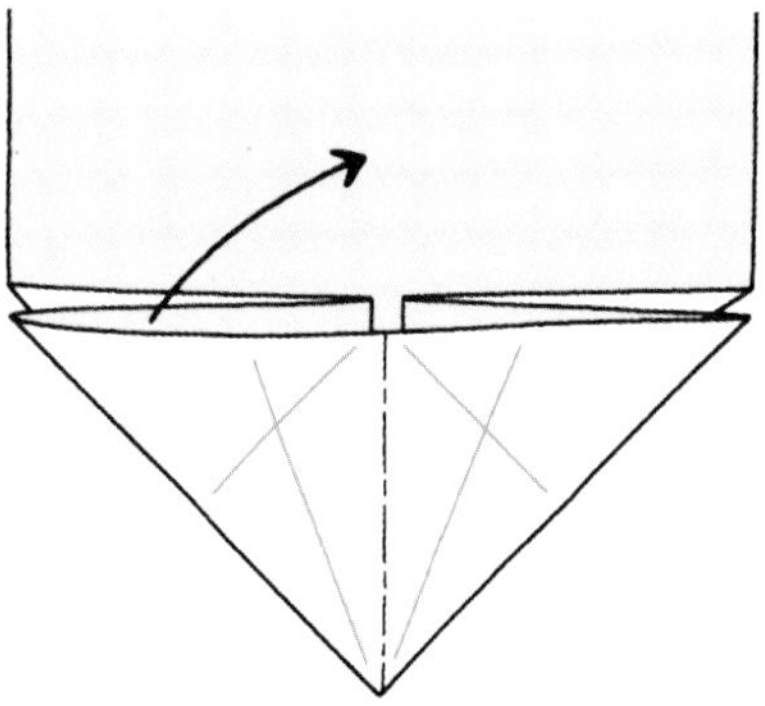

③の折り線を山折り、左右の折り端を谷折りにしながら、内側に折りこむ。

⑤

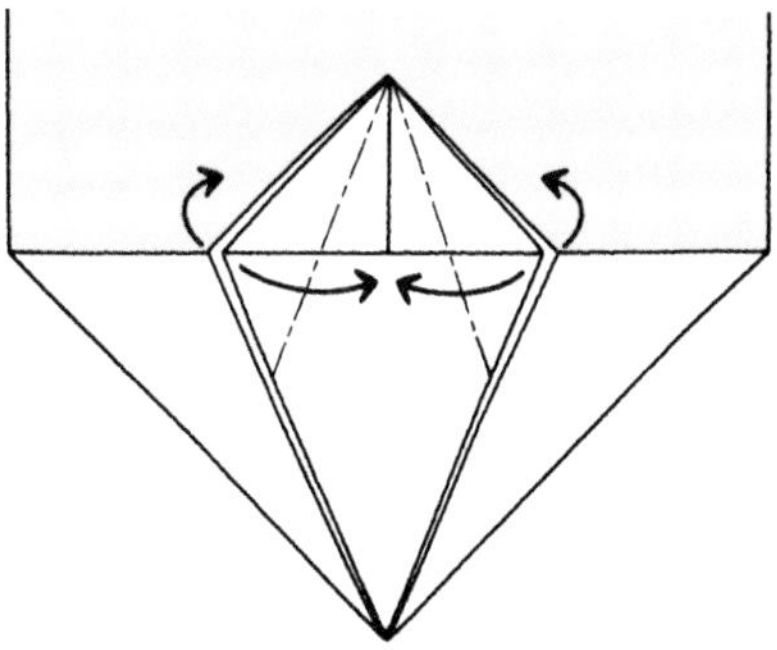

前と後ろの左右の端を図のように折って⑥のようにし、折り目をつけて⑤にもどす。

⑥

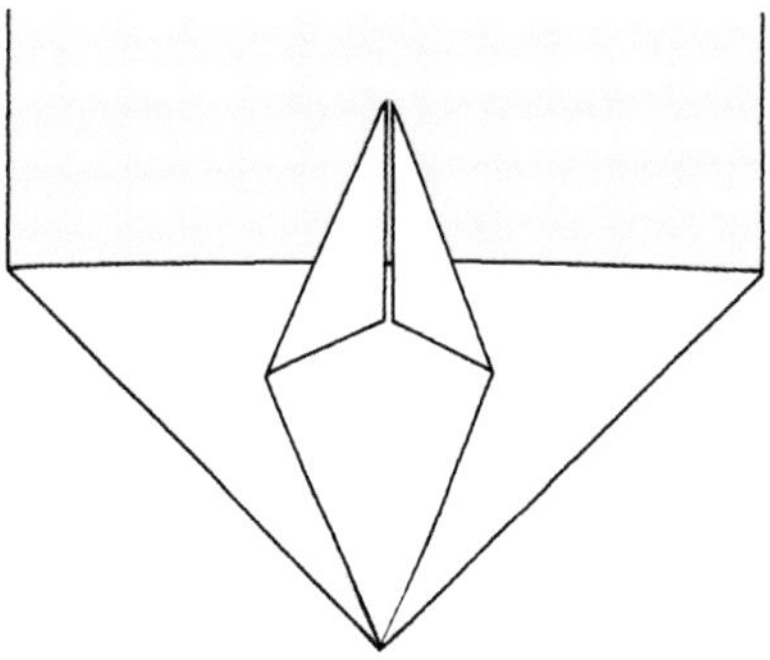

折り方図の見方
－－－－－－－－山折り線（Λに折る）
—·—·—·—·谷折り線（Vに折る）

⑦
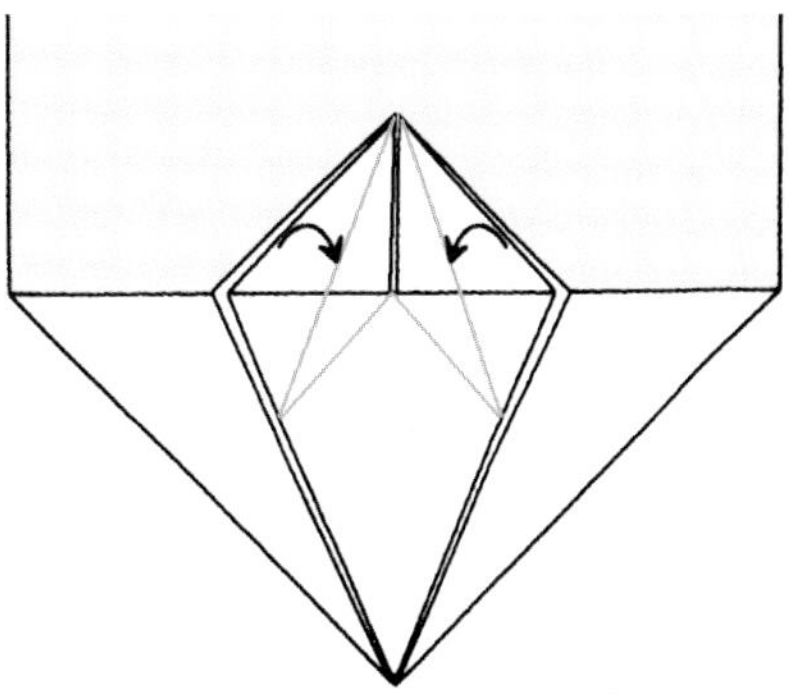

折り目にそって前と後ろをそれぞれ袋状に折り直しながら、⑧のかたちにする。

⑧
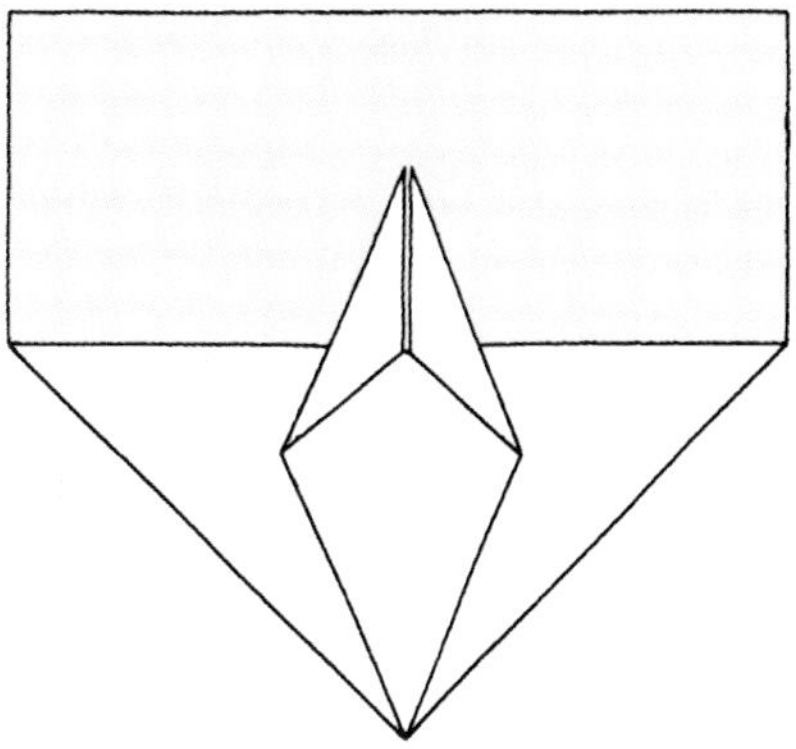

⑨
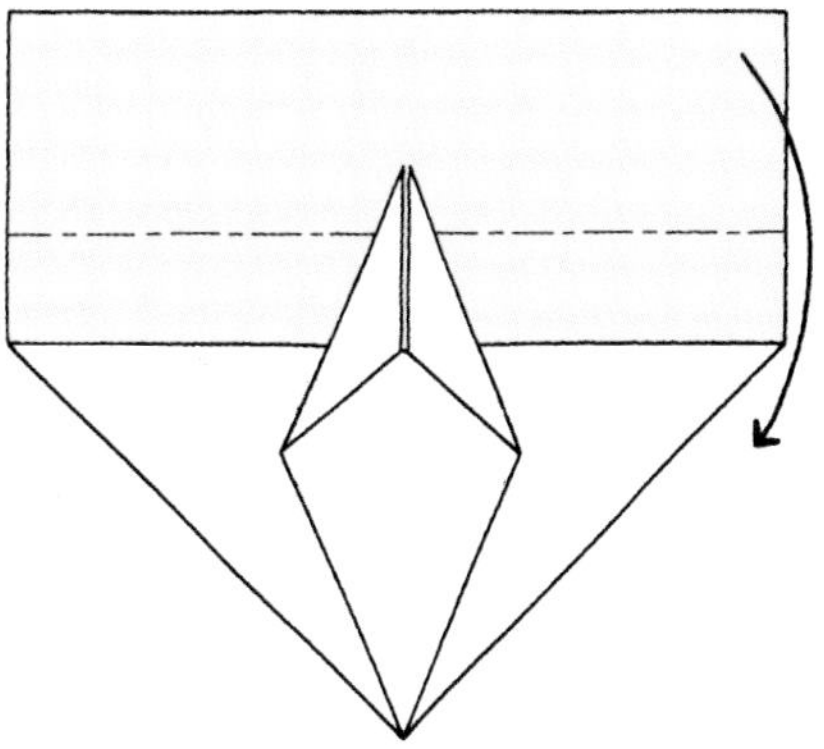

袋部分に紙幣を入れ、後ろの紙を手前に折って封をする。

⑩
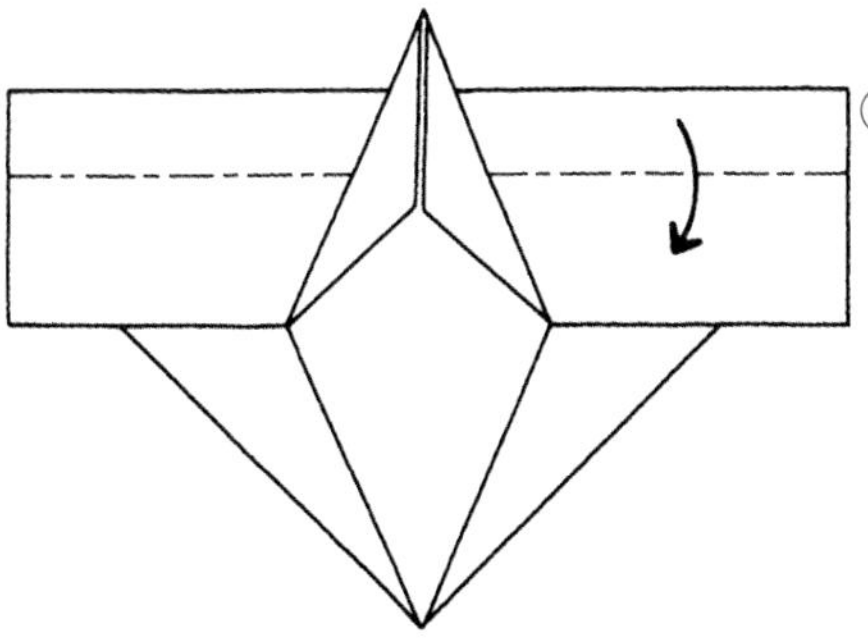

さらに手前に折る。このとき、折り幅を半分より少し短めにする。

⑪
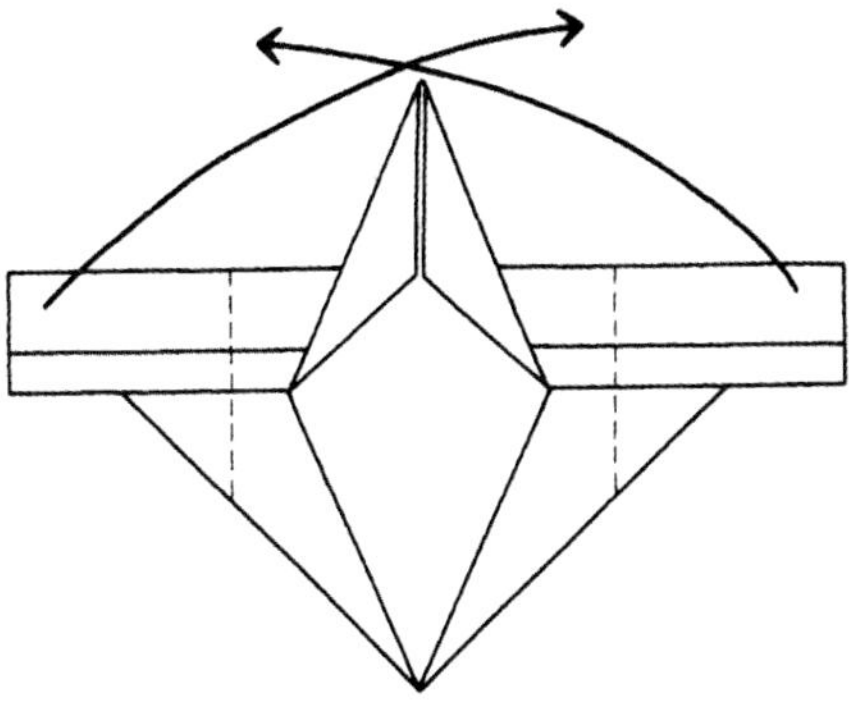

両端を後ろへ折って重ねる。

⑫
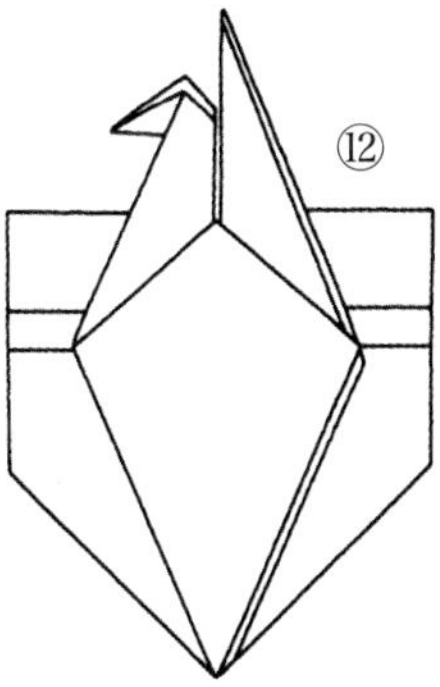

鶴の頭部を折って、完成。

【鶴の祝い包み】

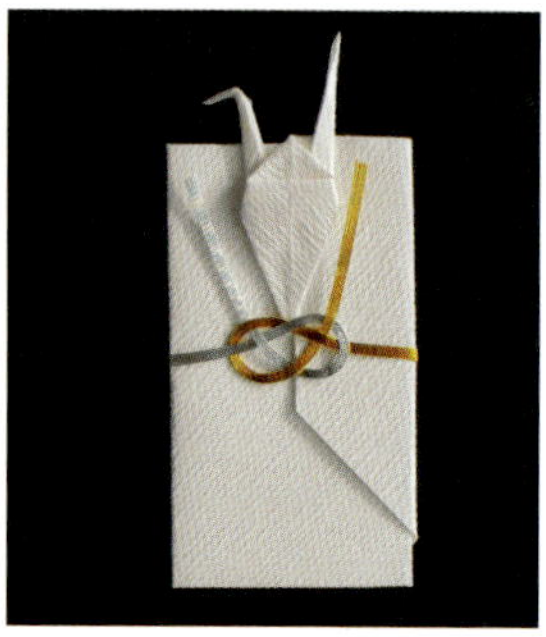

昔から日本においては、長寿である鶴亀をいずれもめでたいものとして、種々の縁起物に用いてきました。

これは、鶴が中心にくる祝儀の包みです。この包みを正式なお祝い用として使用する場合は、紙幣外包みなどと同様に、包みの右上に熨斗をつけ、水引をかけます。

また通常の表書きは包みの中心に書くことが多いですが、この場合は右上に「御祝」や「寿」、左下に自分の氏名を記入します。

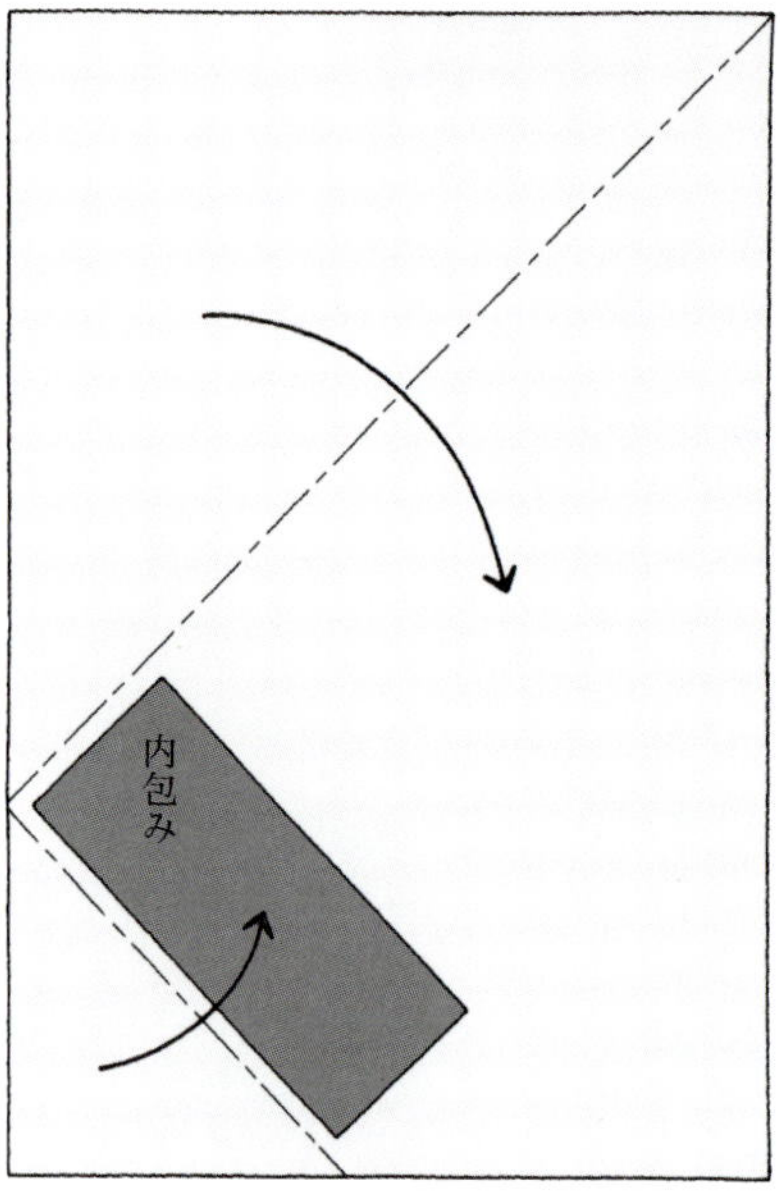

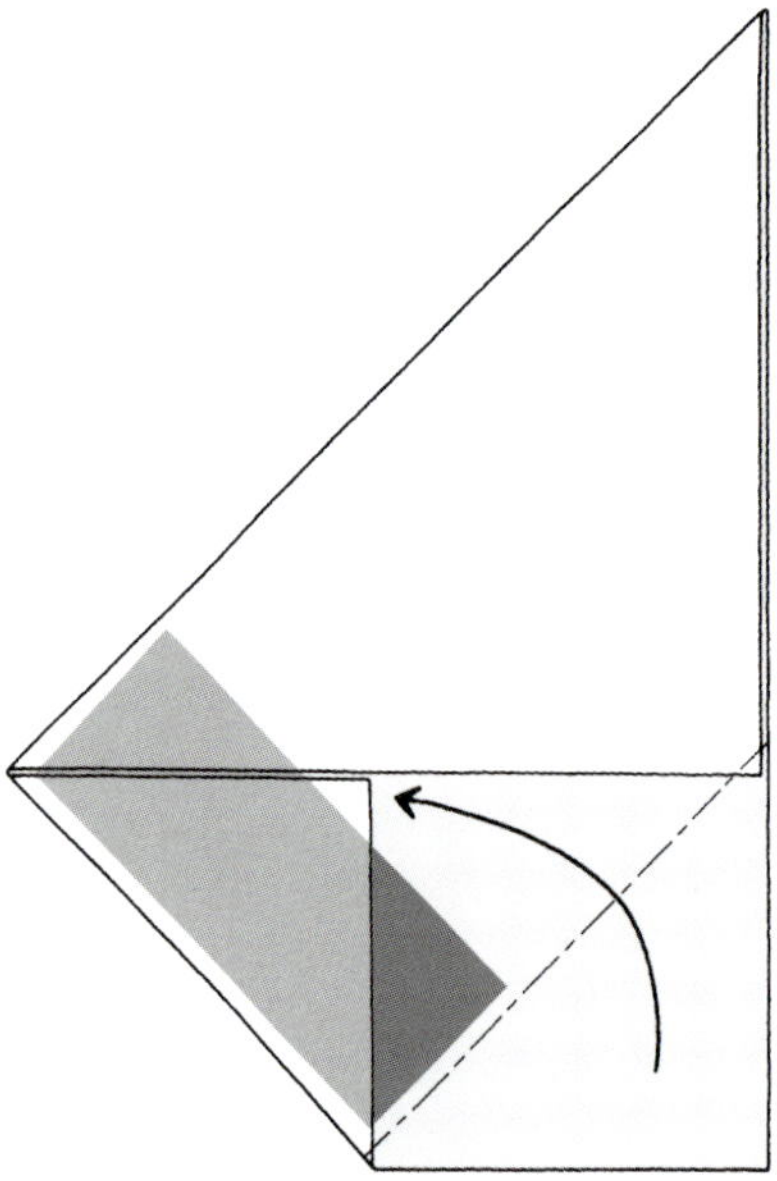

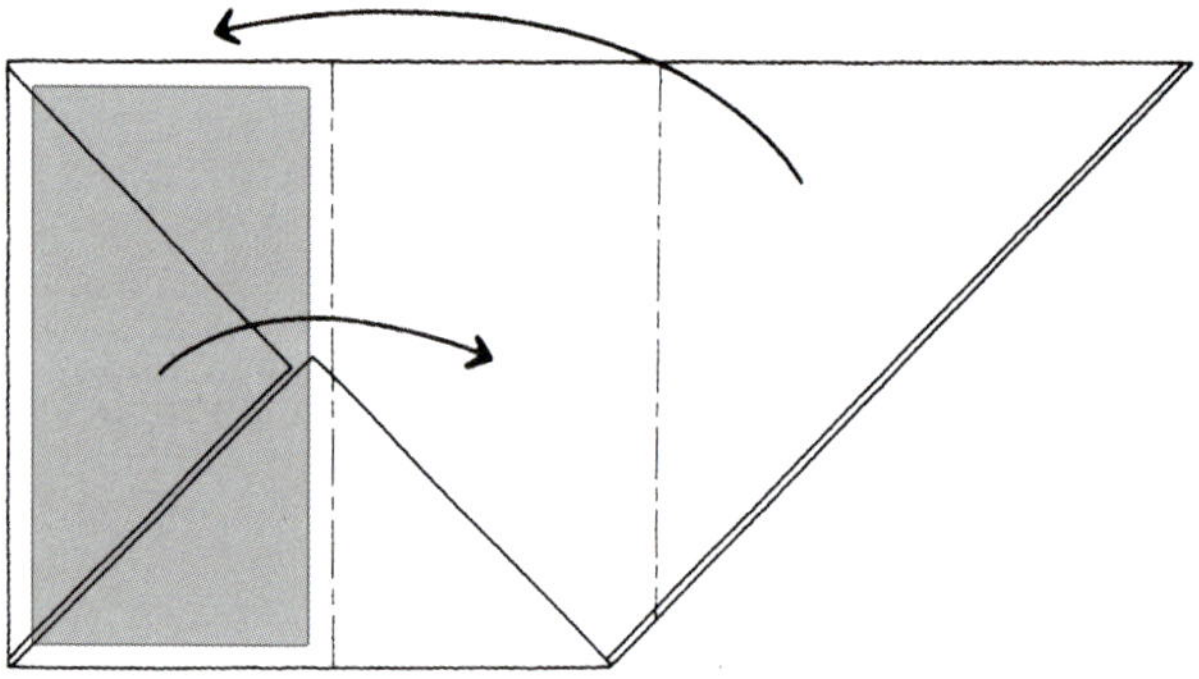

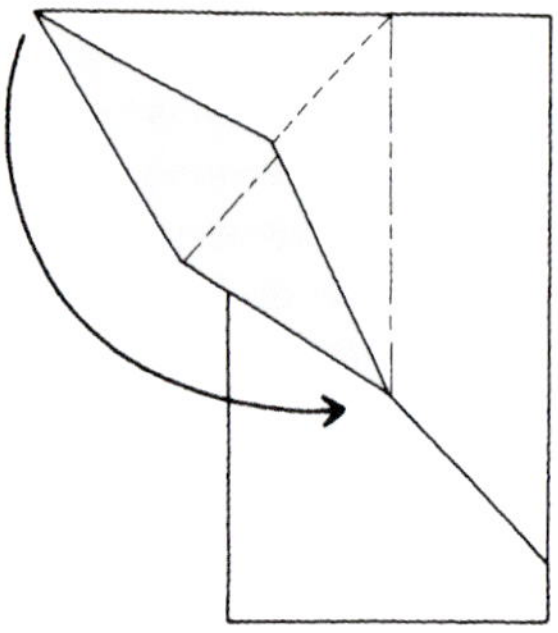

①②内包みを紙の上に置いて、図のように折り包む。
③内包みがまっすぐになる向きに置き直し、図のように折り包む。
④裏返して、三角の部分を中心で袋状に開く。

折り方図の見方
– – – – – – – –山折り線(Λに折る)
–·—·—·—·谷折り線(Vに折る)

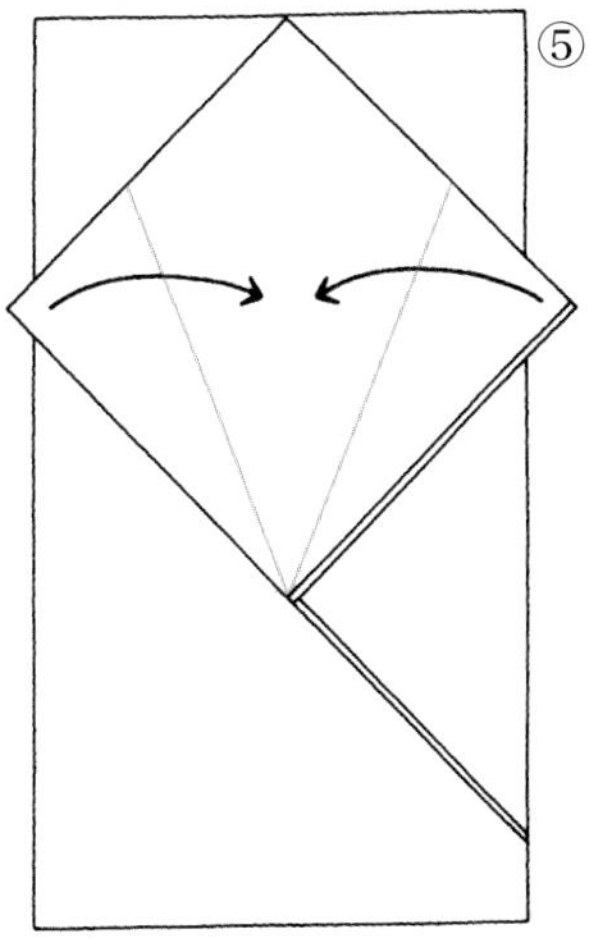

⑤

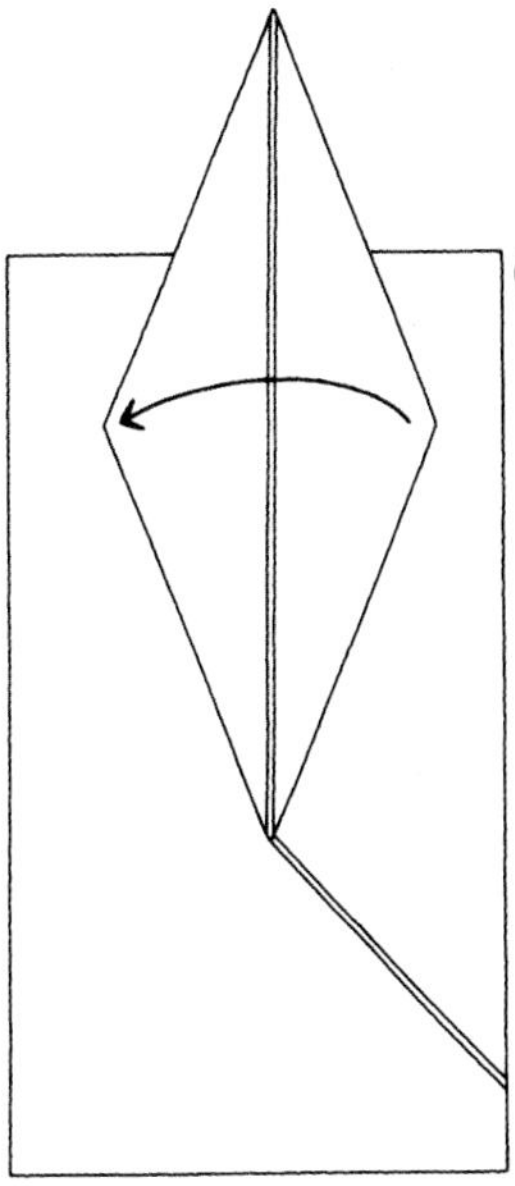

⑥

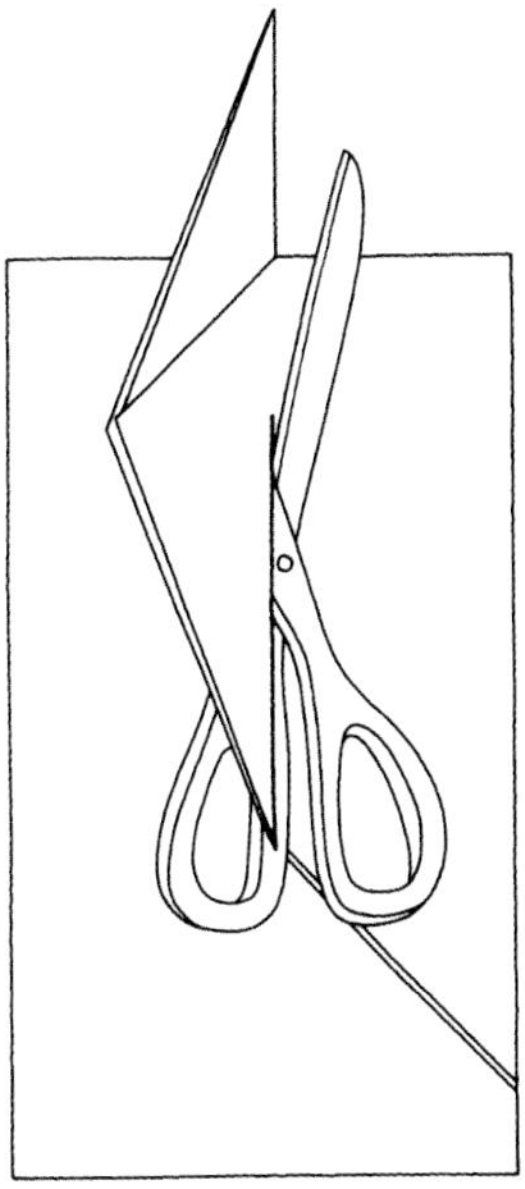

⑦

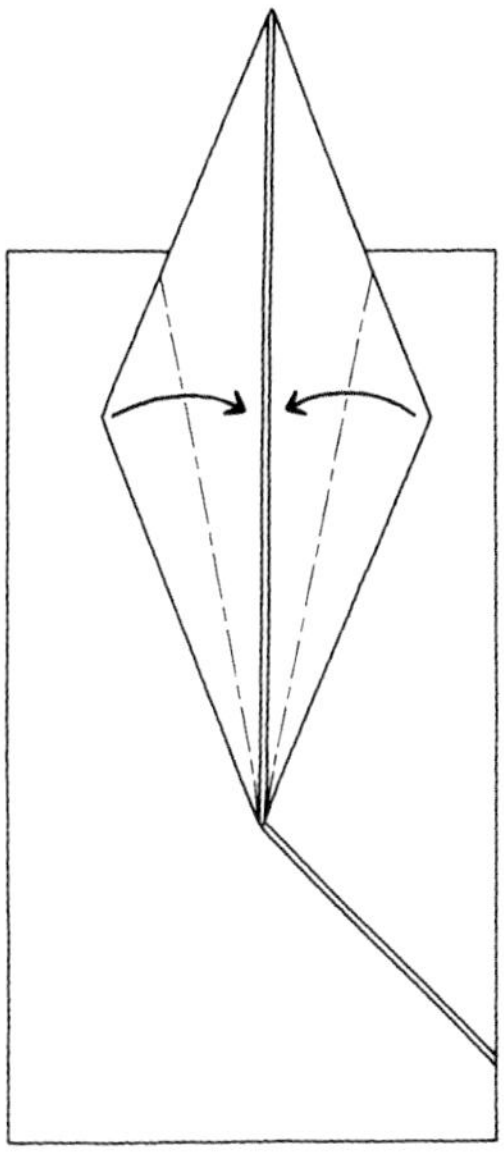

⑧

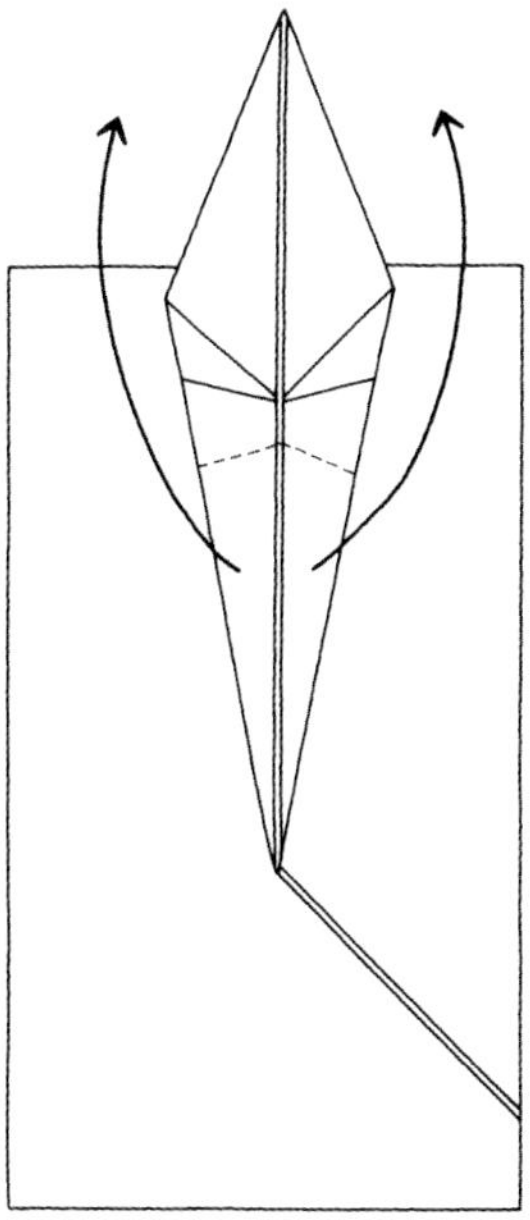

⑨

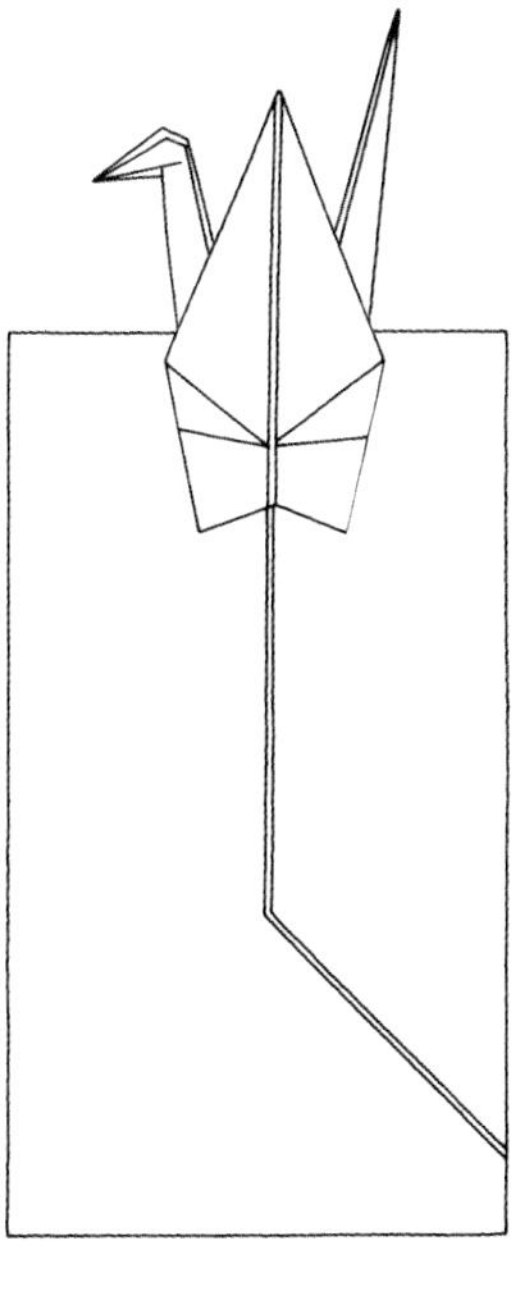

⑩

⑤包みの中央に鶴を折る部分としての四角形ができる。
⑥鶴を折るように、左右を折り開き、右を左に重ねる。
⑦中央部分をハサミで切る。
⑧左右を開いて、それぞれ内側に折る。
⑨切り離した部分を後ろへ折り上げる。
⑩左側を鶴の頭に折る。

【敬老の祝い包み】

生年干支《えと》がひとめぐりして、暦が元に還る年齢を「還暦《かんれき》」とよびます。人間五十年とうたわれた昔は、六十まで生き長らえることが、おめでたい出来事と考えられていました。

　暦がめぐってまた自分の生年干支を迎えることは、新しい命の再生とも考えられます。これからまた、この世に誕生したばかりの赤子のように新しい暦を生きるということで、赤い衣を贈る風習が生まれました。

①

②

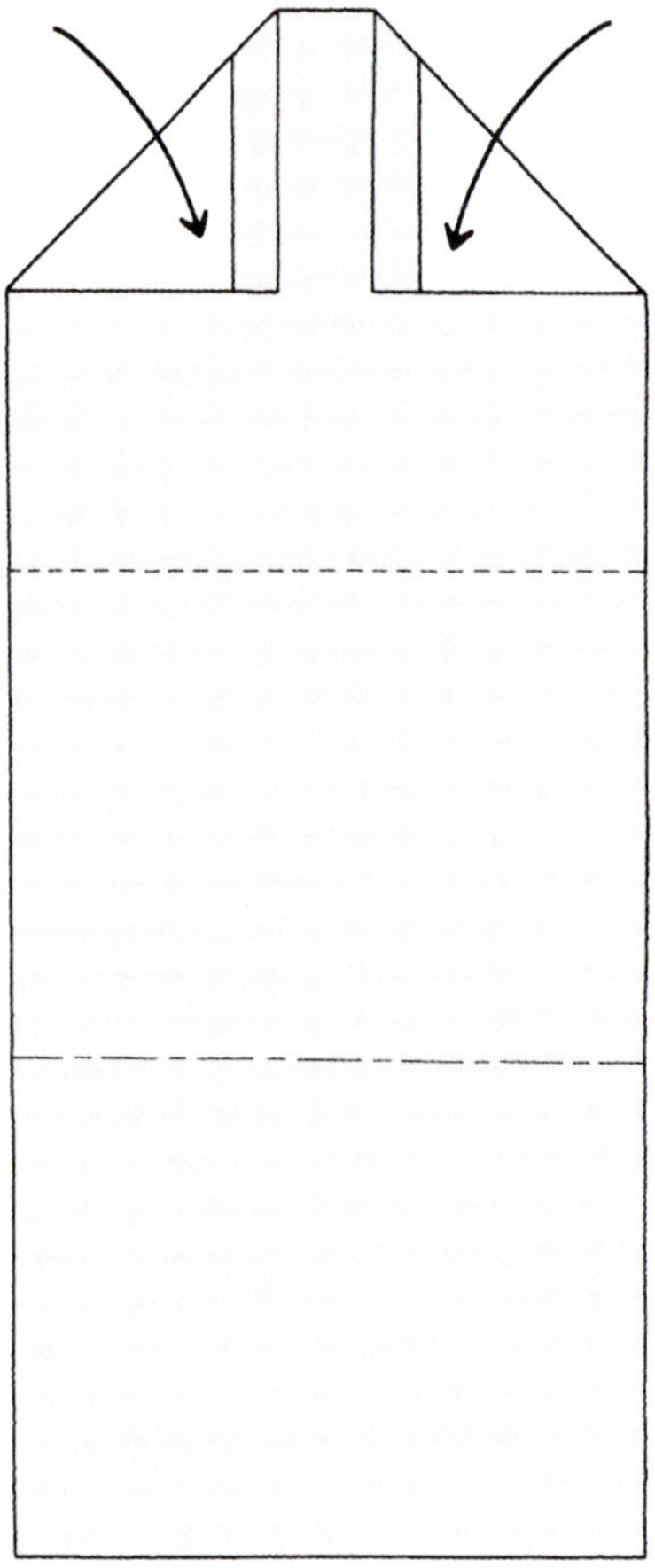

③

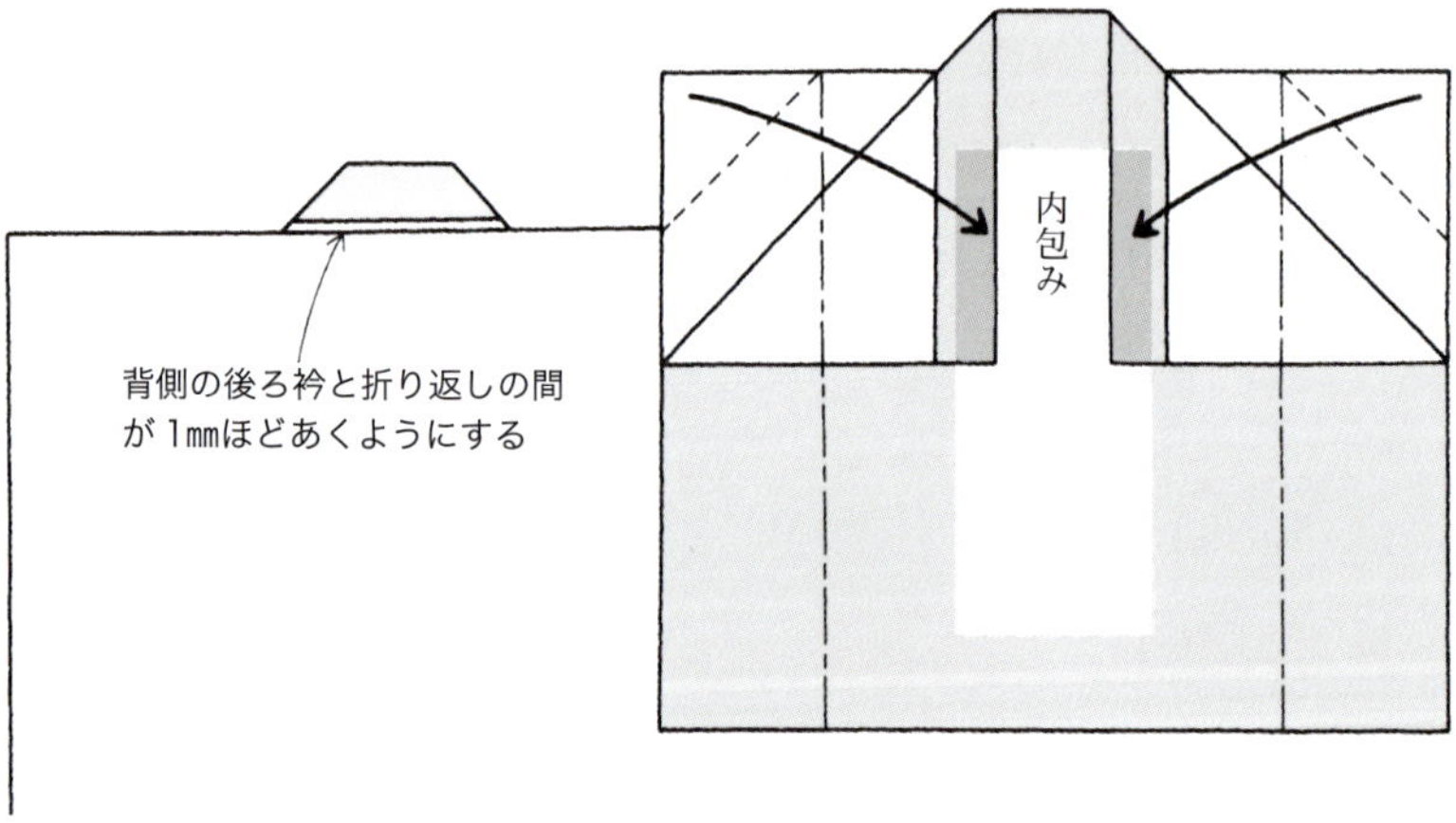
内包み
背側の後ろ衿と折り返しの間が1㎜ほどあくようにする

ちゃんちゃんこを象《かたど》ったのがこの折形です。現在では、還暦に限らず、敬老の祝い包みとしても用いられます。

折り方図の見方
－－－－－－－－山折り線（Λに折る）
－・－・－・－・谷折り線（Vに折る）

④
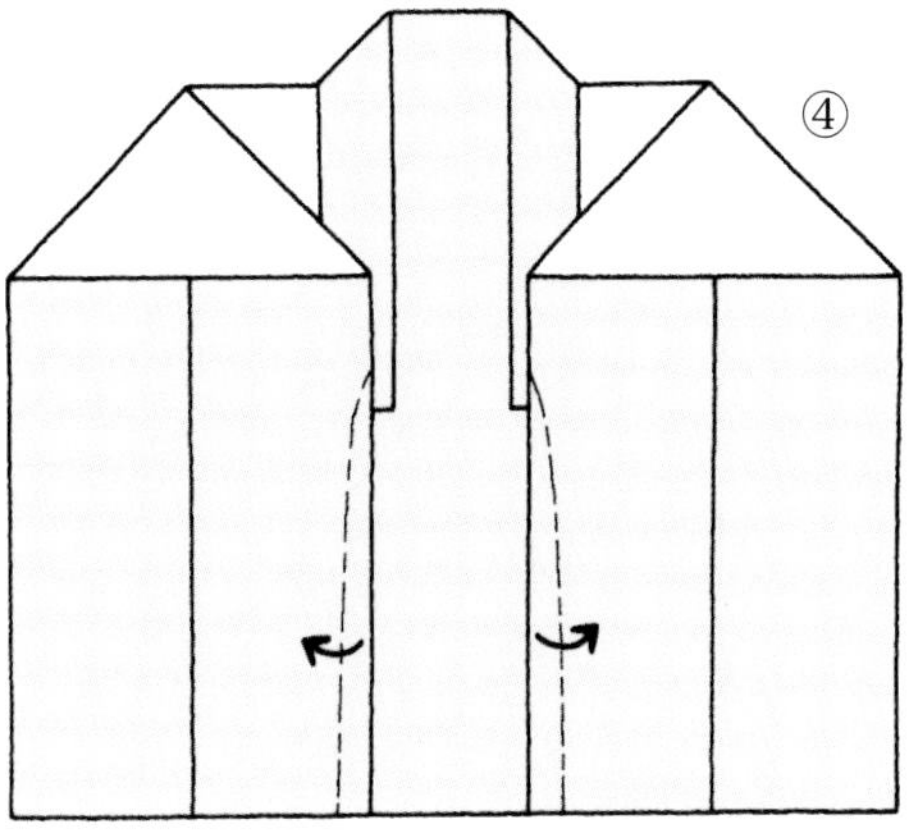

⑤
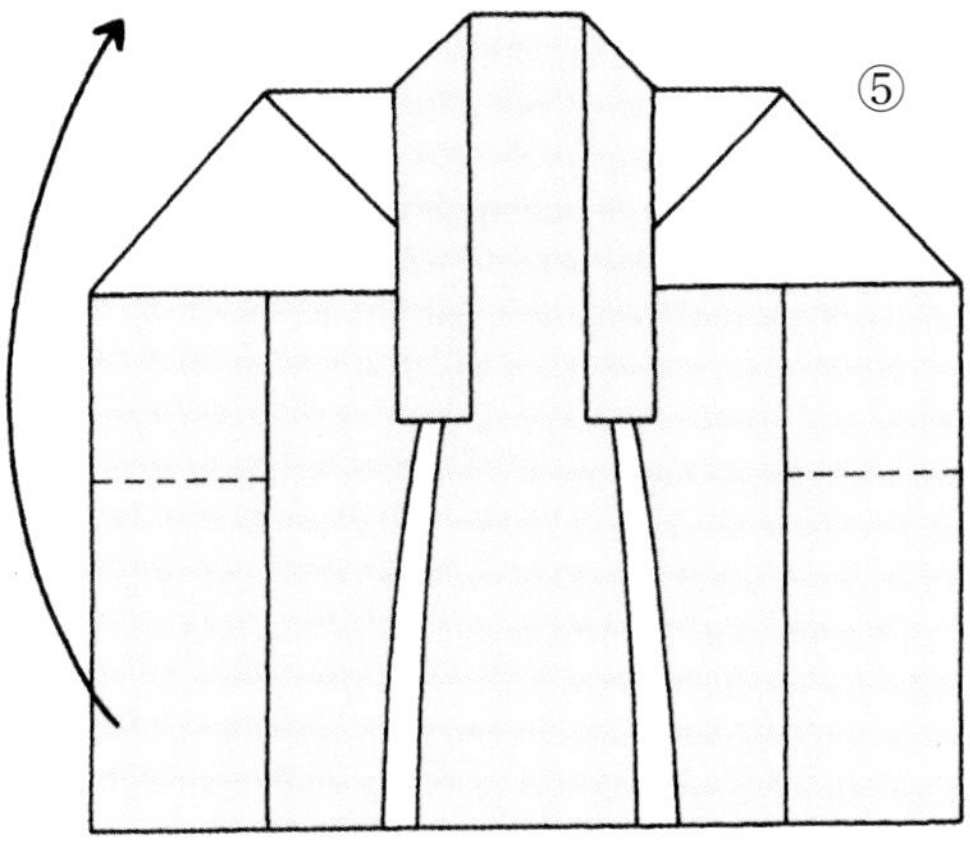

⑥
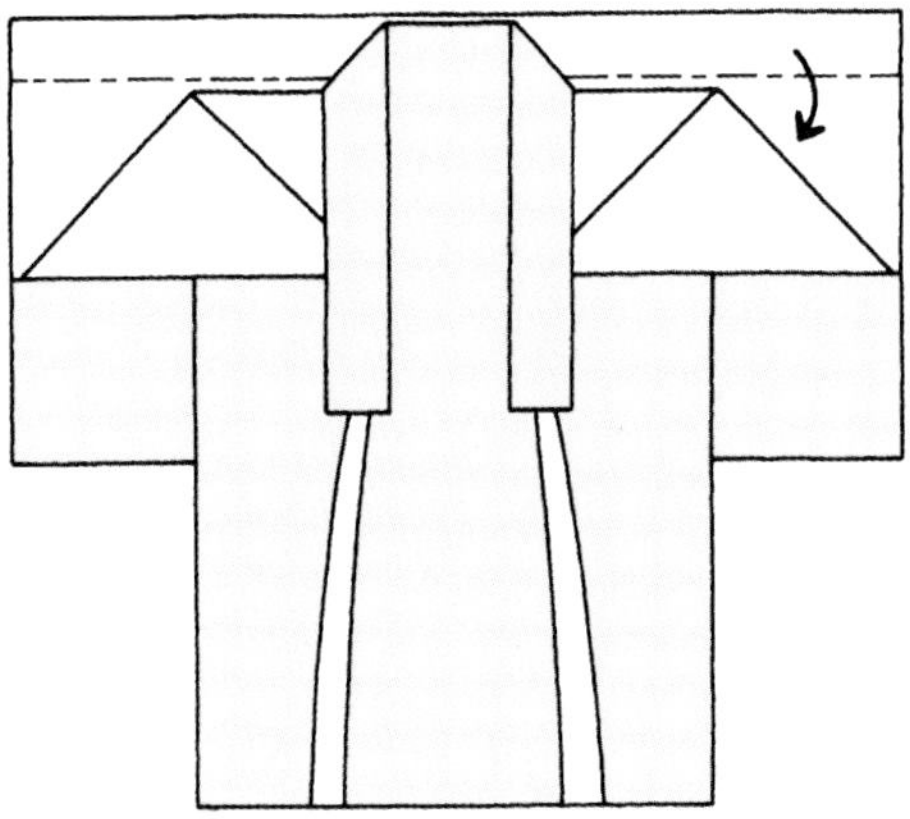

⑦
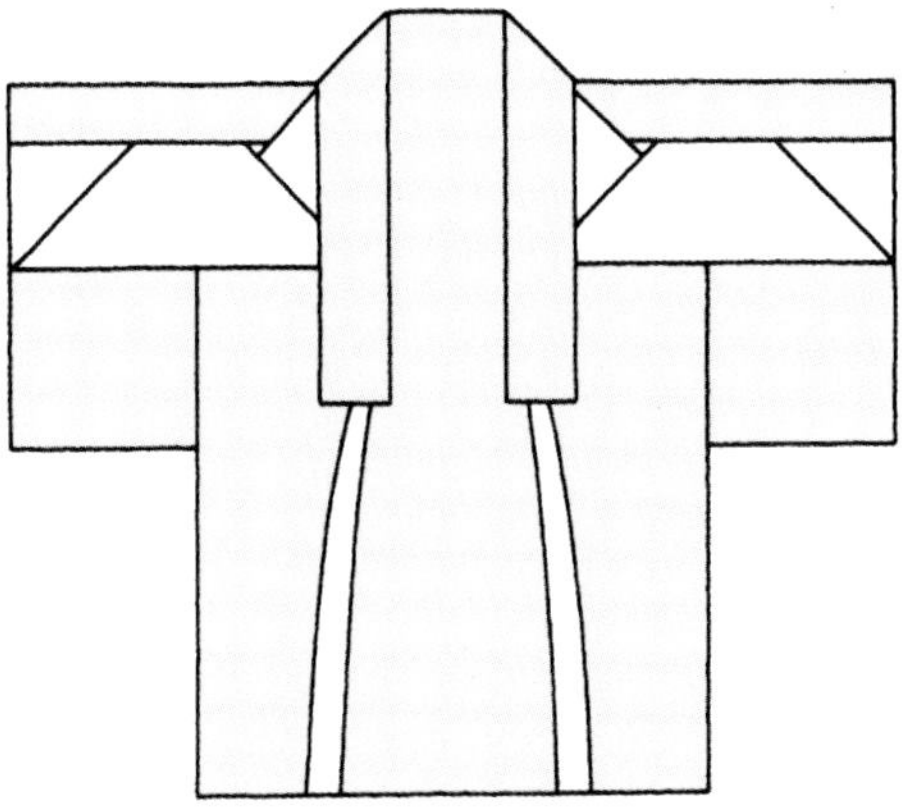

①細長い紙の上部を外向きに二回折り、衿をつくる。
②上部の左右を折り下げ、全体を三等分する位置で、山折り・谷折りにする。後ろ衿と折り返しの間は1㎜ほどあくようにする。
③内包みを中央に置いて、右角と左角をそれぞれ袋状に開く。
④着物の褄にあたる部分を折り広げる。
⑤左右の衿を前に出し、一番後ろの紙を上向けに折る。
⑥折り上げた端を前に折り、後ろ衿部にはさみながら肩にかぶせる。

【草木の根包み】

小笠原流礼法に伝わる花包みは何種類かありますが、ここで紹介するのは、木花や草花を包む折形です。小笠原流では、枝物のようなしっかりした花は立てて、また茎のしっかりした草花は横たえて、花が重く茎が弱い草花は花を下にして渡します。

この草木の根包みでは、折形に穴を開けて水引を通し、茎を巻くようにして固定する結び方もあります。

三月の上巳《じょうし》の節供で使用される包みです。

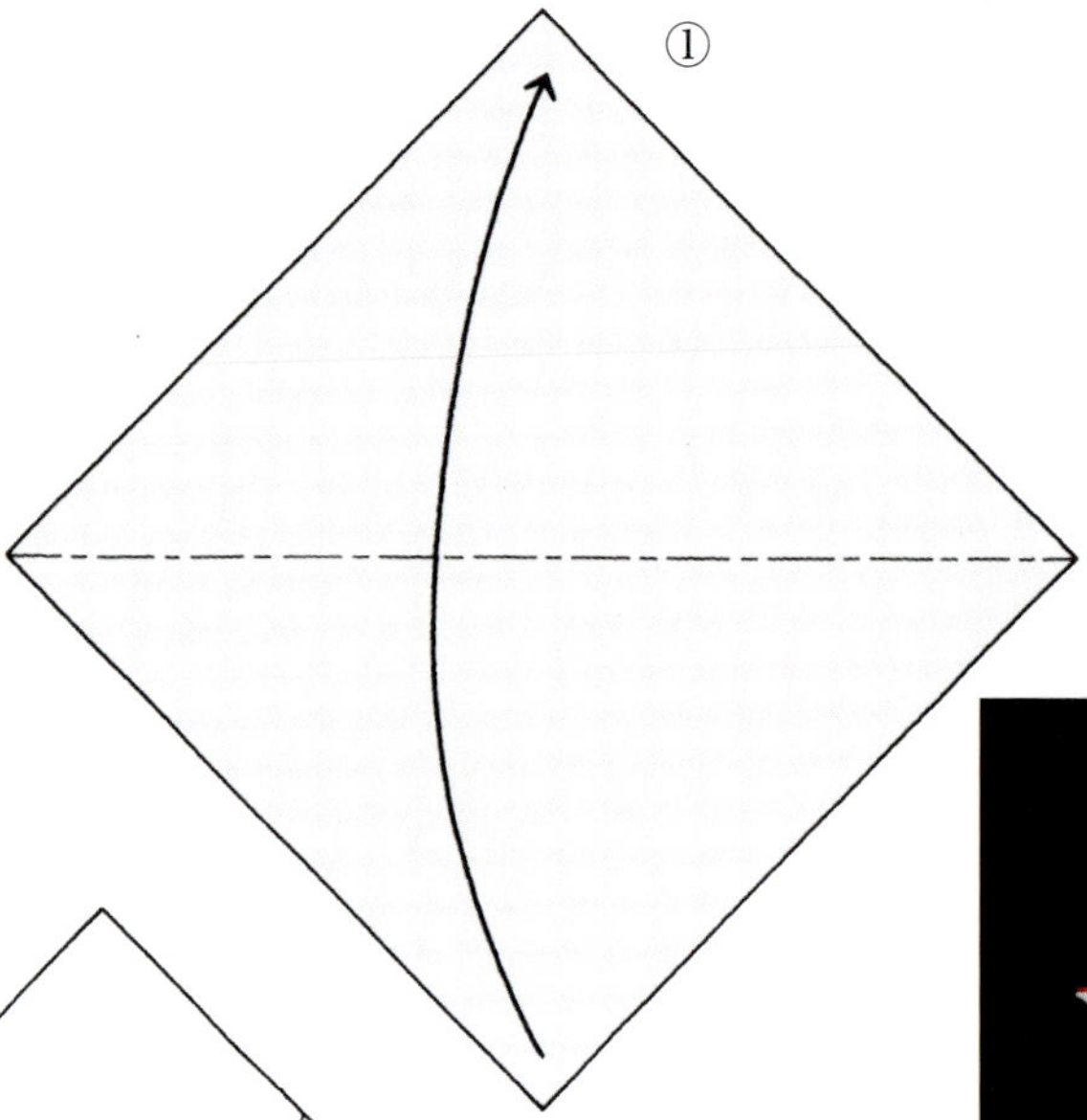

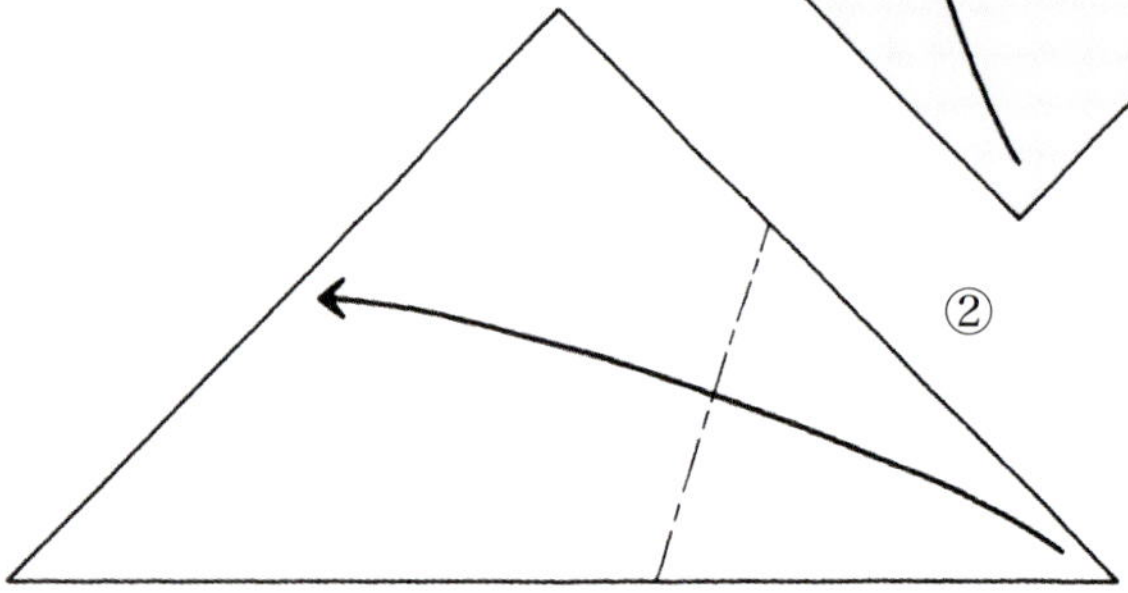

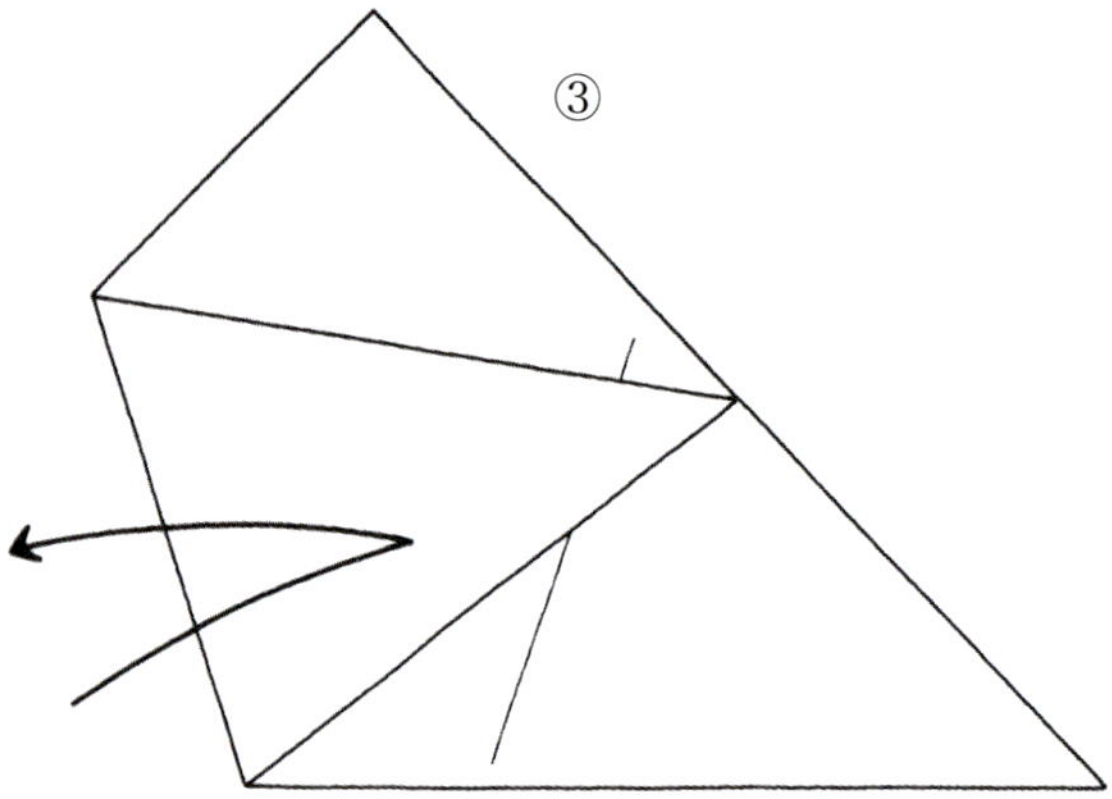

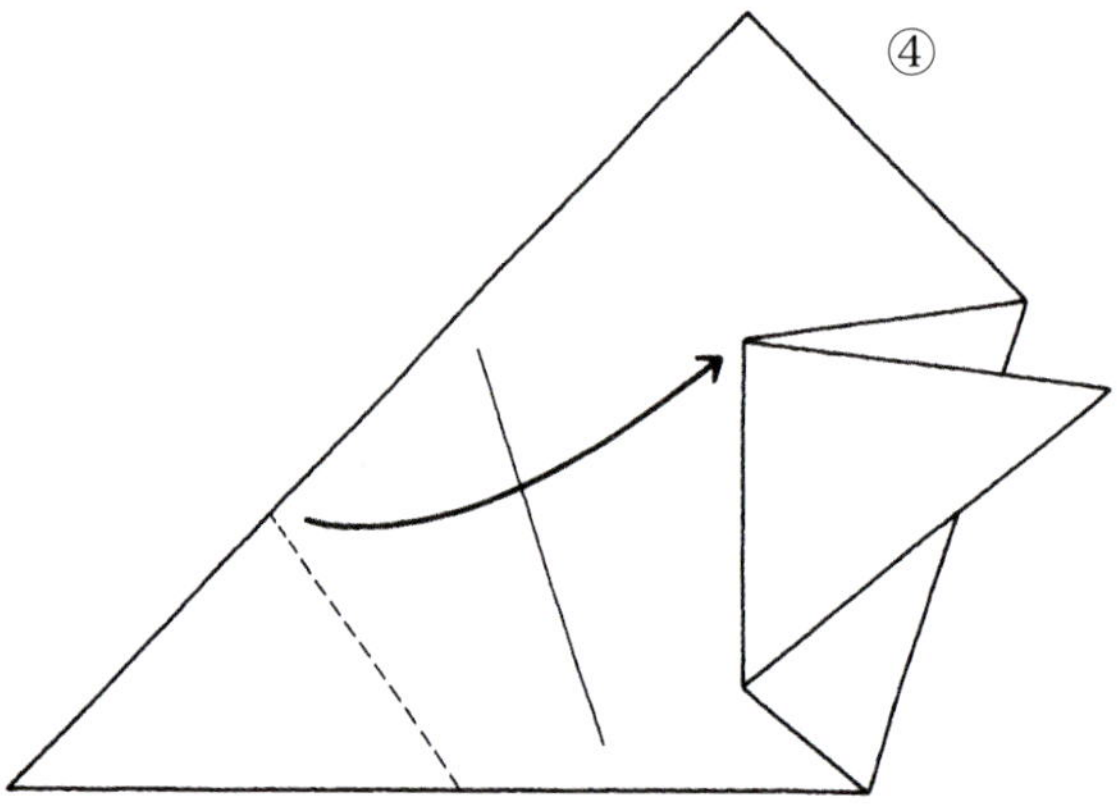

①上下をあわせて三角形にする。
②右角を向かい側に折り、折り目をつけて再び開く。
③左側も同様にする。
④折り目にそって右側を図のように折り、左側も同様にする。

⑤左右を中心であわせ、かたちを整える。
⑥裏返して、図のように折る。
⑦左右の端を、胴部にそって折り重ねる。
⑧折り目をきっちりつけて元にもどし、全体を広げる。
⑨折り目にそって袋状になるように折り直し、⑩のかたちにする。

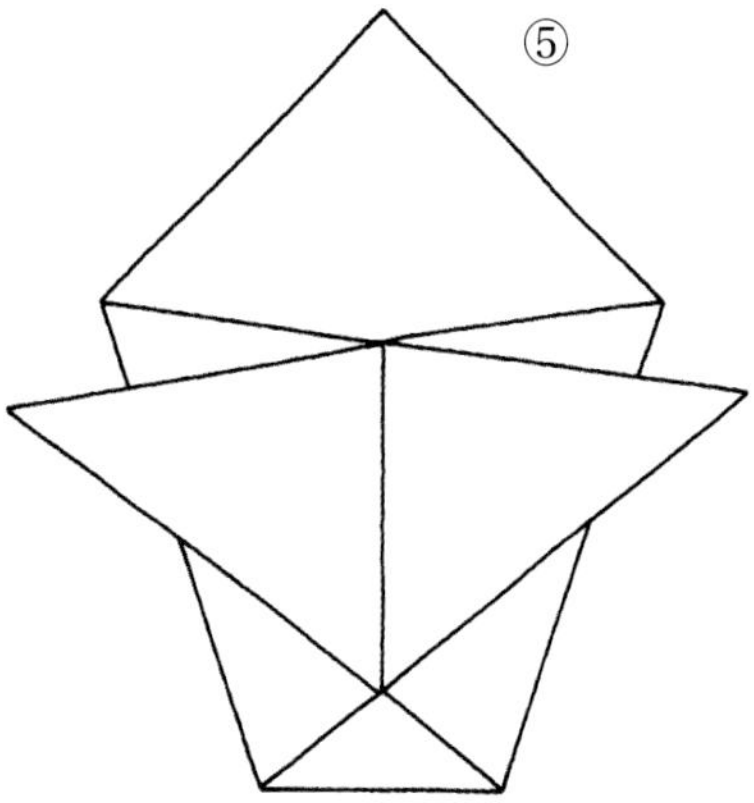

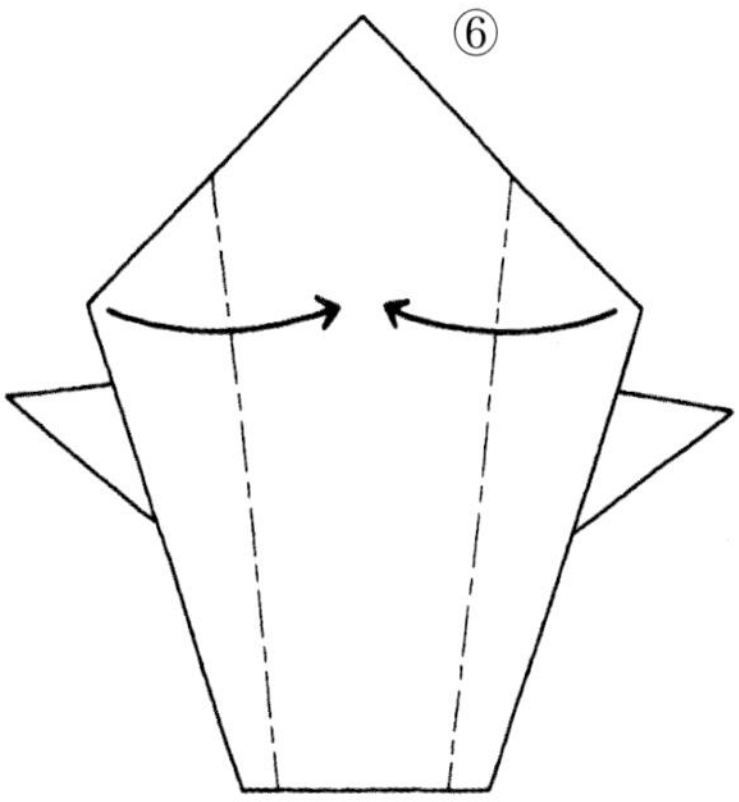

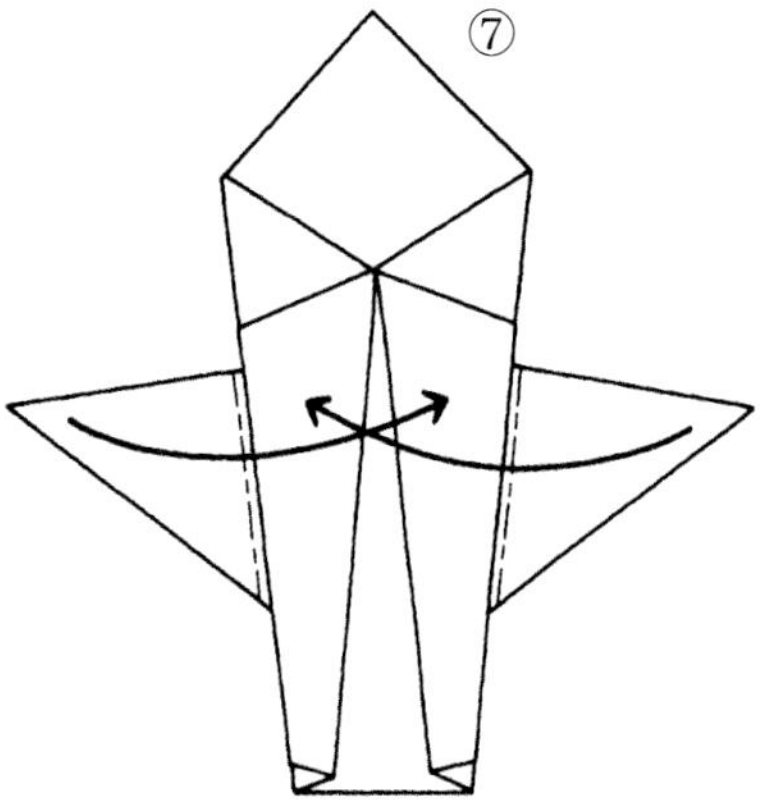

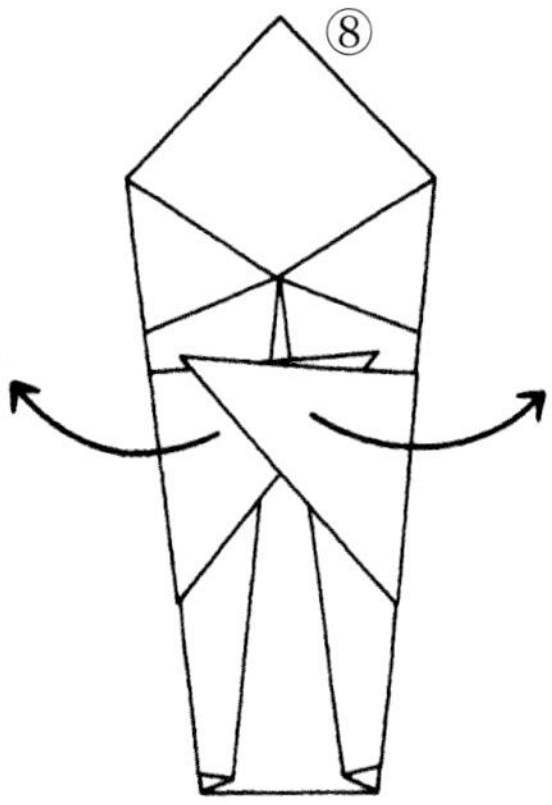

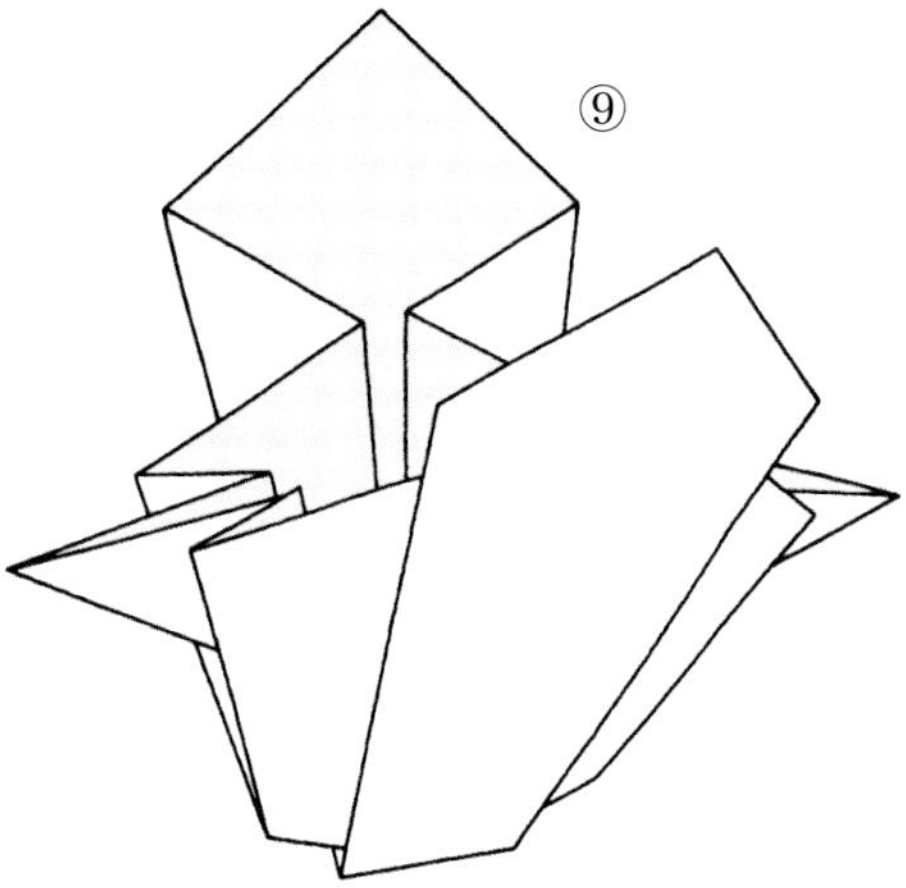

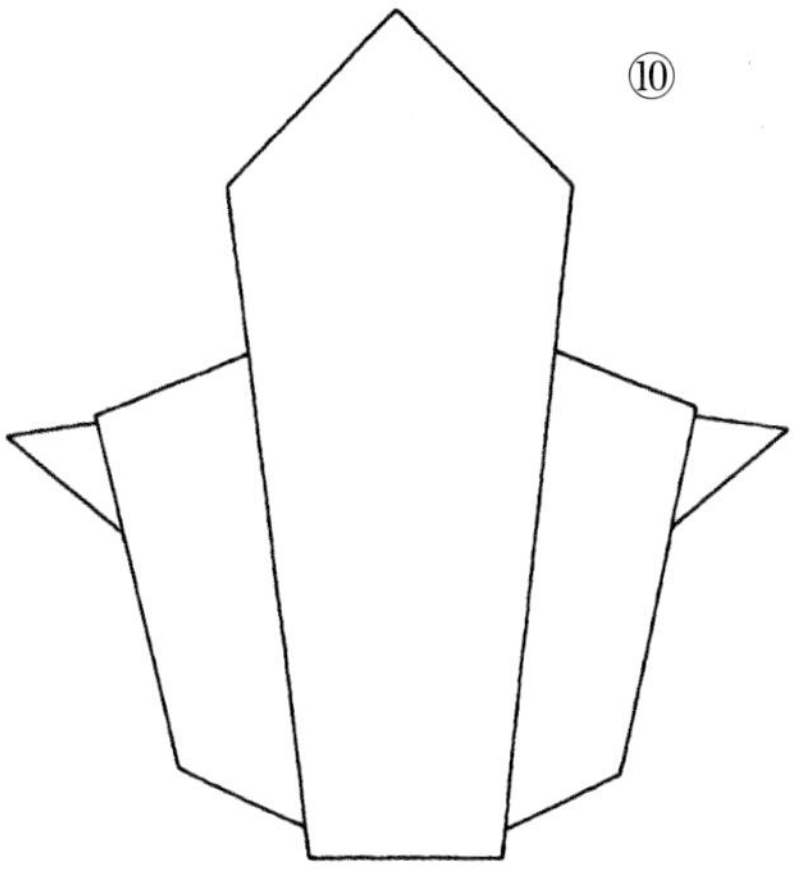

折り方図の見方
– – – – – – – –山折り線（∧に折る）
–·—·—·—·谷折り線（V に折る）

【端午の節供祝い包み】

端午《たんご》の節供は五節供の一つとして昔から祝われてきました。菖蒲《しょうぶ》の咲く季節でもあることから「菖蒲の節供」ともよび、その音が「尚武《しょうぶ》」につながることから、武家では盛大に祝い、やがて男の子の節供となりました。

粽《ちまき》にこの包みを添えて贈ってもよいでしょう。

①

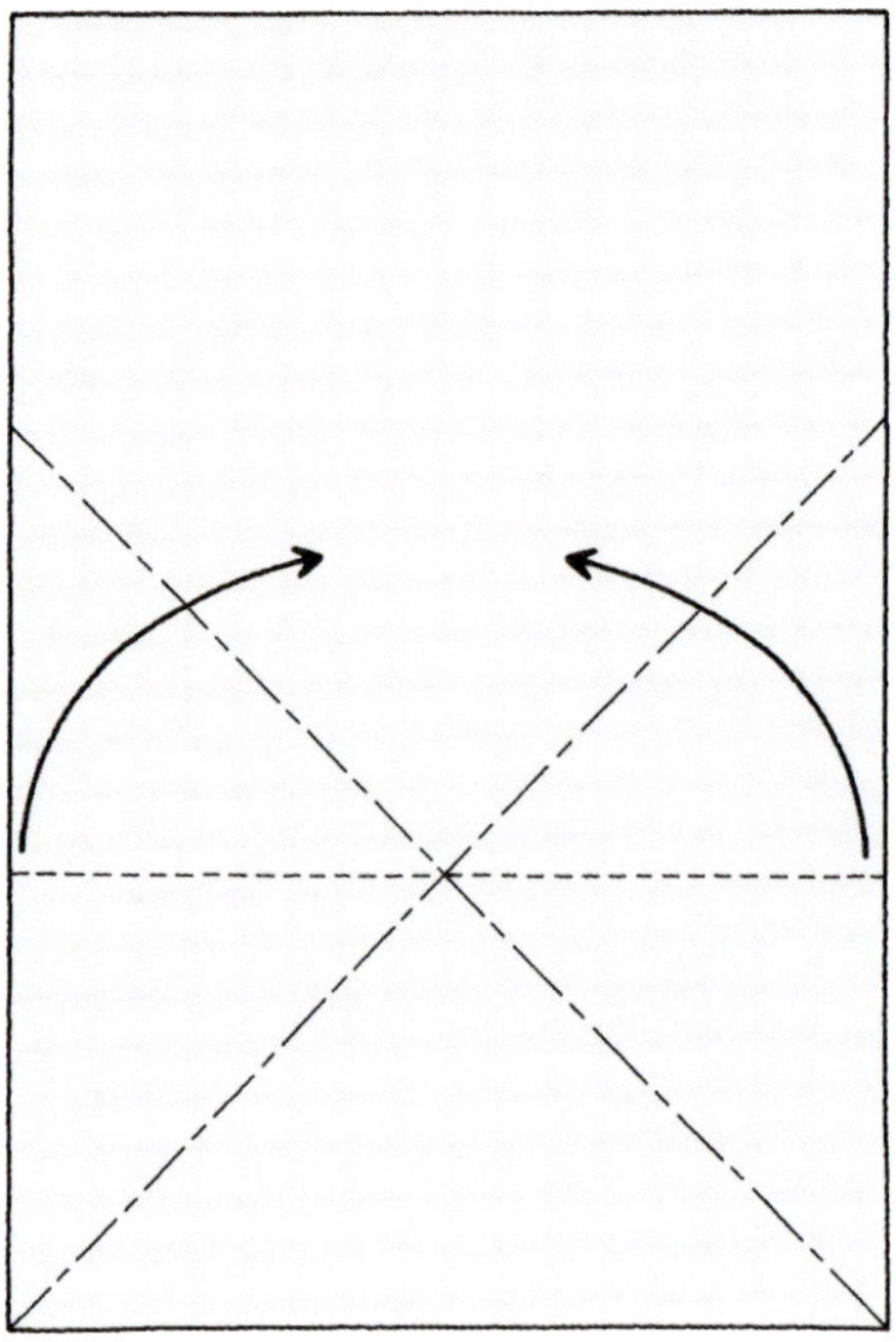

②

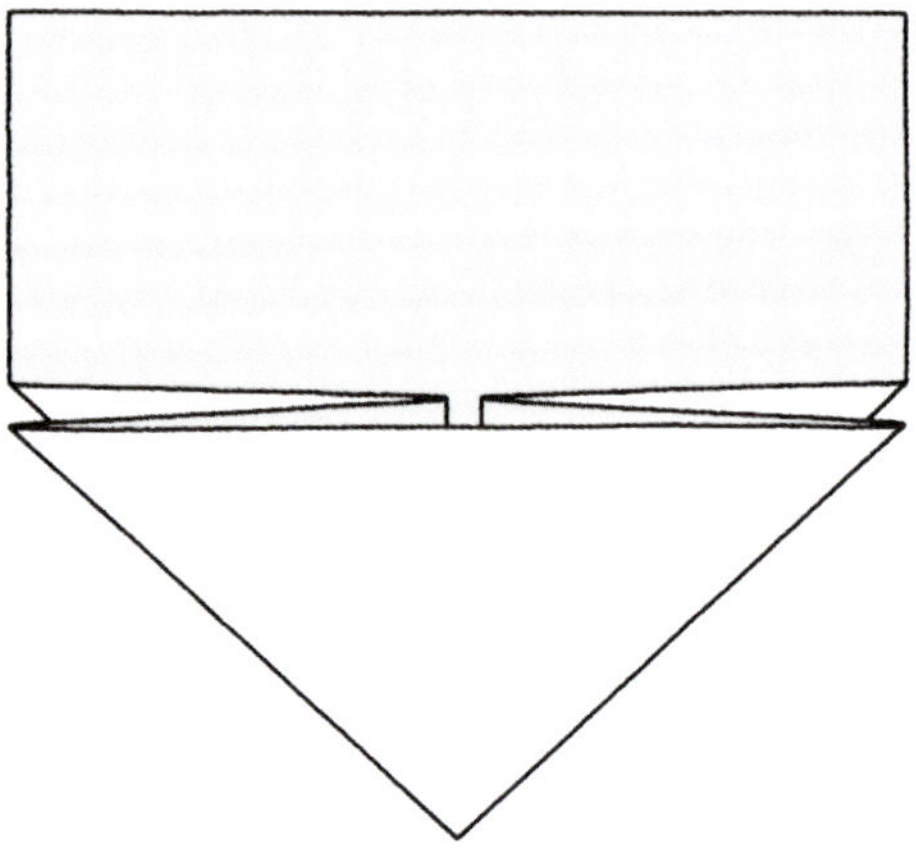

③

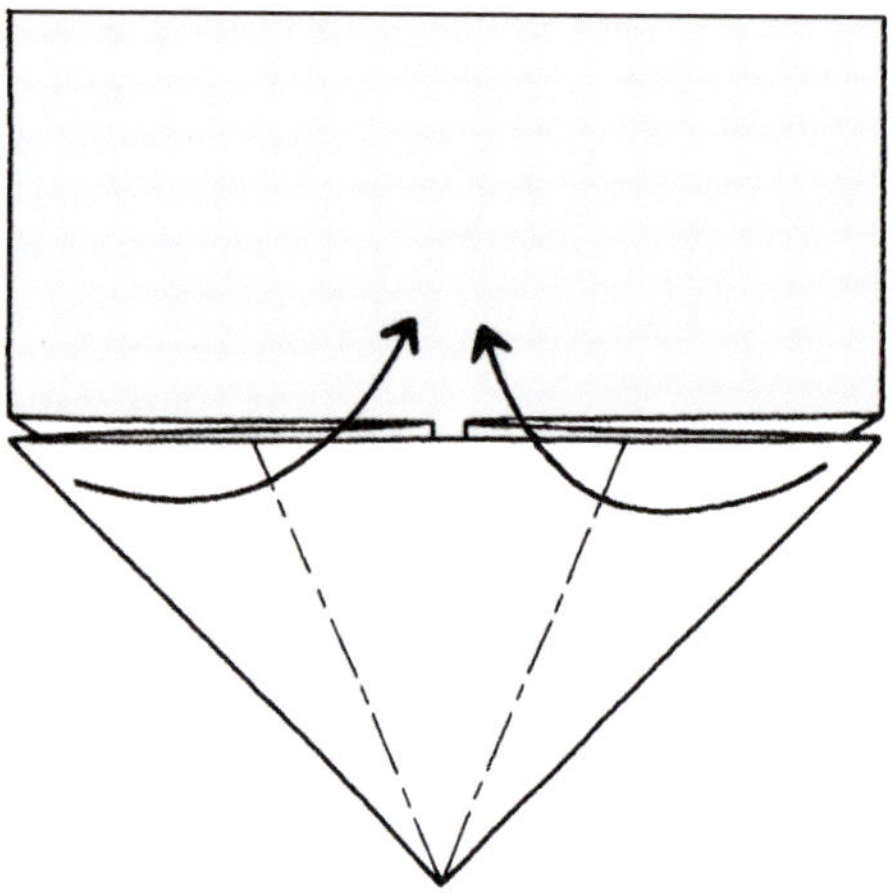

④

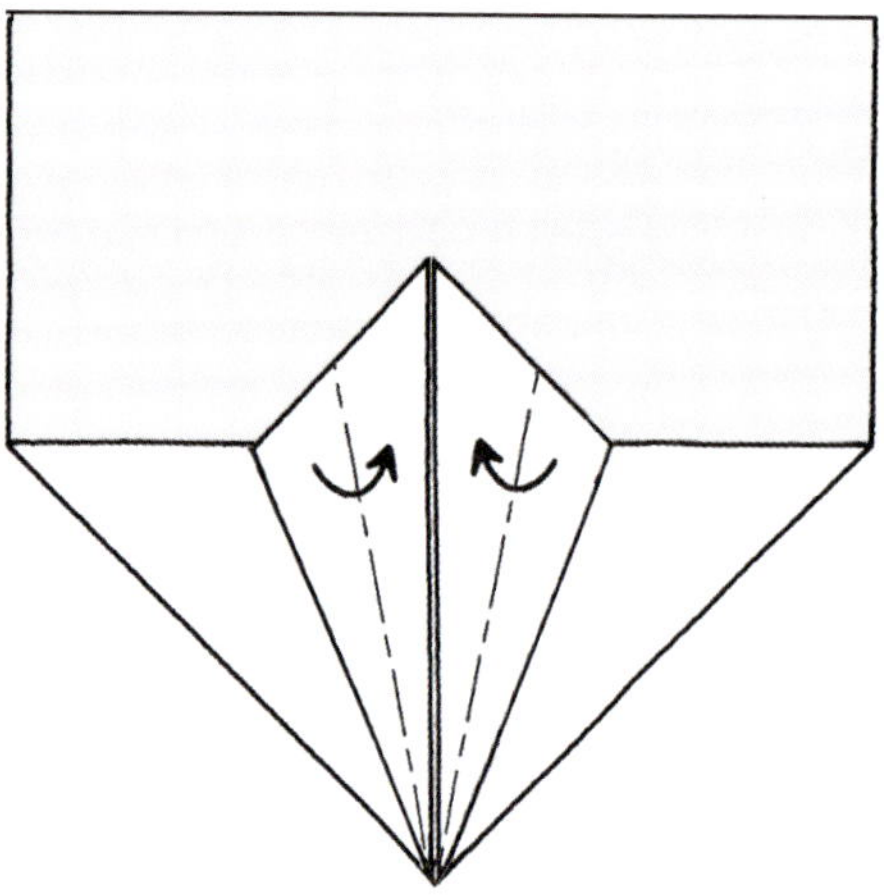

①図のように折り、折り目をつけていったん開く。
②折り目にそって、三角の袋状にする。
③三角の左右を図のように折る。
④もう一度、図のように折る。
⑤後ろの紙を半分、後ろ側へ折る。
⑥裏返して、半分を折り下げる。
⑦もう一度、下向きに折る。
⑧左右を折り重ねて、表に向ける。

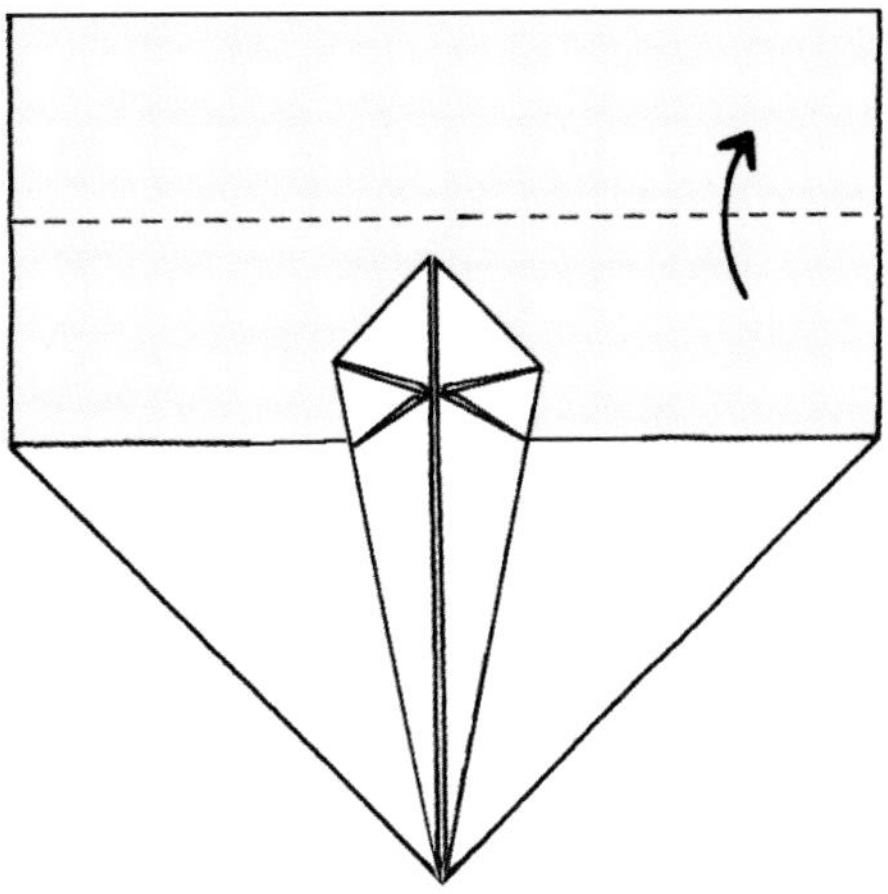
⑤

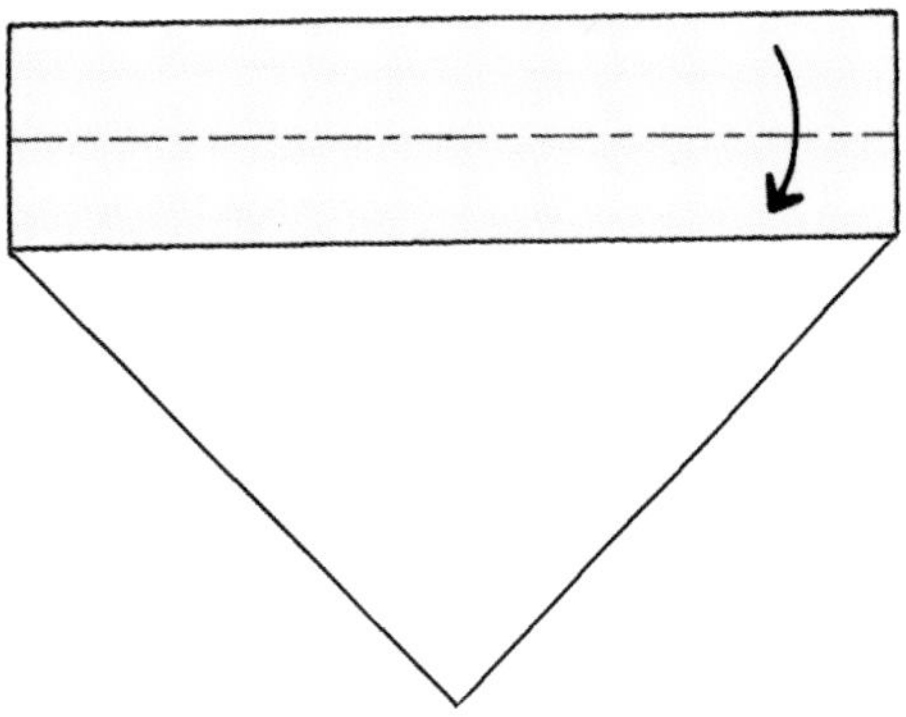
⑥

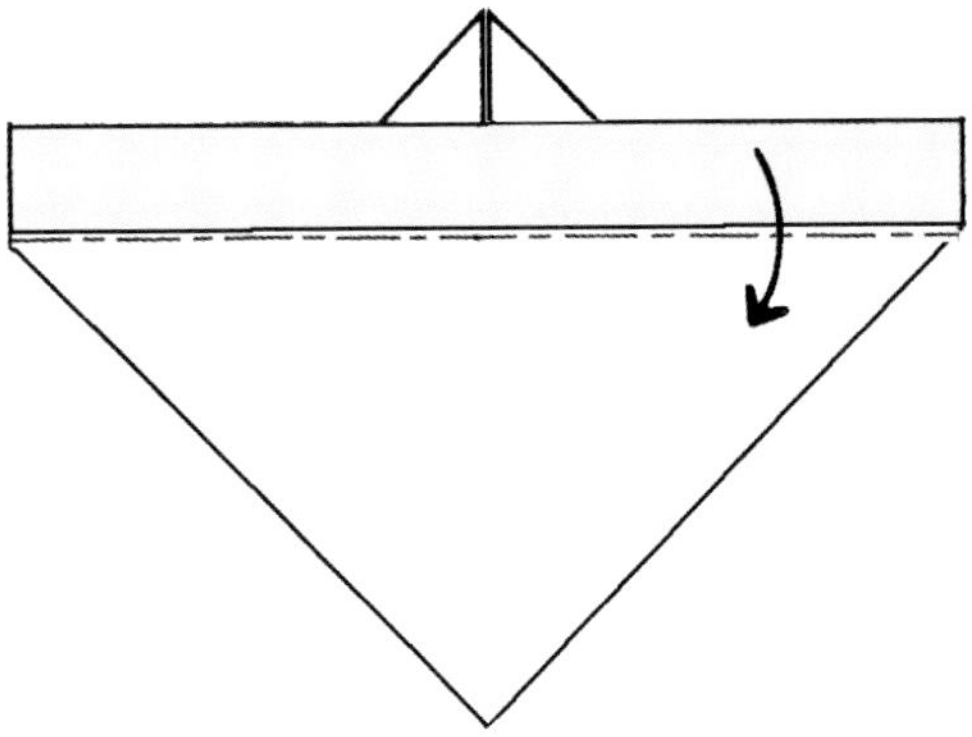
⑦

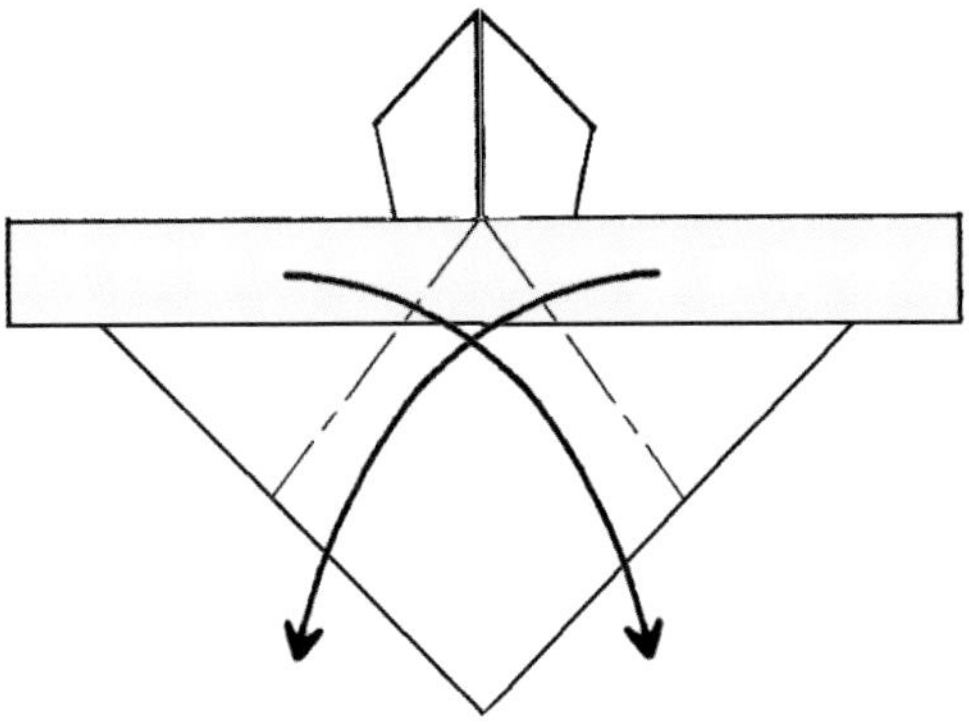
⑧

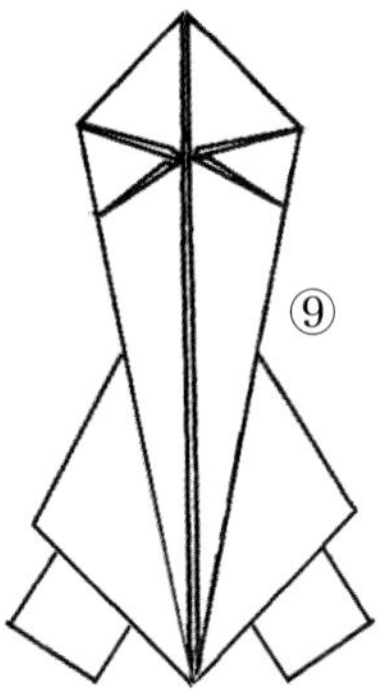
⑨

折り方図の見方
－－－－－－－－山折り線（Λに折る）
－・―・―・―・谷折り線（Vに折る）

【万葉包み】

箱に入った贈り物に用いられるのがこの包みです。中央に折り出した縦の折りひだの美しさが、贈り物を引き立てます。包んだ上から水引をかけると、さらに引き締まった感じに仕上がります。慶事には、赤奉書紙を重ね折りして包むと典雅な趣きです。

折り方図の見方
－－－－－－－－山折り線(Λに折る)
－・―・―・―谷折り線(Vに折る)

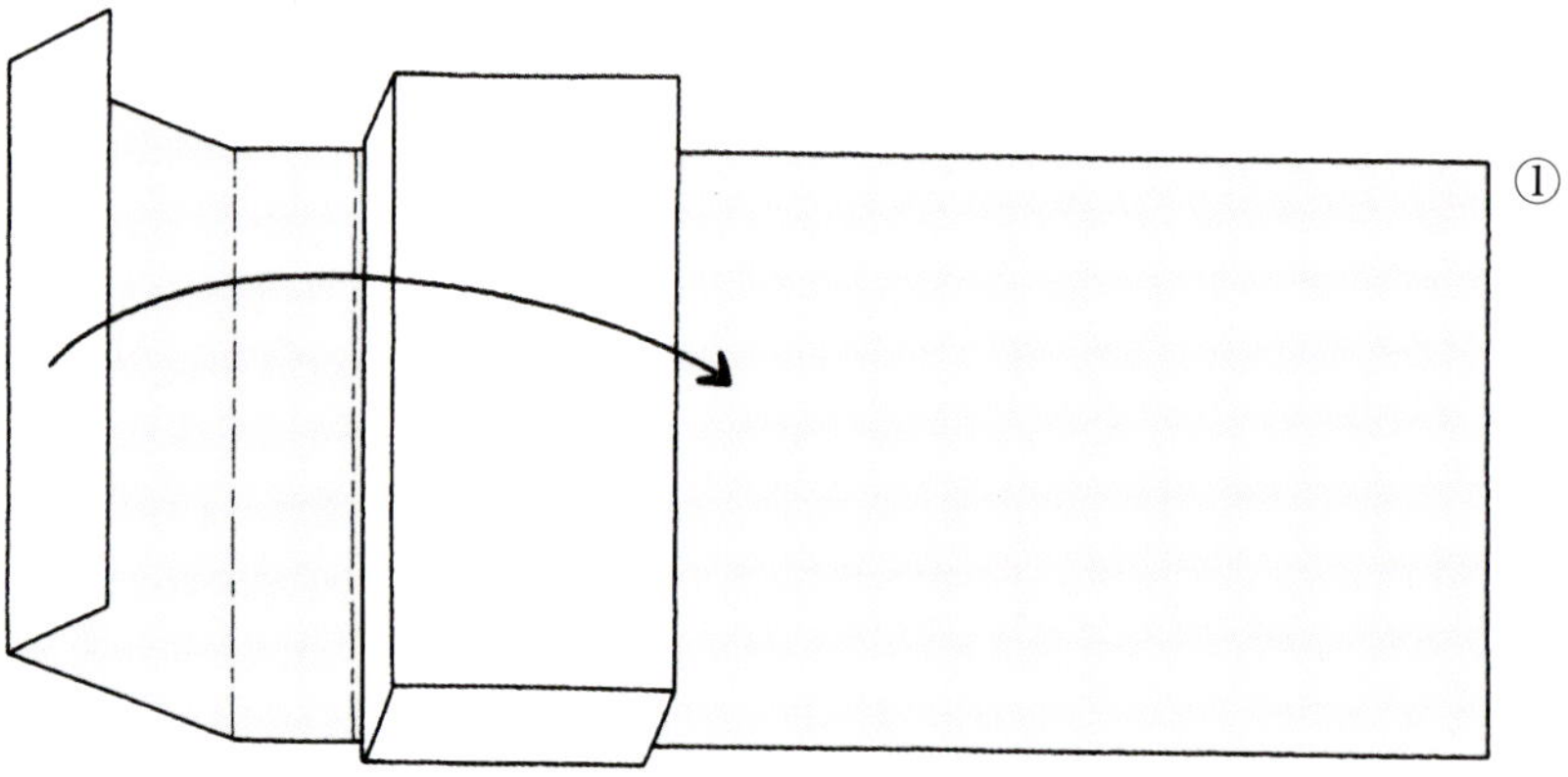

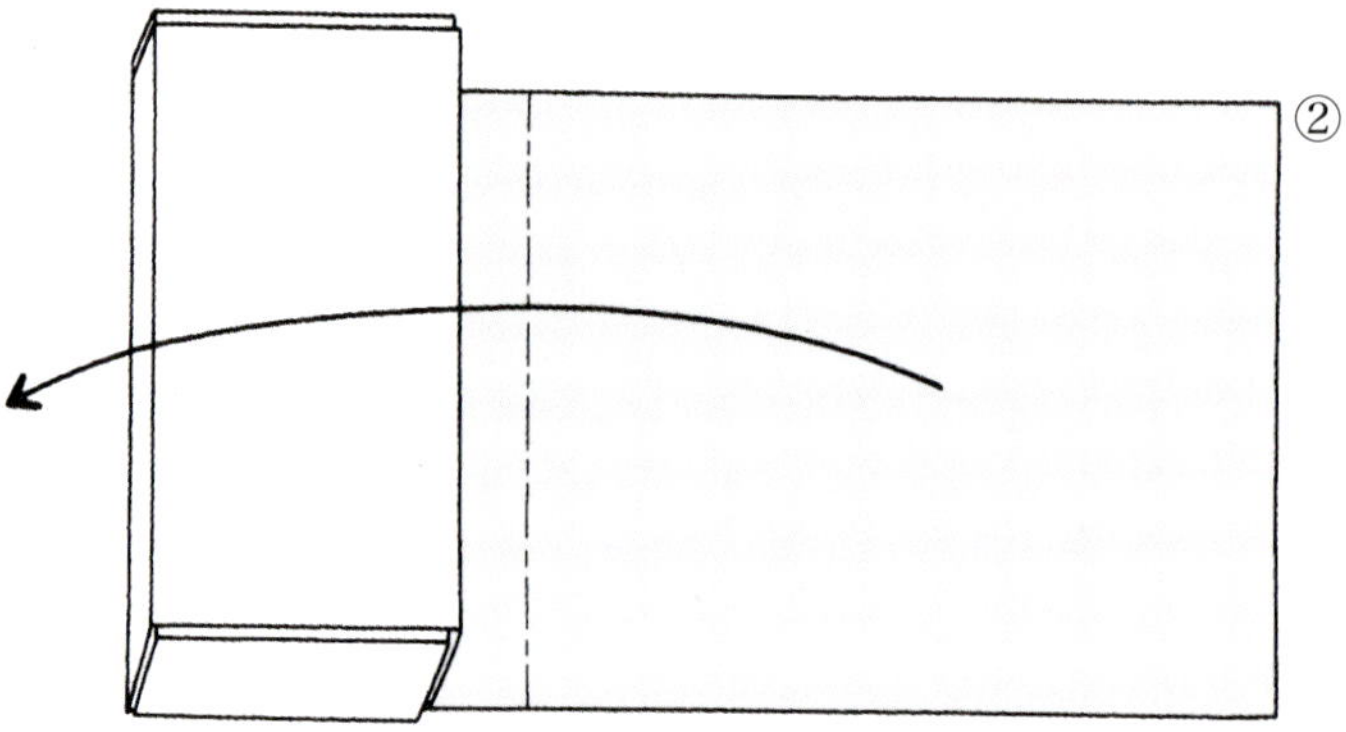

①紙の天地を、箱の上下が少し見える長さに調節する。
②紙の左端を箱の右下にあわせ、折り包んでいく。
③④箱の上にかぶさる紙の部分を山・谷に折って、箱の中央に箱幅⅓ほどのひだをつくる。
⑤折り上がった紙の端が、少し内側に入るように仕上げる。

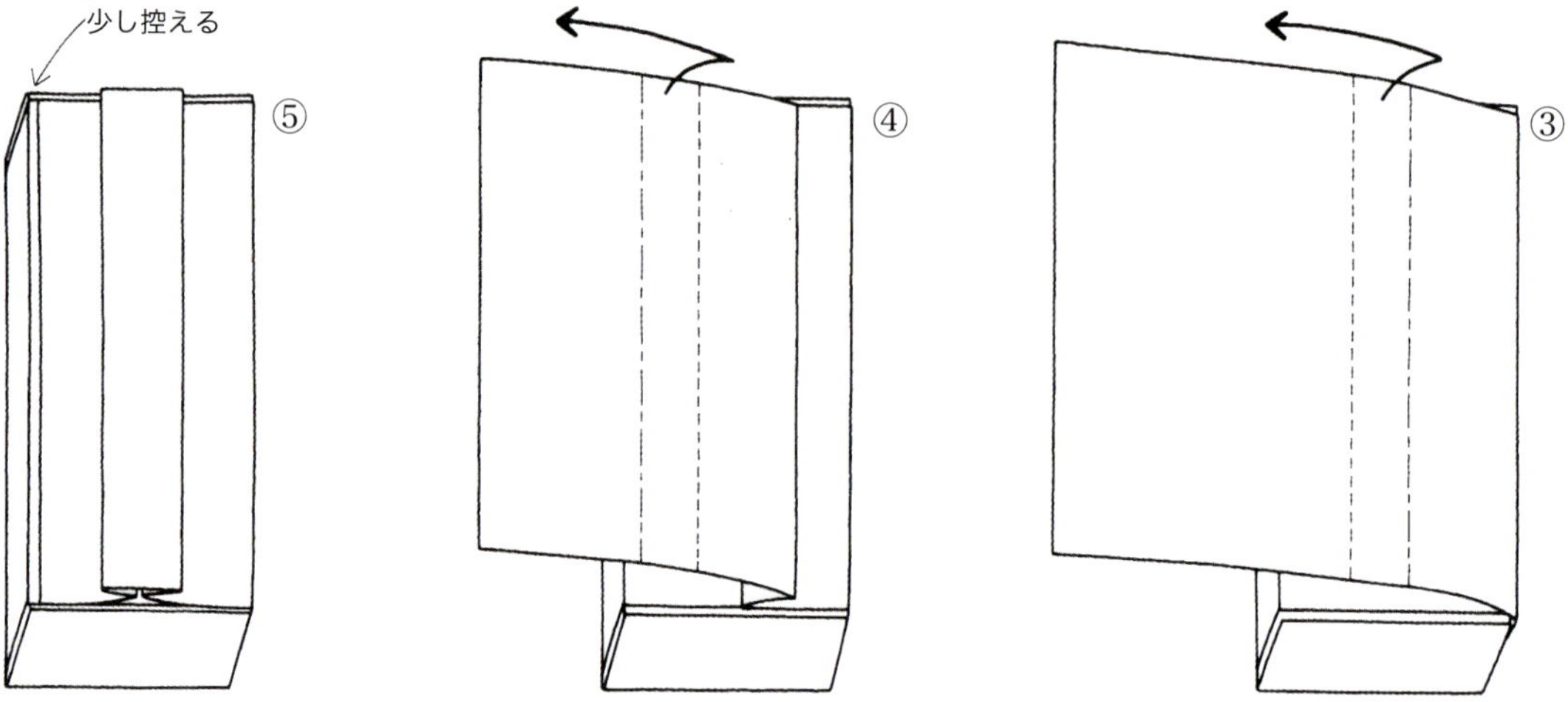

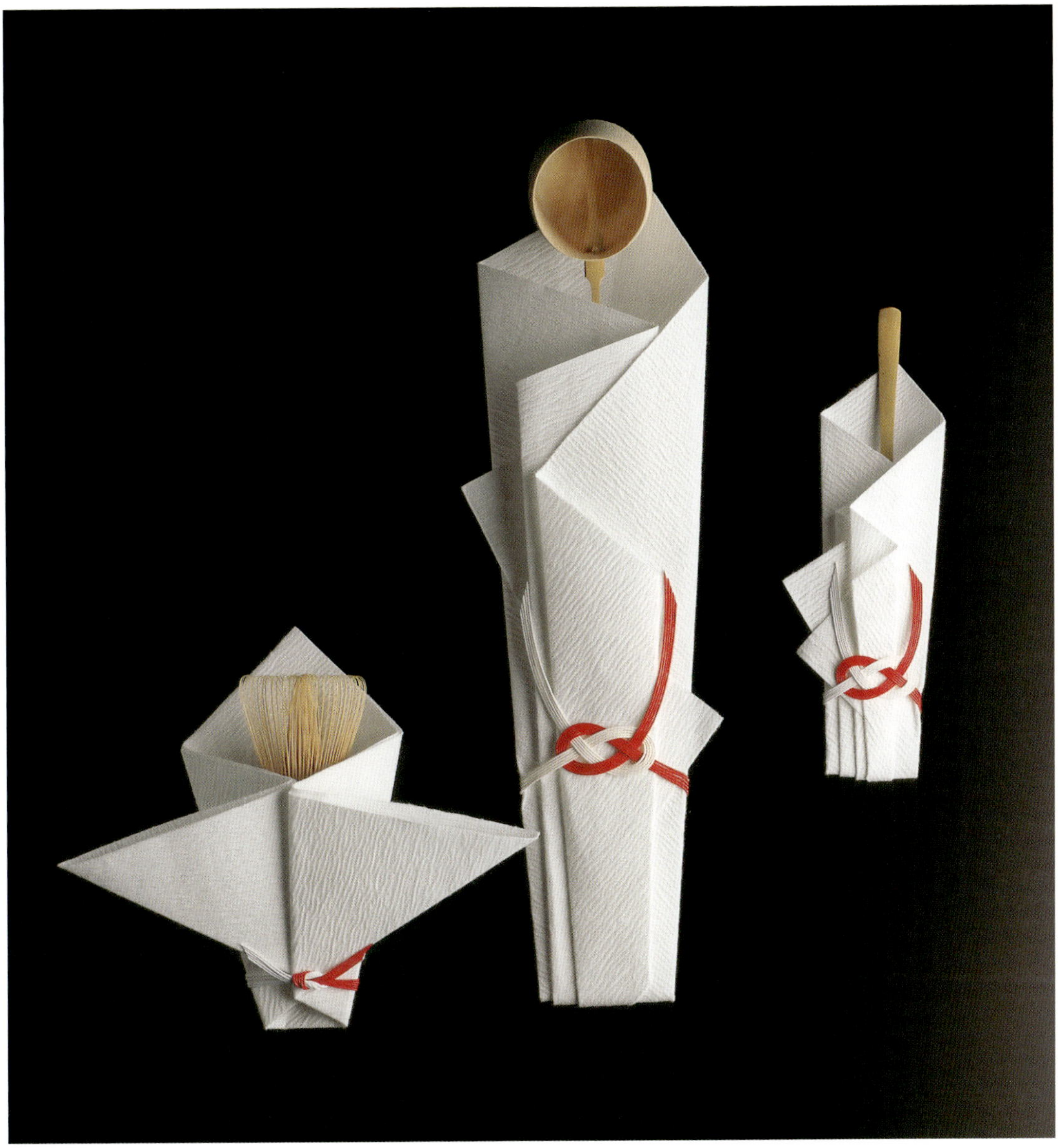

茶道具の包み

水引

現在では、贈答品に水引を実際にかけるというよりも、あらかじめ紙に水引や熨斗《のし》柄が印刷されたものを用いることが多くなりました。しかし昔は、贈り主の手によって、紙を包んだり、水引を結んだりしていました。

今使用されている水引の結びのほとんどは、室町時代に考案されたものです。江戸時代に一般にも普及し、かなりの結び方が案出されました。そのなかには、創造性あふれる装飾をほどこしたものが多くふくまれます。

しかし現代では、左に紹介する「真《ま》結び」「あわび結び」「もろわな結び」の三種類を覚えておけば、慶事や一般の贈答、弔事《ちょうじ》のさいに困ることはありません。

儀式のさいは、正式なあわび結びである相生《あいおい》結びを真行《しんぎょう》草《そう》にわけて使用します。私たちが通常目にする水引は、赤白、黒白など半分ずつ染め分けられたものがほとんどです。

水引の種類と用途については、次の通りです。

［慶事用］

●紅白……慶事に用いる、最も正式な水引です。古くは、「うく」、現在では「紅白」とよびます。次項に挙げる白赤とは異なります。紅といっても、見た目はほとんど黒に近い玉虫色の濃緑です。現在ではほとんど目にすることがありません。紅を右、白を左にして結びます。

●白赤……最も利用範囲の広い、慶事全般に使用する水引です。儀式のさいにも用いられます。赤を右、白を左にして結びます。現在では「紅白」ともよびます。

●金銀……慶事全般に用いられます。金を右、銀を左にして結びます。

●金赤……白赤と同様に用い、赤を右、金を左にして結びます。

［弔事用］

●白黒……弔事に最も広く使われています。黒を右、白を左にして結びます。

●白黄……弔事用ですが、白黒ほど直接的な印象を与えません。黄色を右、白を左にして結びます。

●双白……白一色の水引です。用途は白黄と同様です。

●双銀……白黄、双白と同様に用います。

[真《ま》結び]

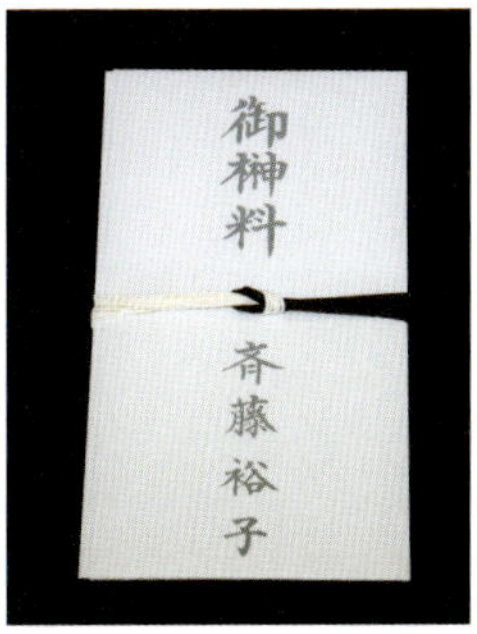

シンプルであるゆえに端整で品格がある結び、それがこの「真《ま》結び」です。別名「結び切り」とも称されます。

真結びは、公式の儀式に用いることができることもあって、水引の結びはこれさえ覚えておけばよいともいわれてきました。

結婚祝いなどには、あわび結びと同様に水引の先端を千枚通しなどにかけ、巻きつけてらせん状にした「老いの波」にすることもあります。

慶弔いずれにも用いられる結びです。

[あわび結び]

現代において、あわび結びは、ひんぱんに目にする結びで、水引の基本的な結び方ともいえましょう。また、この結びは「淡路《あわじ》結び」ともいわれます。

そのほか慶事に用いる「あわび返し」と、弔事に用いる「逆あわび」があります。

[もろわな結び]

一般的には、蝶結びとよばれる結びです。若い世代の方にはリボン結びといえば、すぐにおわかりになるでしょう。

「双輪」「諸輪」とも書き、ほどきやすいことが特徴です。結婚式などは一生に一度という意味で、容易にほどけない「真結び」や「あわび結び」を使用しますが、このもろわな結びは何度重なってもよい出来事に対して用います。したがって、弔事には使いません。

結び上がりに、左右の輪と水引の端を引くように伸ばすと、美しいかたちに整います。

【水引の結び方】

水引は、和紙を細長く切って紙縒《こより》にし、これを糊水で固めてつくられます。

水引を結ぶ場合は、白赤や白黒の水引は折れやすく、扱いがむずかしいため、比較的扱いやすい金銀で何度か練習をするとよいでしょう。

あらゆる結びは、折りはじめに折形の幅にあわせてアタリ(折り目)をつけます。このときにすべての筋をそろえてしっかりと折り目をつけるかどうかで、仕上がりがまったく異なります。とはいえ、最初から無理にすべての筋をそろえようとせず、ねじれてしまったら、あとから先のとがったものでかたちを整えます。

楽しみながらこころをこめて結ぶことに重きを置くようにしましょう。

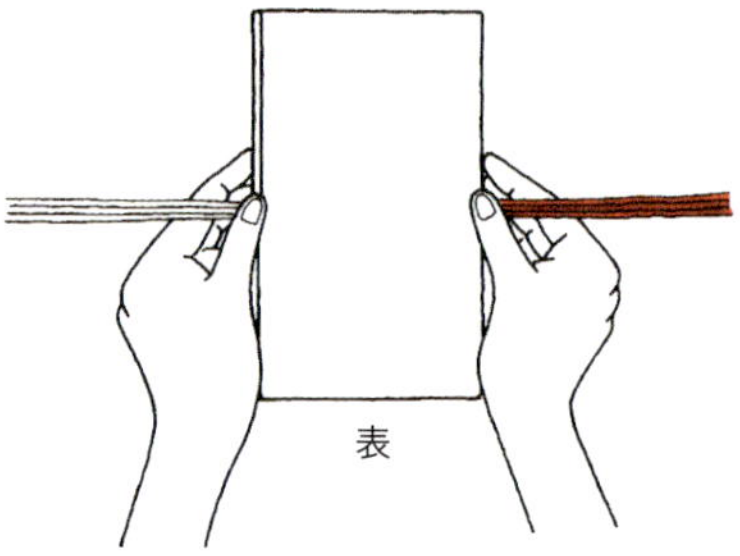

表

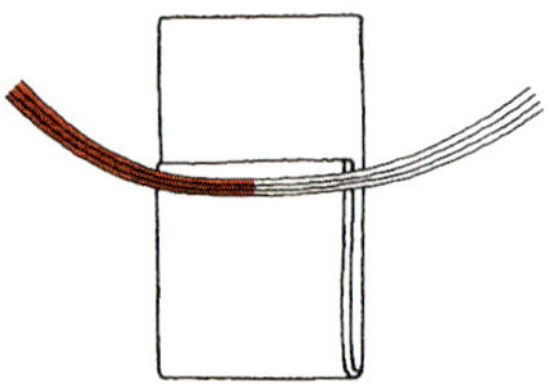

裏

真結び

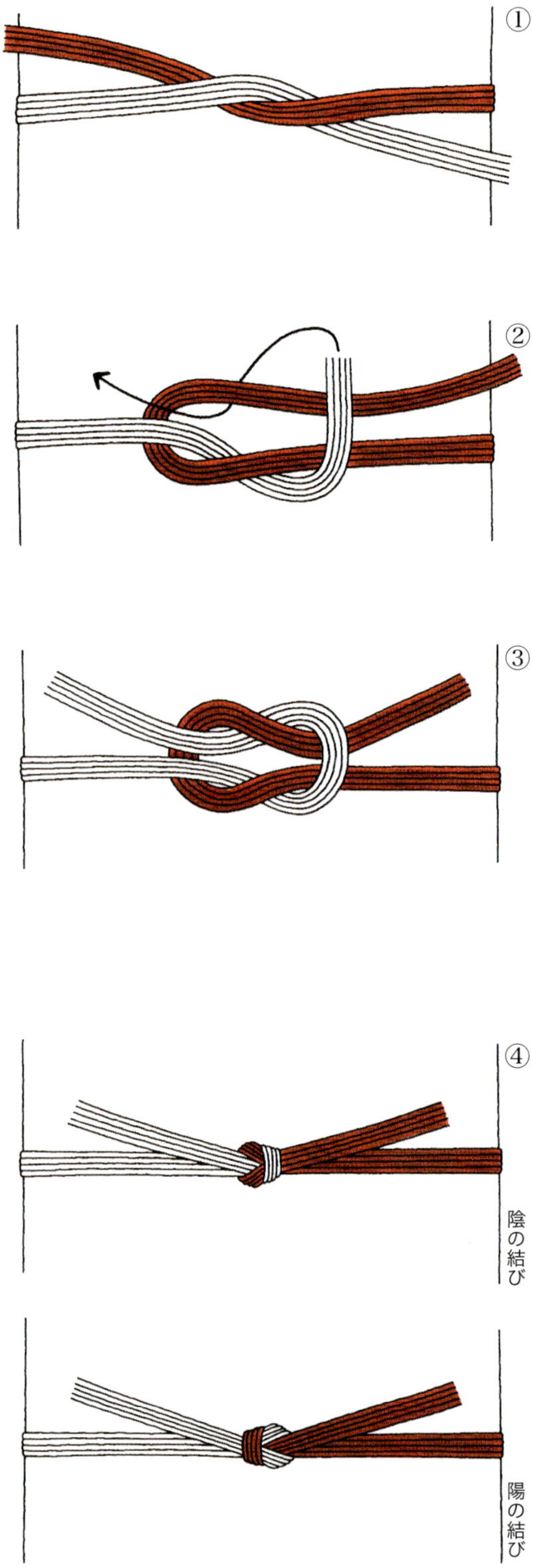

あわび結び

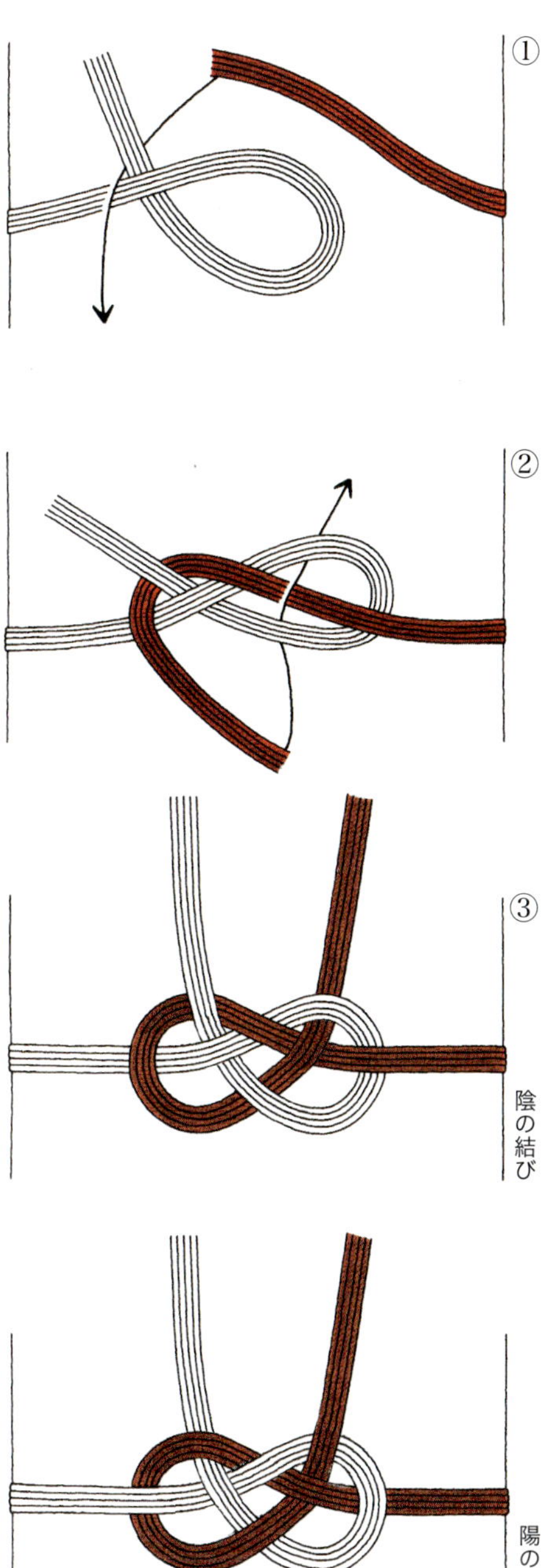

もろわな結び

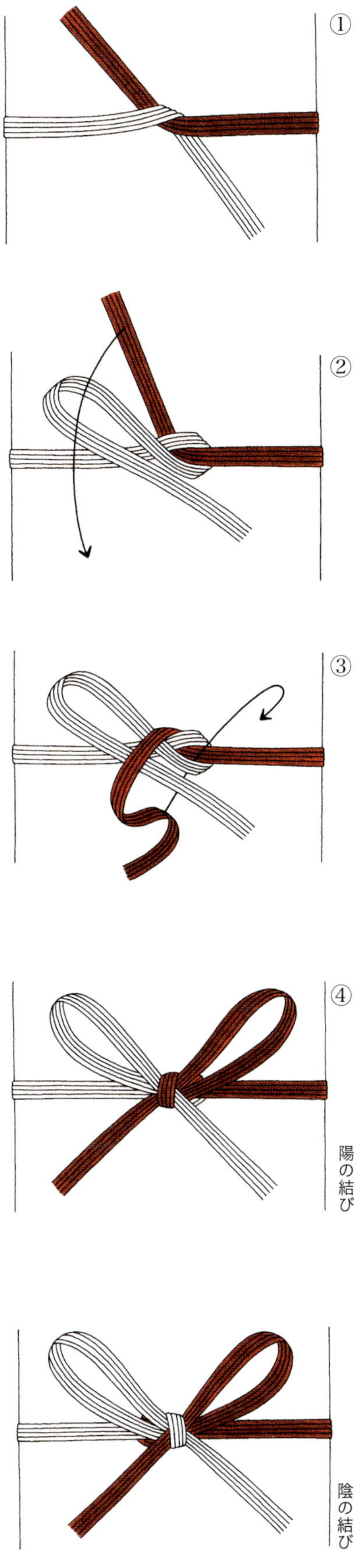

ひも結び

およそ縄文時代から、「結び」の思想があったと考えられています。結びということばは、「陰陽相対するものが和合して、新たな活動を起こす」という意味をふくんでいるともいわれます。また、結びの「むす」は「産す」「生す」であり、「び」は「霊」であるという説もあります。

たとえば、「むすこ」「むすめ」ということばは、もともと「むすびひこ」「むすびひめ」の略称でした。全国におわします皇霊が、男女の、あるいは親子の縁を結ぶ神として「結びの神」の異名を持つことからも、われわれ祖先の結びに対する思いがしのばれます。

こうしたことからも、一本のひもが何らかのかたちを表すことに特別な意味がこめられているのがわかります。人間は「結び」のなかに生命を感じ、またそれが厄《やく》を祓《はら》い、邪を退け、魔を封じる働きをすると考えたのです。

さて、連綿と絶えることなく伝えられてきた日本のひも結びは、大きく二つに分類することができます。

一つは機能面を重視した作業結び、もう一つは魔除《まよ》けなどの呪術信仰に用いられてきた儀礼結びです。作業結びには「ひとえ結び」や「真結び」などがあり、儀礼結びは「あげまき結び」や「けまん結び」などが挙げられます。

作業・儀礼双方の結び方が礼法諸流派によって創成されたのは、小笠原流の体系が確立した室町時代のことです。現代のひも結びのほとんどが、この時期に考案され、江戸時代に定着しました。

昨今、目にすることができる儀礼結びは、神社のしめ縄や仏殿の内部に飾られている荘厳なひも飾りですが、この結びは、しだいに装飾に主眼をおいた結びへと変化していったのです。なかでも「花結び」は、実用と装飾を兼ねた結びで、中世以後、女子の嗜《たしな》みとして必須とされました。これは、日本人特有の美学と手先の器用さを表現するもので、装飾結びの代表に位置づけられています。

結びは、私たちの生活において必要にせまられ、自然に身についてきたものです。しかし、結ぶ機会が失われるにつれ、手ずから結ぶということはますます少なくなっていくでしょう。

先人たちの築いた文化の一つである結びを積極的に生活に取り入れ、後世に伝えていきたいものです。

男結び　女結び　叶結び　菊花結び　入型あげまき結び　人型あげまき結び

［男結び、女結び］

男結びはとても堅い結びで、荷造りや垣根などを結ぶときに使用されます。

女結びは、男結びと対称と考えられ、男結びと陰陽一対で用いられます。

男結びと女結びは、最初にどちらのひもを上に交差させるかの違いとなります。

［叶結び《かのう》］

叶結びは、結び目が、表から見ると口、裏は十のかたちを表すことから、「叶」という文字があてられたといわれています。

また「願いごとが叶う」という思いがこめられていたため、吉事に使用されてきました。

［あげまき結び］

装飾結びの基本といわれているのは「あわび結び」、「もろわな結び」、「あげまき結び」です。

あげまき結びの意匠として最古のものは、東大寺にある国宝、月光菩薩立像《がっこうぼさつりゅうぞう》の帯飾りです。この結びは衣服のひも飾りとして、また鎧《よろい》や御厨子《みずし》棚などに用いられてきました。現在では、京都の祇園《ぎおん》祭などの山鉾《やまほこ》に飾られているあげまき結びを目にすることができます。

あげまきは、「総角」「揚巻」とも記され、結び目が「人」の字を象《かたど》る人型あげまきと、「入」の字を象る入型《いりがた》あげまきとがあります。

小笠原流においては、入型を日常の結びとし、人型は武具の結びと位置づけています。

［菊花結び］

七五三の被布《ひふ》(上着)につけられている「菊花結び」はなじみ深い結びとして知られています。これは、衣服の装飾として用いられてきた結びです。

花鳥風月を象った「花結び」は、最初は女子専有の結びとされてきましたが、鎌倉時代以降は茶道や香道と密接な関係を築いて、茶道具を飾ったり、香袋に使用されたりしてきました。そのほかにも袋物や社寺のふすまなどに用いられています。

むずかしそうに見えますが、ひもの交差の仕方さえ気をつければ、思ったより簡単に結ぶことができます。バランスよく組み上がると、じつに美しい結びです。

この結びを身につけておくと、他の花結びをするときにも応用がききます。

【ひもの結び方】

男結び

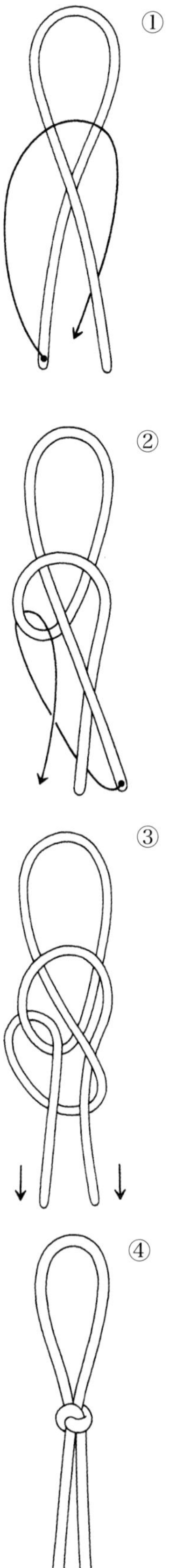

女結び

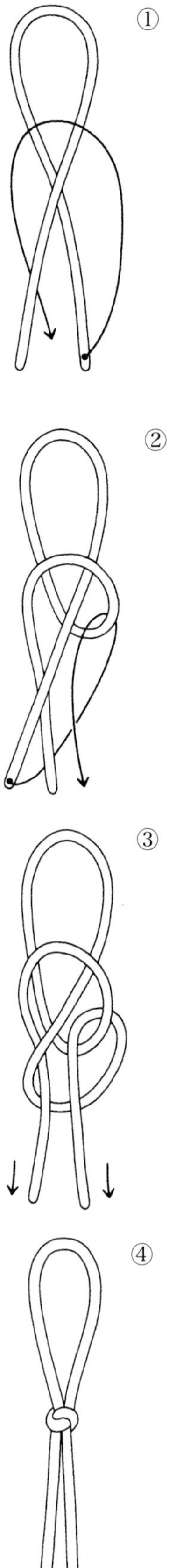

叶結び

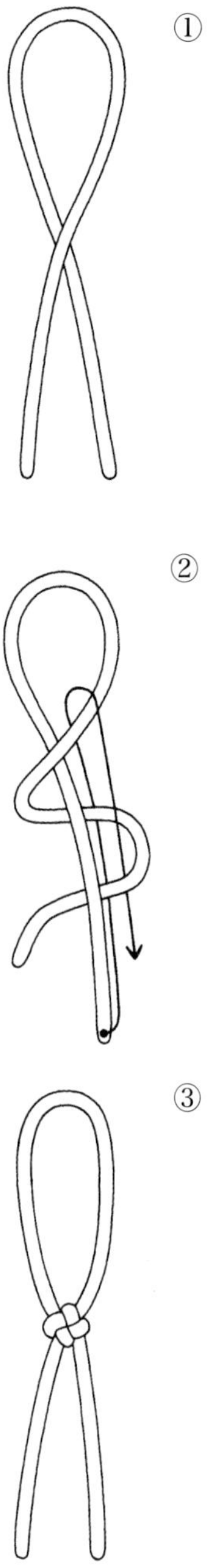

あげまき結び

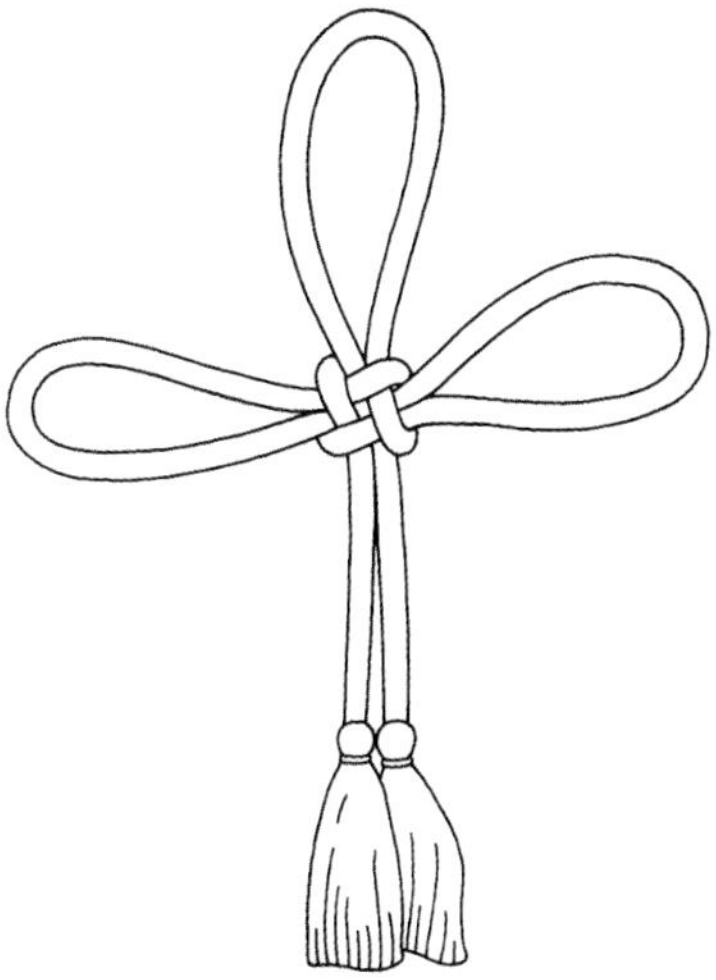

人型あげまき結び

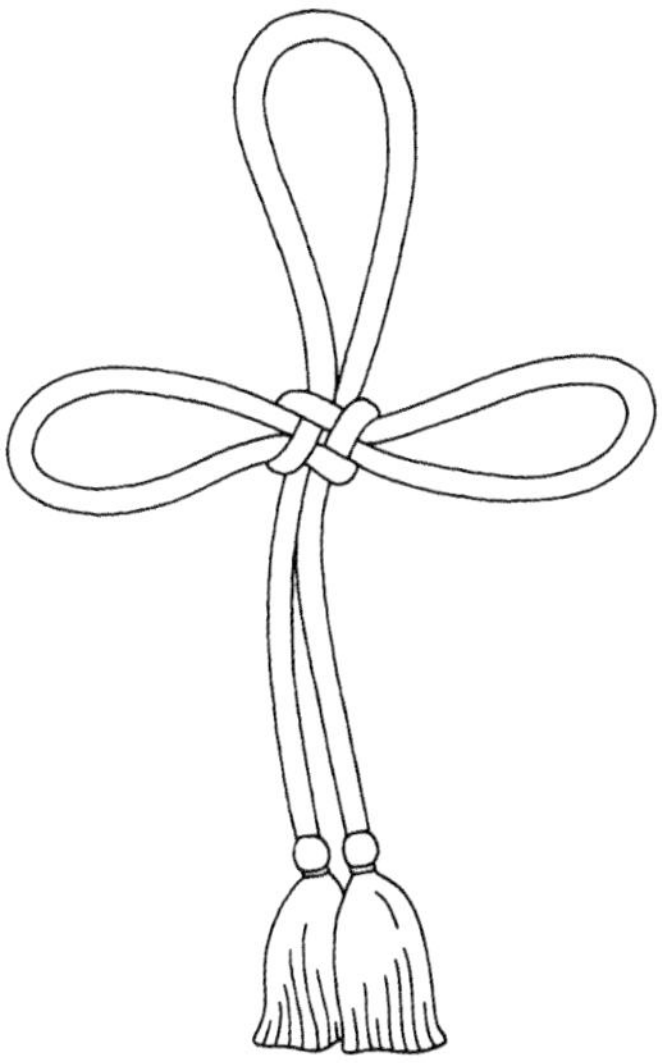

入型あげまき結び

①

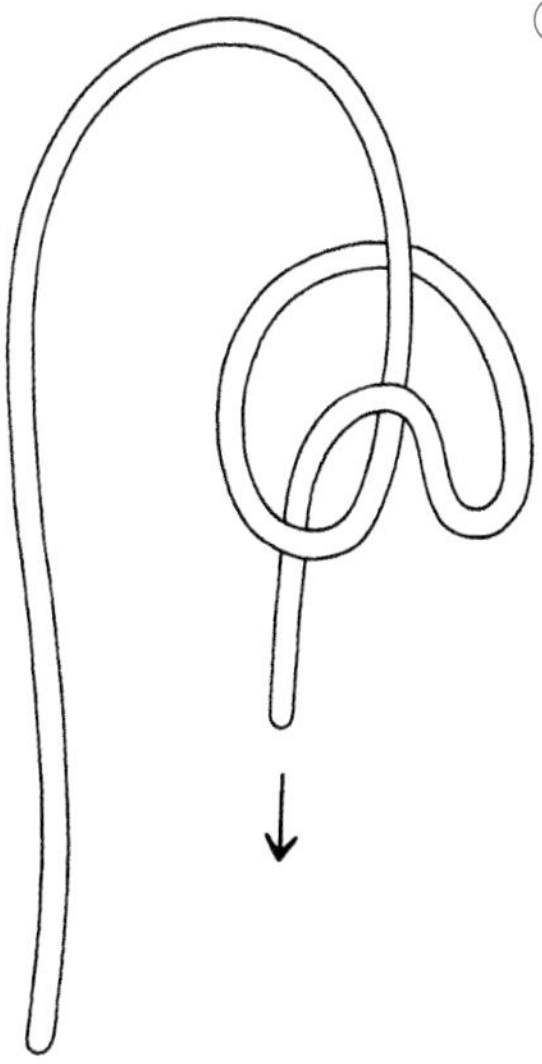

「入型あげまき」の結び方
図のようにひと結びする。

②

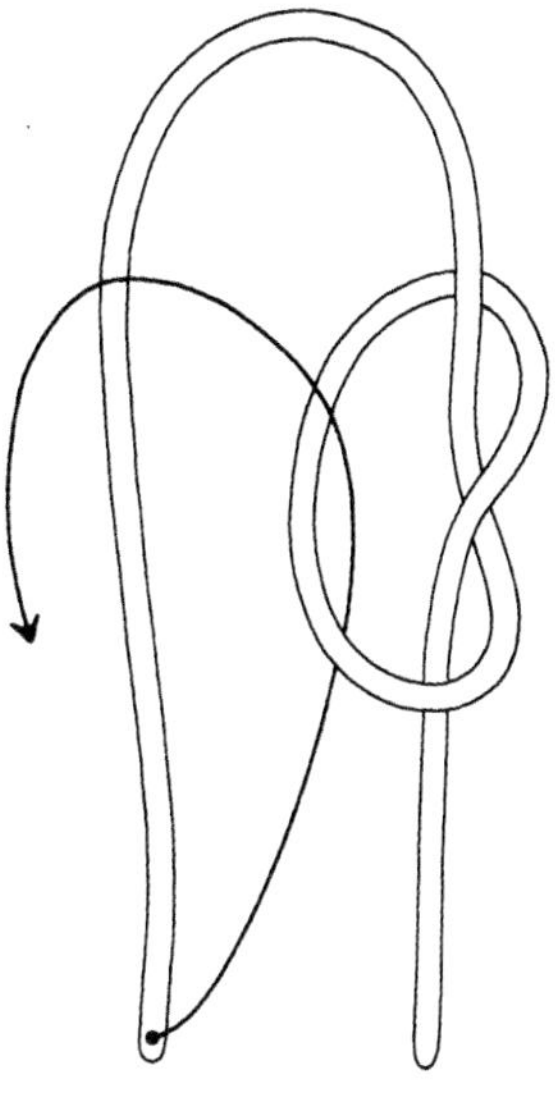

左側のひもの先端を、輪にくぐらせる。

③

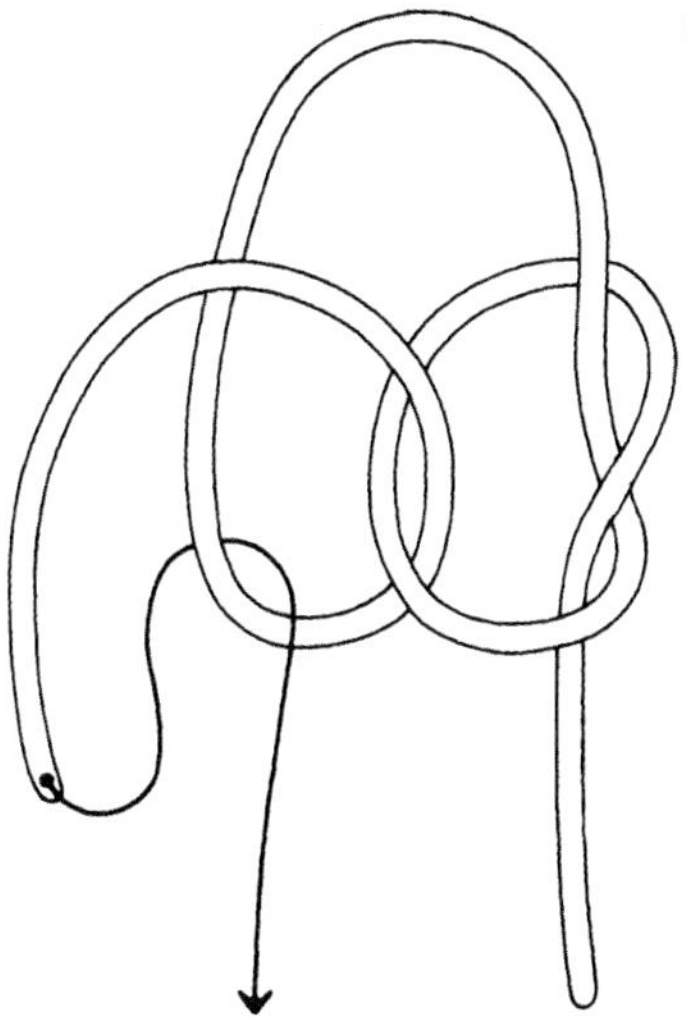

できた輪のなかに、左側のひもの端をもう一度くぐらせ、左右対称にする。

④

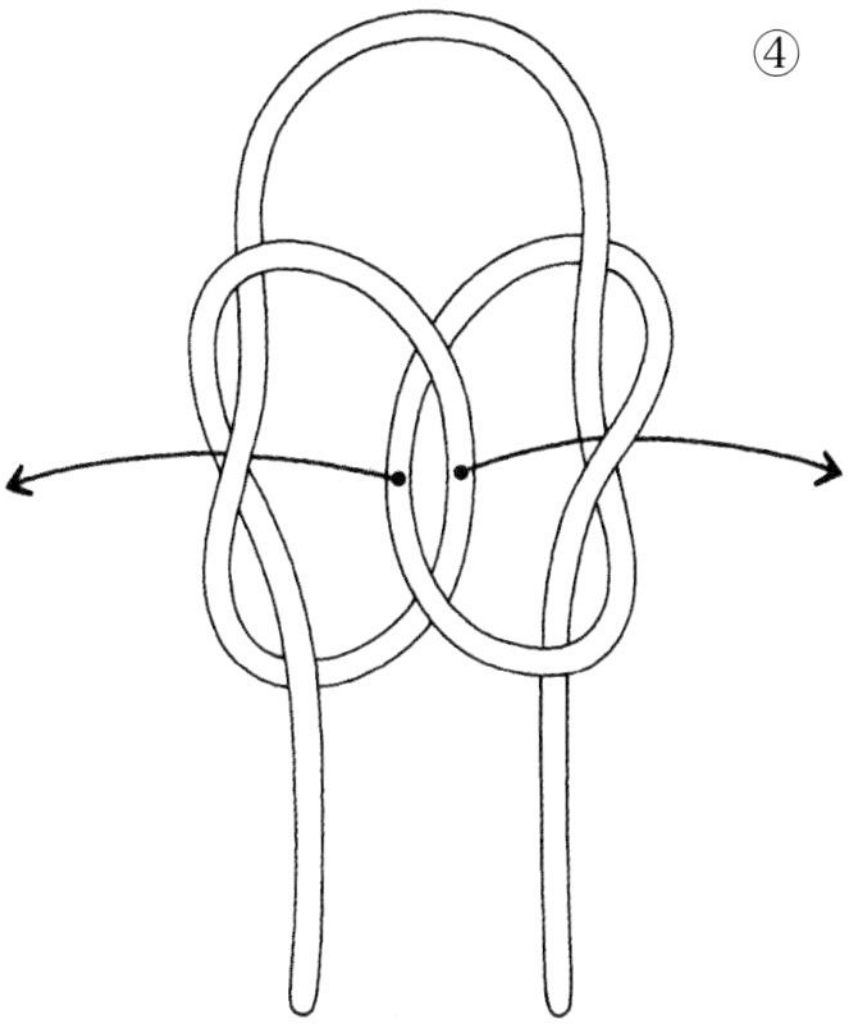

一番内側のひもを、図のように左右に引くと、入型のあげまき結びになる。

菊花結び

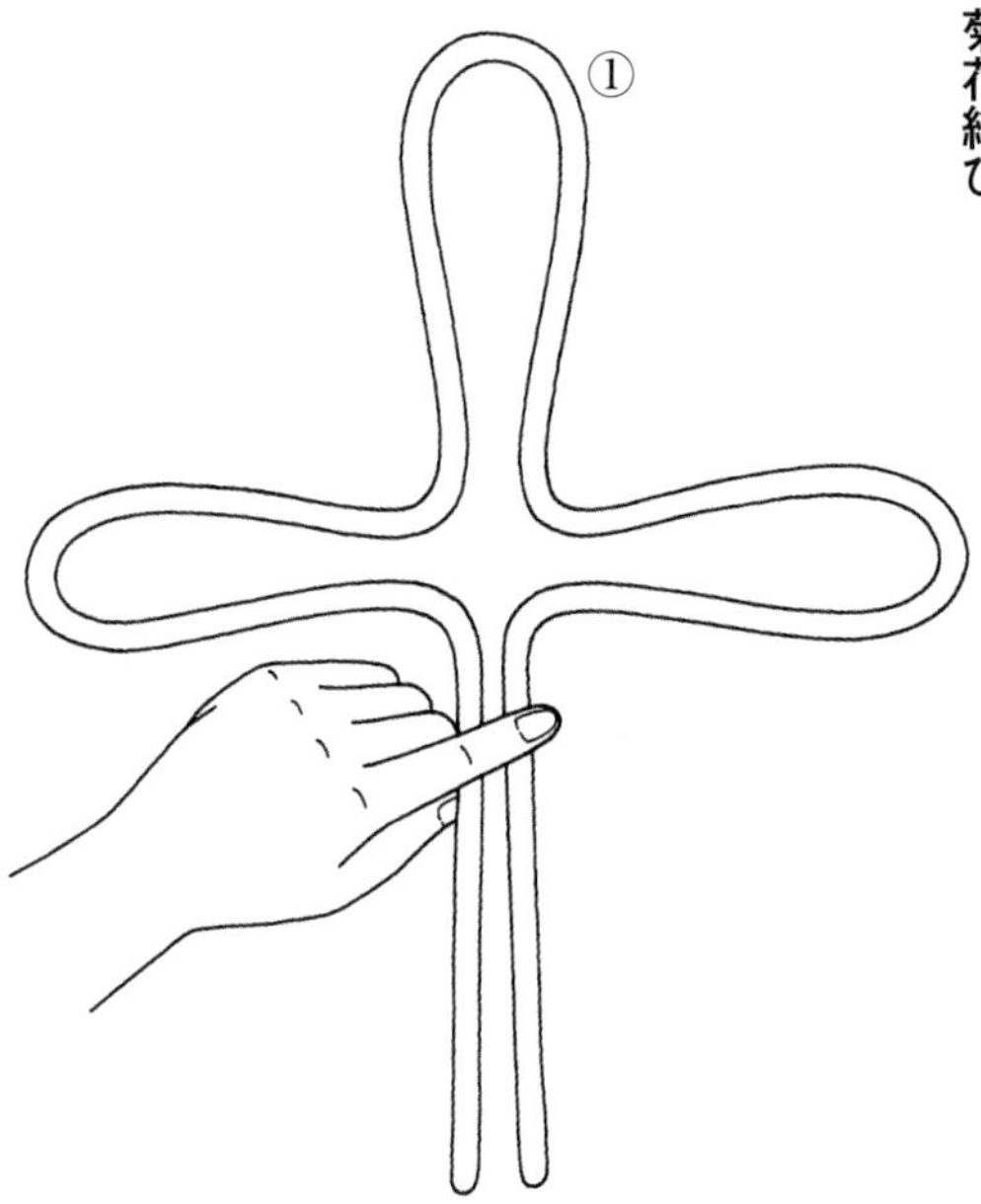

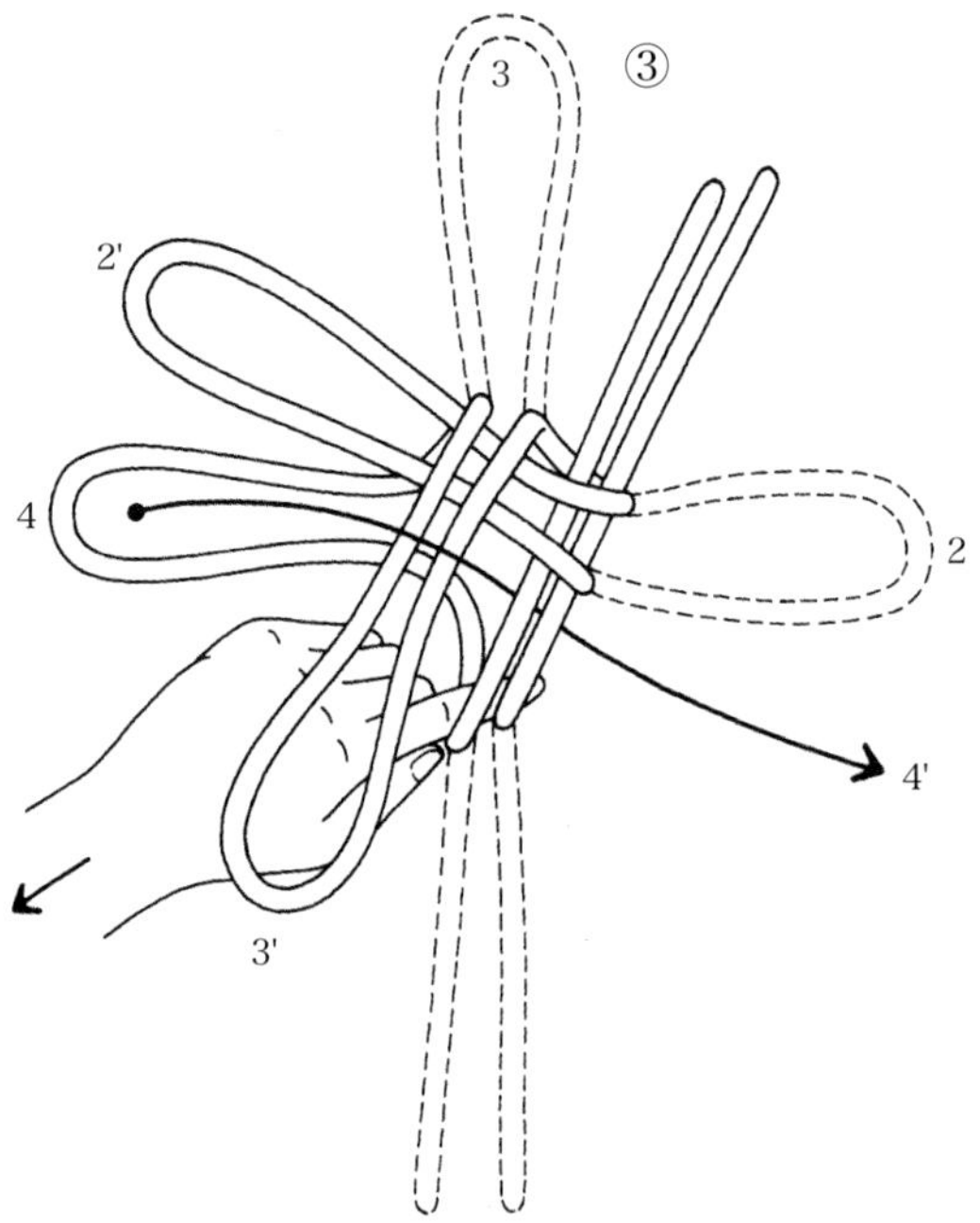

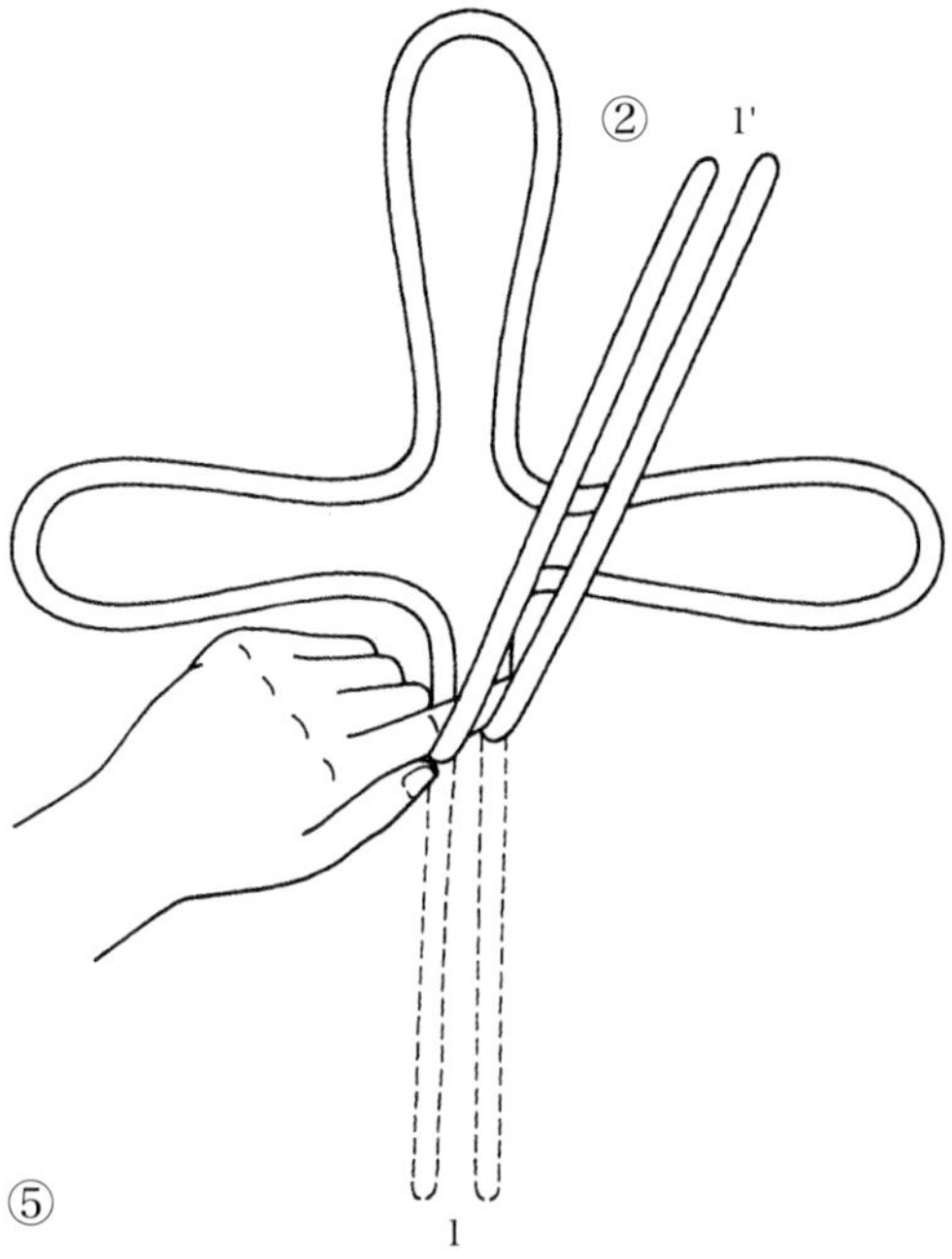

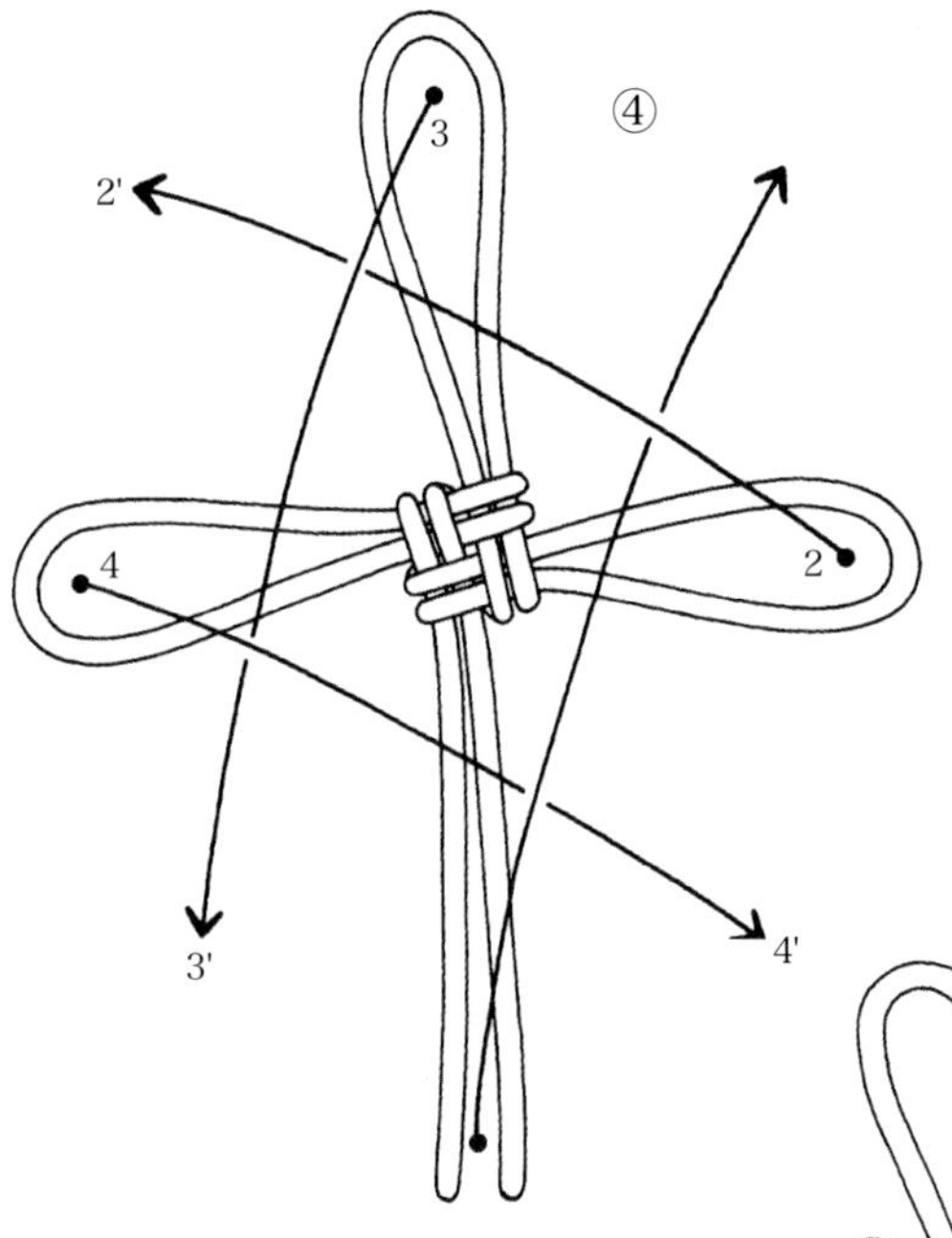

①ひもを図のようなかたちに置き、左手の人さし指で根元を押さえる。
②1を1'の位置に折り重ねる。
③以下、数字の順に折り重ねて、最後に4をくぐらせる。
④①と同じ向きに置き直し、再度、番号順に折り重ねる。
⑤それぞれの輪を美しく整える。

【掛け軸の緒の結び】

掛け軸は、床飾りのなかでも中心となるものですから、掛けるときと同様に、はずしてからしまうまで細心の注意が必要です。

絵や字が描かれているところを本紙《ほんし》といい、そのまわりの裂《きれ》を表装（表具）とよびます。本紙・表装のいずれも、掛け軸においては鑑賞の対象となるために、傷めないように巻くことが大切なのです。

軸を左手に、緒を右手にして持ちます。緒を強く巻きすぎないよう、締め具合を加減します。最後の止めも軽くしましょう。

①

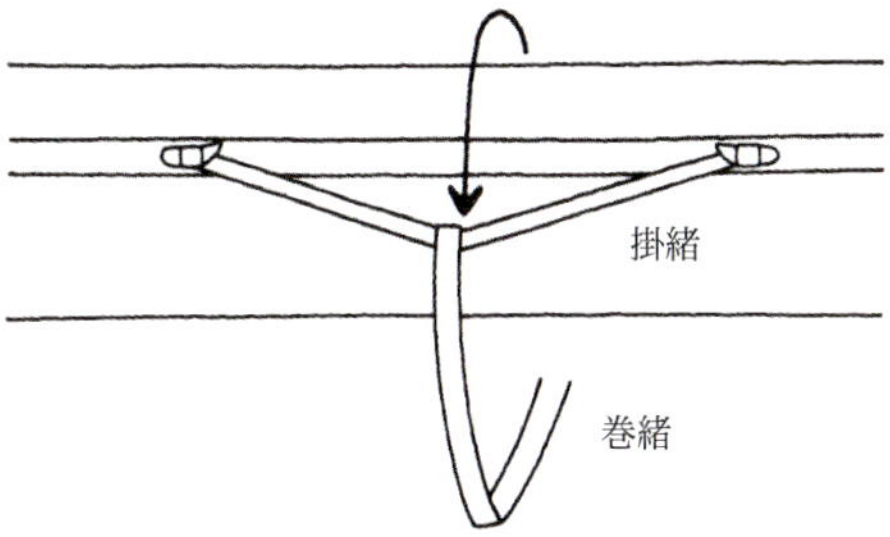

②

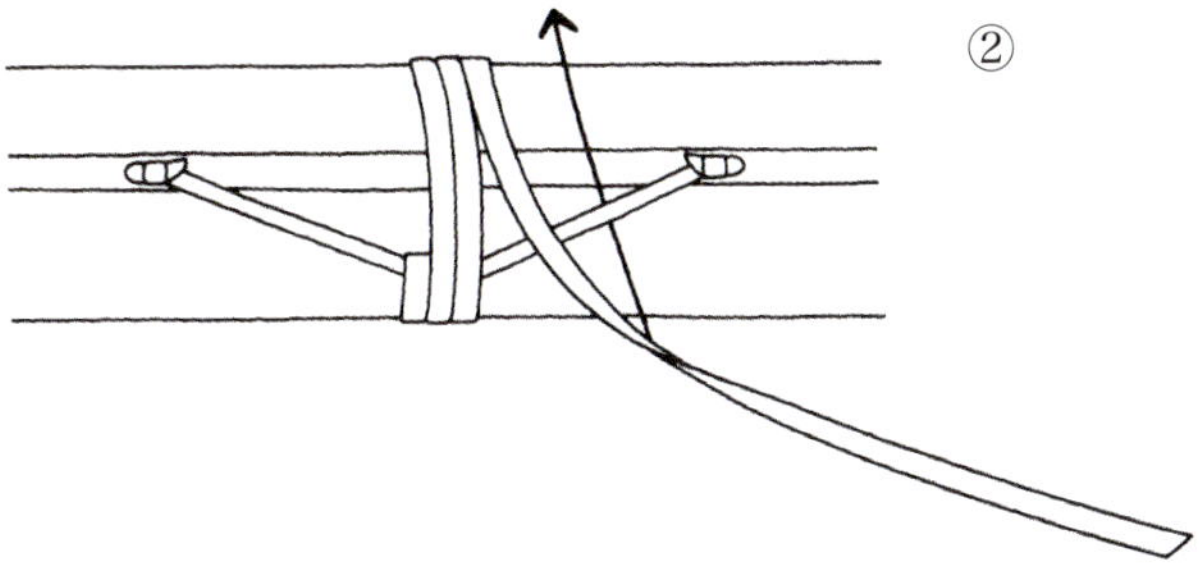

巻緒を軸に三、四回巻き、輪をつくりながら掛緒に通す。

③

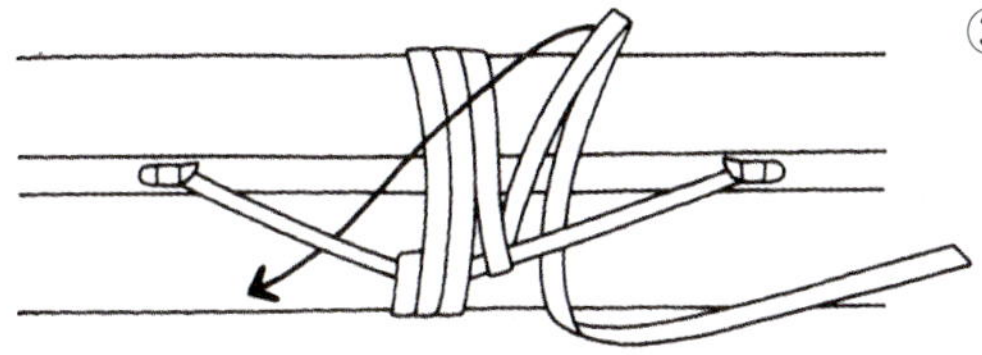

通した巻緒の輪の先を、反対側の掛緒に通す。

④

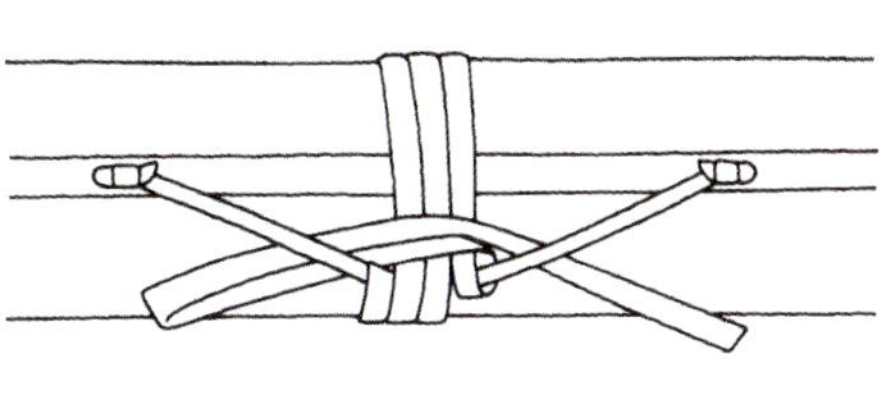

左右のバランスを整える。

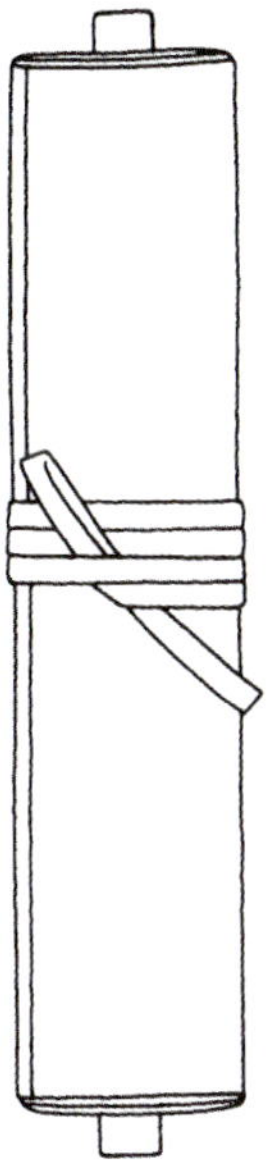

巻物の緒の結び

浴衣の着つけ

浴衣は涼しげに着つけるのが基本です。普通の着物より着丈を短めに、裾がくるぶしあたりにくるように着るとよいでしょう。

着物の部分名称

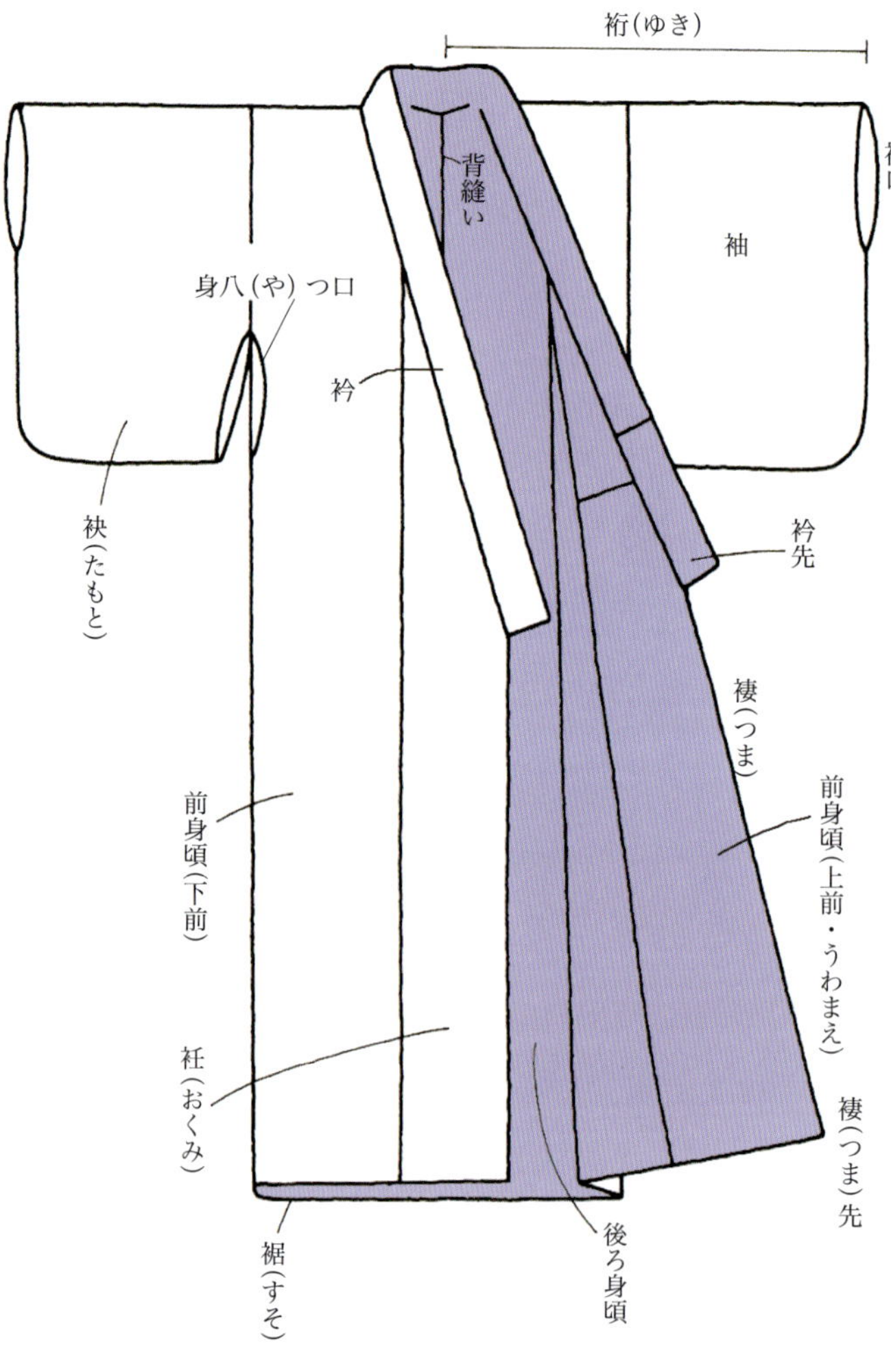

【女性の浴衣】

準備するもの

浴衣、下着、半幅帯、帯板、伊達締め、腰ひも2〜3本、ウエスト補正用タオル数枚

下着を着て、補正をする

①まず、下着をつけます。ウエストのくびれをなくすために、胴にタオルを巻き、腰ひもで固定します。

②腰ひもをきつく締めると苦しくなるので、ゆるまない程度に結びます。

浴衣を着る

③ 浴衣をはおり、左右の衿先をそろえて、衿の中ほどを持ち、身体の中心にあわせて軽く前へ引きます。

④ もう片方の手で背縫い部分を持ち、背縫いが身体の中心にくるようにします。

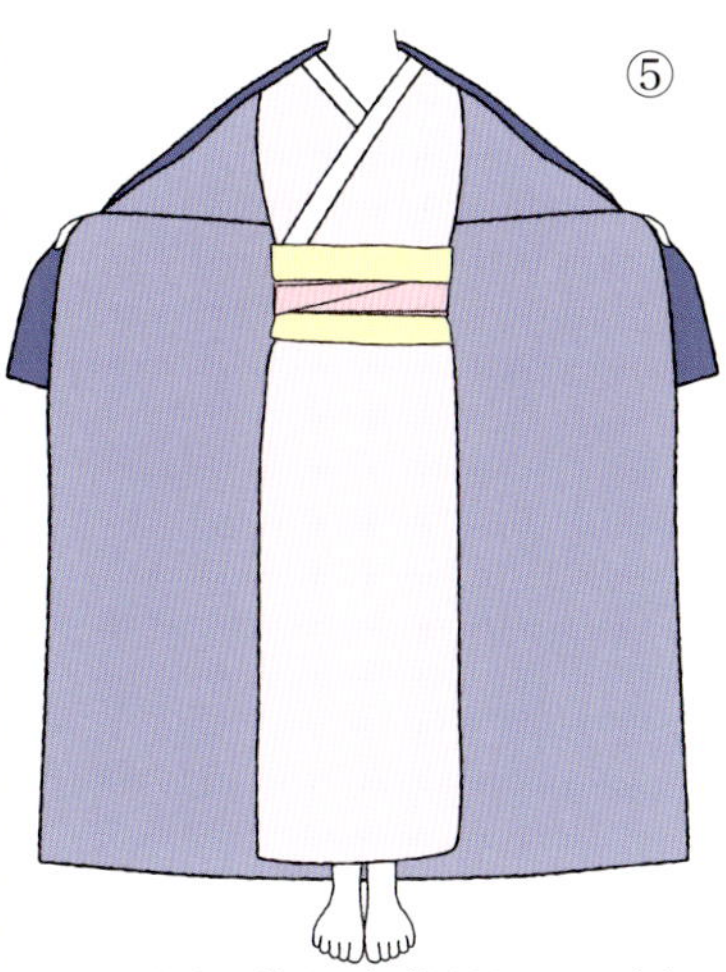

⑤ 両手で衿先を持ち、裾線がくるぶしあたりにくるように調節します。

⑥ 次に、左手に持った前身頃（上前）をあわせて、褄の位置を決めます。

⑦ 一度左手をもどして、上前がゆるまないように右手で持った前身頃（下前）をあわせ、左の腰のほうへ巻きこみます。

⑧ 再度、上前を重ねあわせます。このとき上前の褄先が下前の裾線より２～３㎝、短くなるようにします。

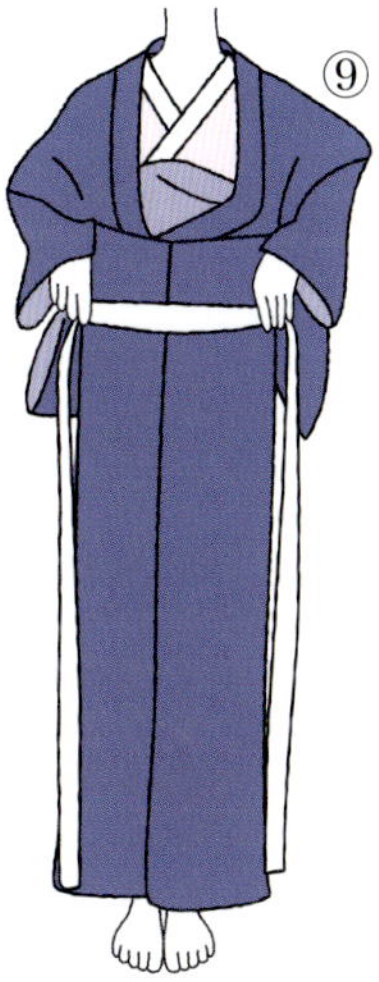

⑨ 押さえている上前の右腰に腰ひもをあて、ひもの中心が前中心にくるようにして、水平に巻きます。

⑩ 腰ひもを脇で結び､余分は挟みこみます。

⑪ おはしょりの形を整えます。身八つ口から手を入れて、まず身体の前のおはしょりをきれいにおろします。

背中心がずれないように注意しながら、後ろのおはしょりも同様にします。

衿の形を整えてから、胸の下あたりにひもを巻きます。まず背中心を持って、後ろ衿を、首との間にこぶしが一つ入るくらい抜き（引き）、前は、衿のあわせがのどのくぼみにくるように調節します。

ひもは脇で結んで、余分を挟みこみます。

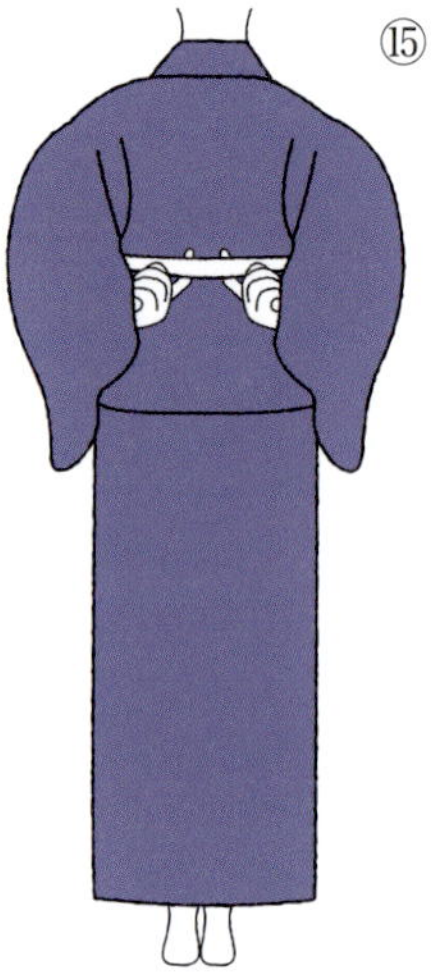

背中側のひもに両手の人さし指を下から入れて、前へ移動させながら後ろ身頃のシワを脇に向かって伸ばします。

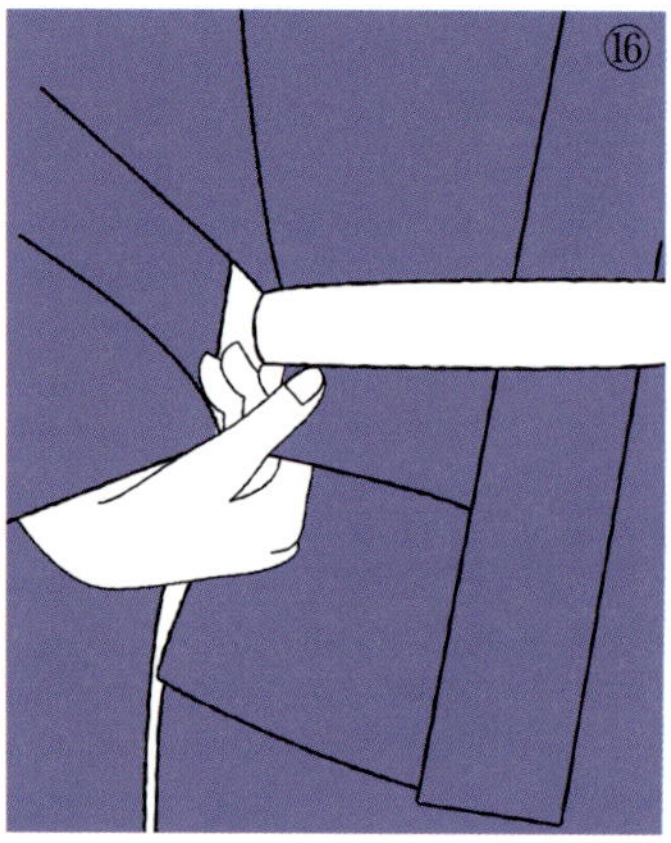

前身頃のシワも同様に、脇に向かって伸ばし、身八つ口でそれぞれの余分を、前身頃分を上にして重ねあわせます。

上前と下前のおはしょりの重なりをすっきりさせるため、下前のおはしょりを内側に折り上げ、先をひもに挟むようにして、おはしょりの下部を一重にします。

伊達締めを巻く

伊達締めの中心を、ウエストよりやや上の身体の正面にあてます。

伊達締めの両端を後ろにまわし、斜めに折り返して交差させ、背中を平坦にします。

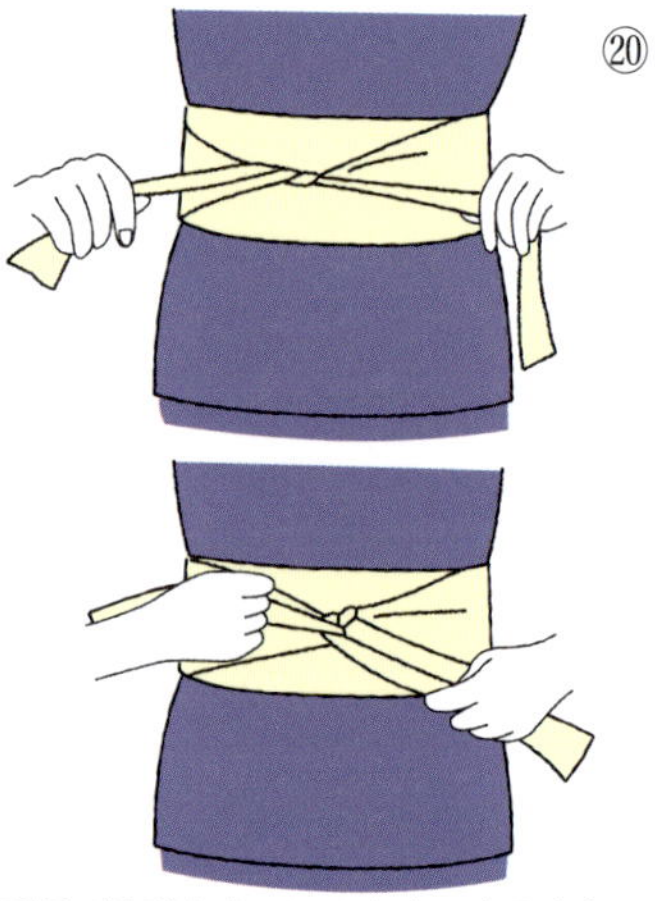

正面で結びます。このとき、ゆるまないように二度からめ、左端を右へ、右端を左へねじるように交差させ、左右の端は、伊達締めに挟みこみます。

帯を結ぶ

㉑

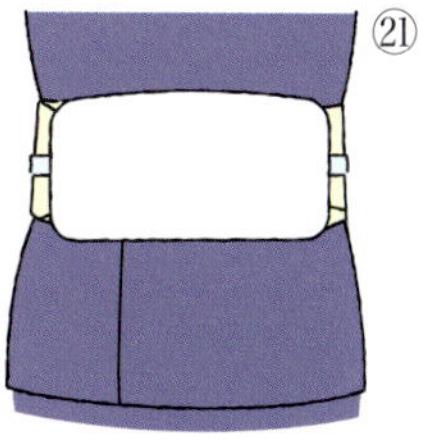

伊達締めの上に帯板をつけます。ベルトがついていない帯板の場合は、帯を結び終えてから帯の間に入れます。

㉒

帯の端から50～60㎝ほどを半分に折って、「て」をつくります。この部分を左手に、反対側（「たれ」）を右手に持って、後ろから前へと巻きます。

㉓

「て」は右肩にあずけ、「たれ」を巻いていきます。

㉔

２周巻いて、「たれ」が前にきたところで、内側斜めに折り上げます。

㉕

「て」を「たれ」の上へおろして、交差させます。

㉖

「て」を「たれ」に通して結びます。

㉗

「て」と「たれ」の結び目をタテにして、今度は「て」を左肩に仮置きします。

㉘

残った「たれ」で羽根をつくります。

㉙

「たれ」を胸幅より少し長めにとり、三面の巻きだたみ（すのこだたみ）にします。「たれ」の残りの長さは人によって違うため、長短を加減しましょう。

㉚

羽根の中央に人さし指を置き、上を親指、下を残りの指で押さえて二つの山をつくり、胴に巻いた帯の上のほうにもってきます。

㉛

「て」を羽根の中央部にかぶせるように２回巻きます。

㉜

「て」の先を帯と帯板の間に差し込みながら、半分に折られていた「て」を広げ、帯の下へ引っぱります。

㉝

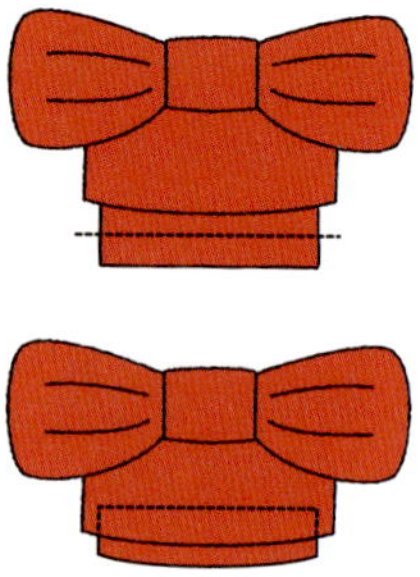

下に出た「て」が長い場合は、帯下から２〜３㎝出るくらいまで、内側へ折りこみます。

㉞

結びが上を向くように起こすと、帯下から出ていた分が引かれて、帯の中へ隠れます。

㉟

羽根の先を下げて、左右対称になるように形を整えます。

㊱

帯を数回に分けて、右回りで後ろへまわします。逆にまわすと、衿元や上前が開いて着崩れてしまうので注意しましょう。

【男性の浴衣】

準備するもの

浴衣、下着(シャツ、ズボン下)、角帯、腰ひも1〜2本、ウエスト補正用タオル

浴衣を着る

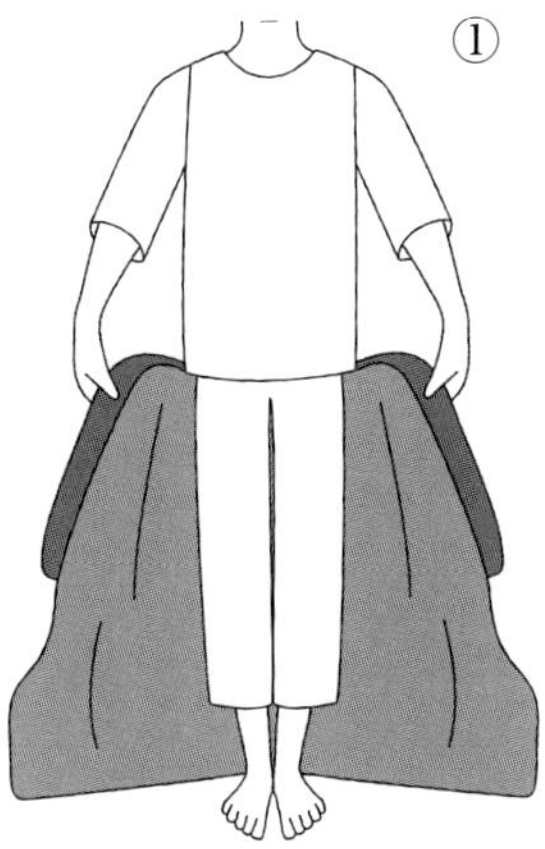

①

下着としてシャツとズボン下を着ます。細身の人は、女性と同じように補正用のタオルを胴に巻くとよいでしょう。

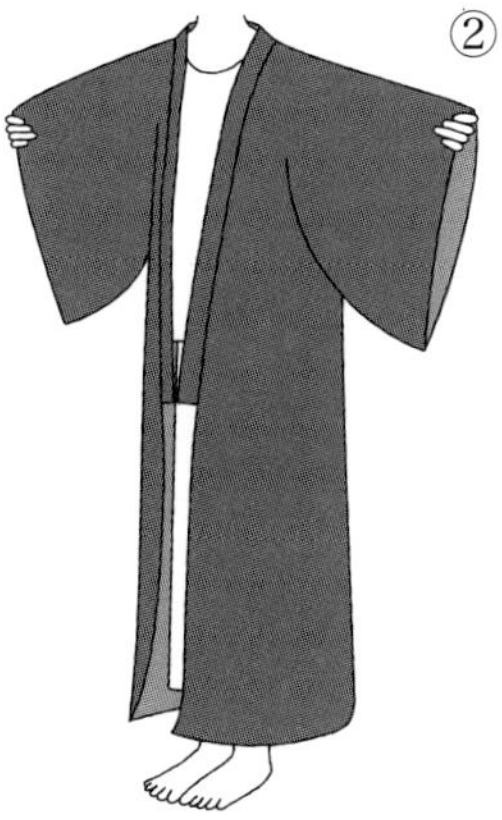

②

浴衣は後ろからはおるようにして着て、両袖口を持って左右に引きながら身体の中心にあわせます。

③

左右の衿先をそろえて持ち、背縫いが身体の中心にくるようにあわせます。

④

背の中心がずれないように気をつけながら、まず右手で持った下前を左脇に入れます。

⑤

次に、左手で持った上前を重ねます。右手で上前を押さえながら腰ひもをあて、左手を左へすべらせながら、腰骨の上あたりに巻きます。

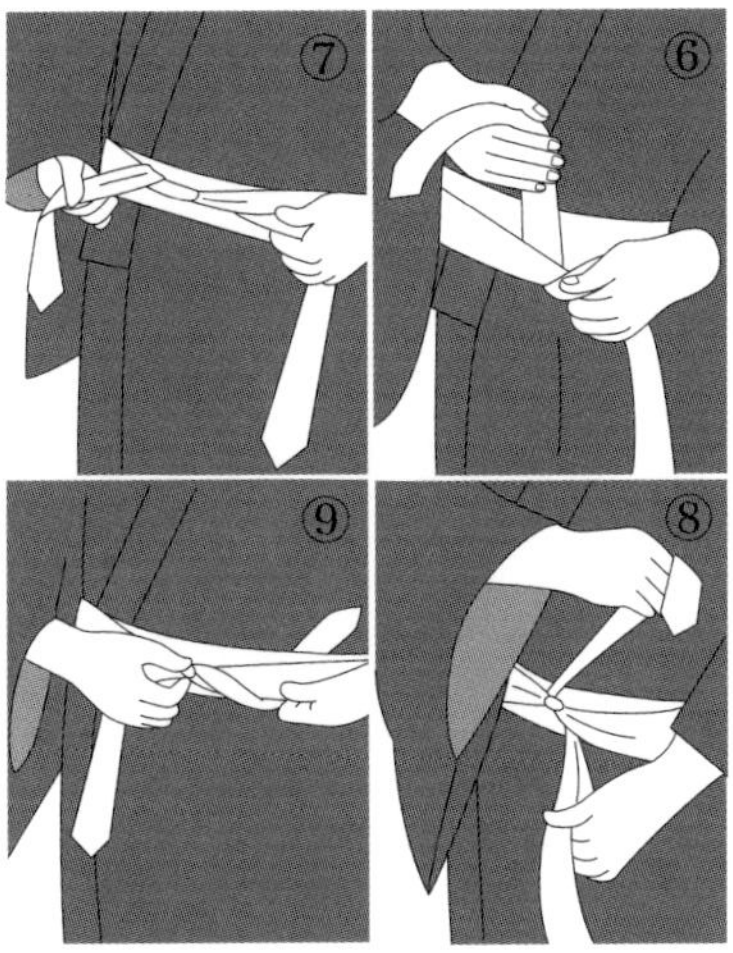

⑥⑦⑧⑨

腰ひもを結ぶときは、一度からめたら、もう一度からめ、左端を右へ、右端を左へとねじって、残りを挟み込みます。

⑩

左右の衿が、のどのくぼみの下で、しっかりあわさるように着ましょう。

角帯を結ぶ

⑪

帯の片方の端を30㎝ほど二つ折りにして「て」をつくり、輪を下にして左手に持ちます。

⑫

「て」と反対側の帯（「たれ」）を後ろから前へまわし、2〜3周巻きます。何周させるかは、体型によります。

⑬

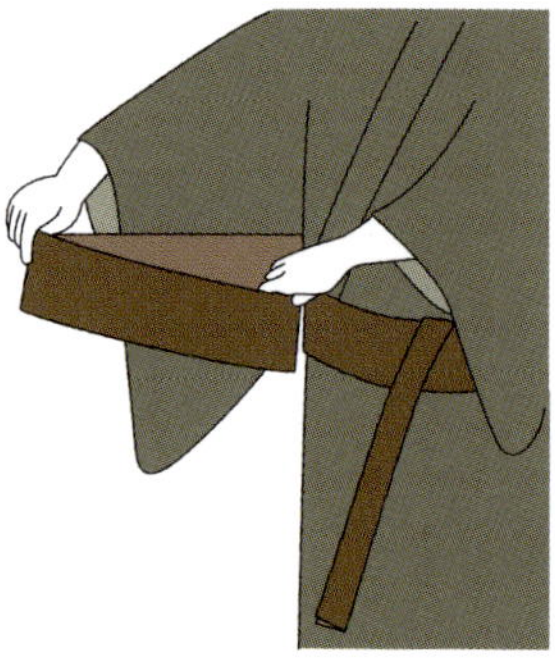

余った「たれ」を内側に折り込みます。

⑭

折った「たれ」を「て」の上にかぶせ、下から引き抜きます。

⑮

帯がゆるまないようにしっかりと結び、「たれ」と「て」をタテにします。

⑯
⑰

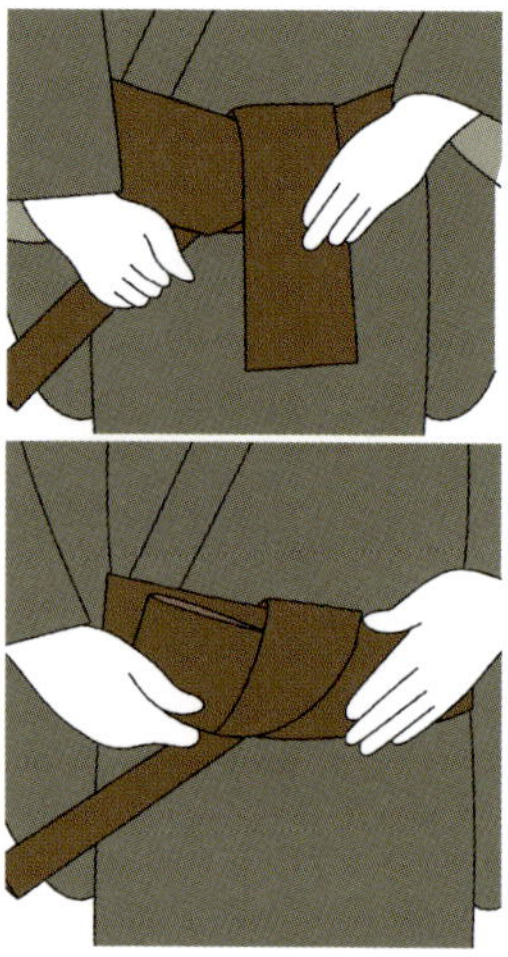

「たれ」を下げ、左内側へ折り上げます。

⑱
⑲

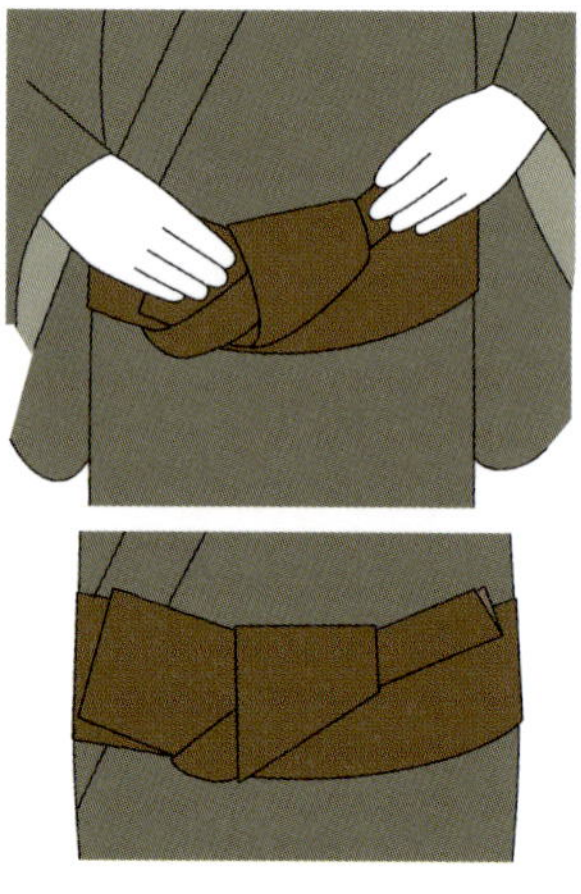

「たれ」の輪の中に「て」を入れて、しっかりと引いて結びます。

⑳

両手で帯を持ち、右回りで、結び目を後ろにまわします。逆にまわすと着崩れてしまうので注意しましょう。結び目は、背中の中心より左側にずらせた位置に定めます。

【着物のたたみ方】

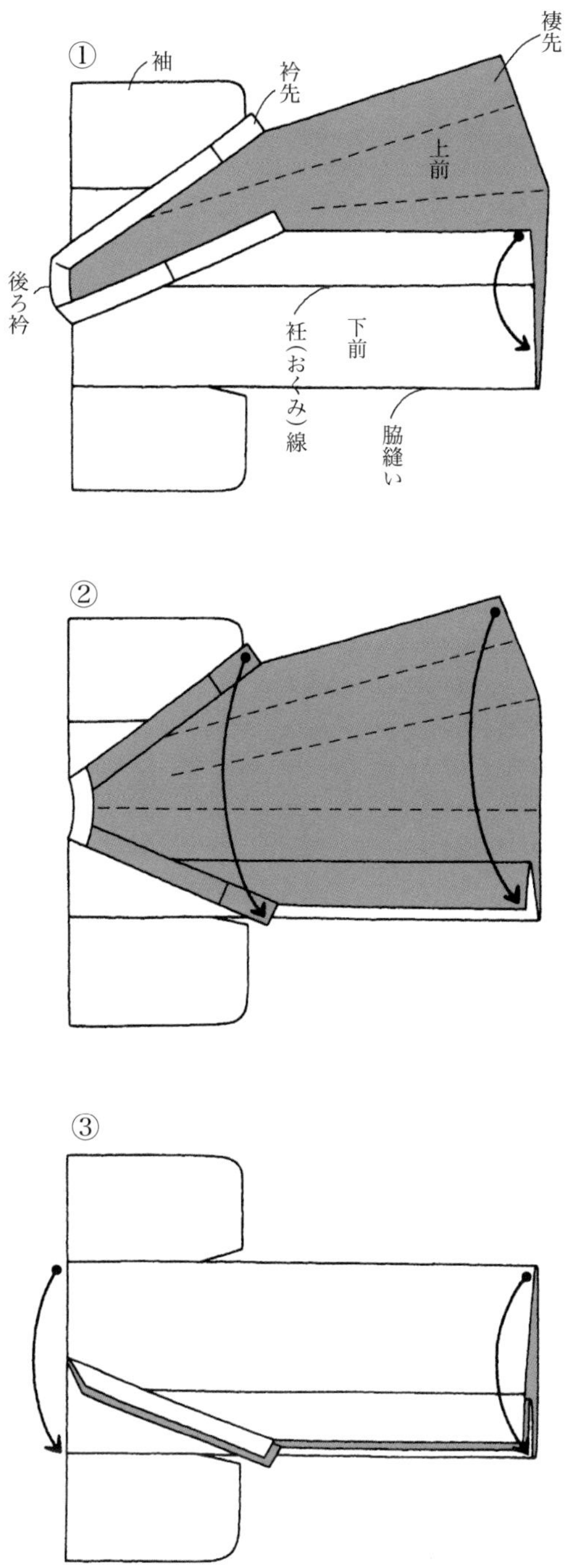

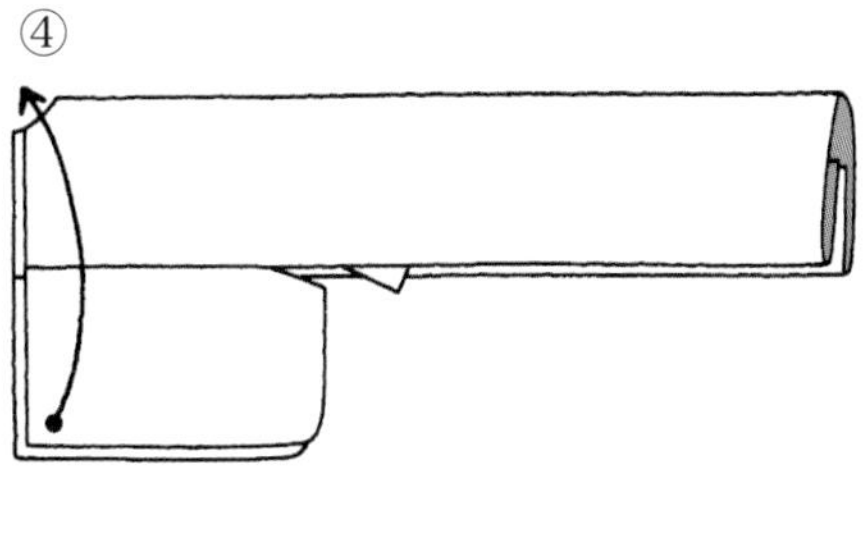

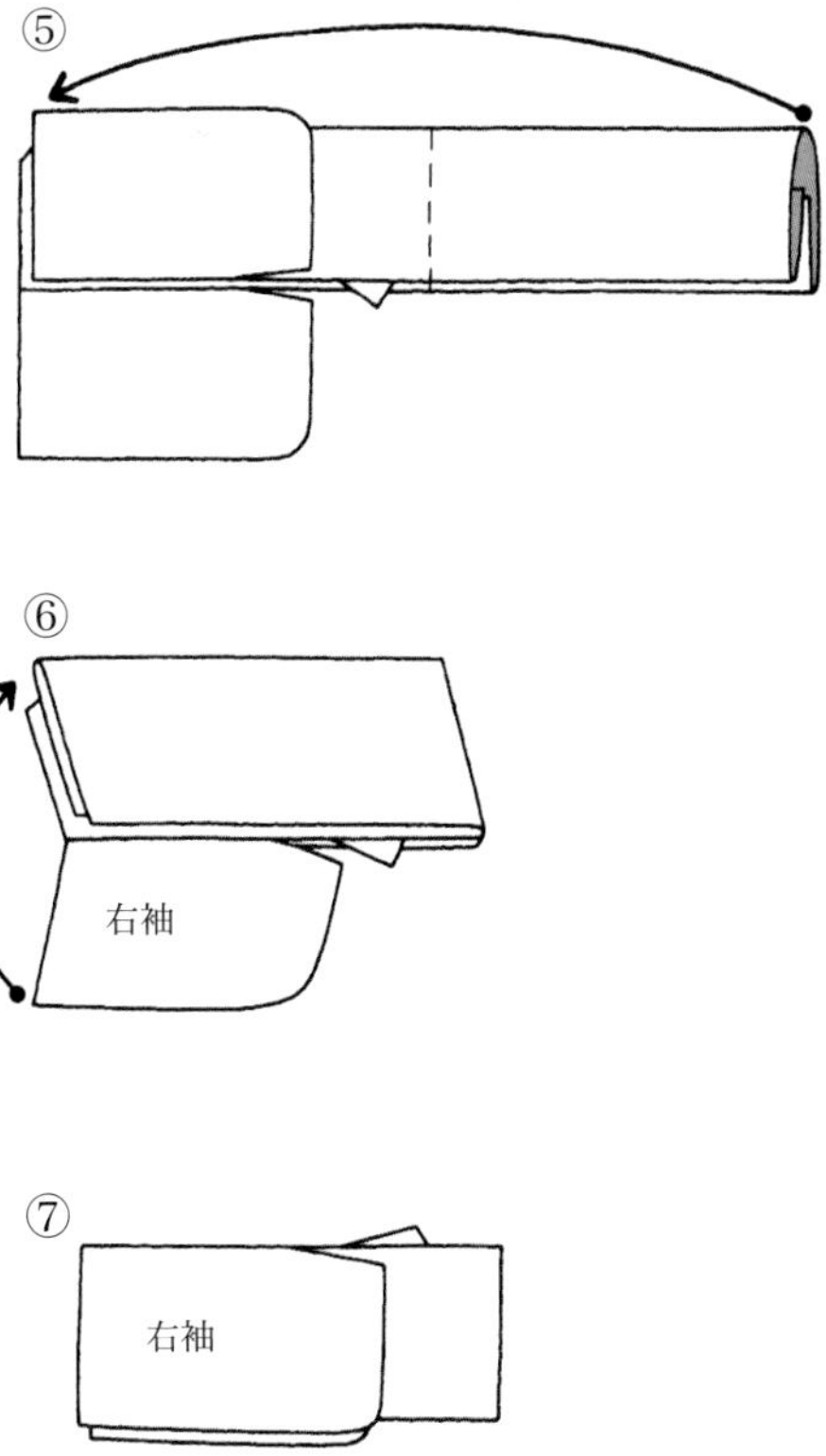

①着物を図のように広げて置きます。後ろ衿を前に倒し、前身頃(下前)を、衽線で外側へ開きます。

②反対側（上前）の衿先と褄先を、下前のそれぞれにぴったりと重ねあわせます。

③上前の脇縫いの左端と右端を持って、下前の脇縫いに重ねます。左右の袖も重ねあわせます。

④背縫いで身頃が半分に折りたたまれたら、上側の袖（左袖）を折り返して、身頃に重ねます。

⑤裾側を肩側に重ねて、半分に折ります。

⑥⑦全体を裏返しながら、右袖をいちばん上に重ねます。

あとがき

約十一年前、『小笠原流礼法入門　図解　美しいふるまい』を出版することができた日の喜びは、今でも忘れられません。その思い出深い初めての拙著をこのたび、写真はすべてカラーで、さらにはイラストも増やし、読者のみなさまにお届けできることは誠に光栄であり、うれしい思いで一杯でございます。

さて、十一年前と現在を比べ変わったこと、それは人々の周囲に対するこころ遣いではないかと思えてなりません。混雑しているエレベーターの中で、どれだけの人が前後左右の人に配慮しながら乗っているでしょうか。あるいは、電車の中で、多くの人が携帯電話を片手に持ちながら乗車している光景を当たり前と思ってよいのでしょうか。

また、年齢を問わず、正しい箸遣いができない人は増えるばかりです。なぜ、正しい箸遣いが大切なのか…。それは、上辺《うわべ》のみの理由から必要とされていることではありません。

箸を正しく使用することにより、一口分にあった分量を口に運び、さらには美しく食事をすすめることができます。

換言すれば、なるべく箸や口元を汚さずに食事をすることで周囲の人に不快感を与えることを防ぎ、さらに美しい所作は食事への感謝の気持ちを育み、その思いはこころのゆとりにつながるのです。

食事中にかぎらず、こころにゆとりがなければ、周囲の人への思いやりを持つことは不可能です。自己を抑制して他を重んじる、それは簡単なことではありません。だからといって、努力をせずに初めから放棄してしまうのではなく、日々の生活のなかで、少しずつでも自分を高めようとこころがけ、実行することが大切なのではないでしょうか。

身近な人に、あるいは知らない人にも、やさしく接することができると、自分のこころも晴れやかに明るくなります。つまり、相手を大切に思うこころを養うことは、自分自身の幸せにもつながるということです。

ものを得ることのできる幸せには限りがありますが、こころの交流によって得ることのできる幸せは無限です。だからこそ、生涯にわたって心身ともに成長し続ける努力を怠りたくはないものです。

読者のみなさまにおかれましては、本書を通じて、さらに豊かで素敵な毎日を過ごされますことを願っております。

末筆ながら、本書の編集に多大なるお力添えをいただいた淡交社の滝井様、その他関係者のみなさま、小笠原流礼法の門人に、こころより御礼申し上げます。

小笠原敬承斎

ご協力いただいた方々

小笠原伯爵邸
東京都新宿区河田町10—10

独立行政法人国際交流基金
東京都新宿区四谷4—4—1

シルクラブ
東京都中野区沼袋2—30—4

㈱林家葬祭社
東京都新宿区原町2—14

小笠原敬承斎 おがさわら・けいしょうさい

東京生まれ。小笠原忠統前宗家（小笠原惣領家32世主・平成８年没）の実姉・小笠原日英門跡の真孫。聖心女子学院卒業後、副宗家を経て、平成８年に小笠原流礼法宗家に就任。約700年の伝統を誇る小笠原流礼法初の女性宗家となる。伝書に基づいた確かな知識で門下の指導にあたるほか、多くの企業、学校、各種団体において、小笠原流礼法を取り入れたビジネスマナー研修・セミナーおよび冠婚葬祭や礼法・マナーに関する講演を行うなど、現代生活に即した礼法の普及に努めている。主な著書に『外国人に正しく伝えたい日本の礼儀作法』（光文社／2019年）、『親子でまなぶ礼儀と作法』（淡交社／2019年）、『外国人とわかりあうために 英語で伝える日本のマナー』（淡交社／2020年）、本書姉妹本『日本人のこころとかたち』（淡交社／2017年）など多数。

小笠原流礼法ウェブサイト
http://www.ogasawararyu-reihou.com

小笠原敬承斎公式ブログ「素敵の出会い」
https://ogasawararyu-reihou.com/blog

本書は『小笠原流礼法入門　図解　美しいふるまい』の改訂新版です。

小笠原流礼法入門
見てまなぶ　日本人のふるまい

2011年３月８日　初版発行
2022年３月18日　十五版発行

著　者　小笠原敬承斎
発行者　納屋嘉人
発行所　株式会社 淡交社
本社　〒603-8588　京都市北区堀川通鞍馬口上ル
営業　075-432-5156
編集　075-432-5161
支社　〒162-0061　東京都新宿区市谷柳町39-1
営業　03-5269-7941
編集　03-5269-1691
www.tankosha.co.jp
印刷・製本　図書印刷株式会社

© 2011 小笠原敬承斎　Printed in Japan
ISBN 978-4-473-03729-9

定価はカバーに表示してあります。

落丁・乱丁本がございましたら、小社営業局宛にお送りください。

送料小社負担にてお取り替えいたします。

本書のスキャン、デジタル化等の無断複写は、著作権法上での例外を除き禁じられています。

また、本書を代行業者等の第三者に依頼してスキャンやデジタル化することは、いかなる場合も著作権法違反となります。